Kleine Geschichte des christlichen Gottesdienstes

Jürgen Bärsch

Kleine Geschichte des christlichen Gottesdienstes

Verlag Friedrich Pustet

Regensburg

Umschlagbild:
Heilig-Geist-Meister, Très Belles Heures de Notre-Dame
Offizium des Hl. Geistes, fol. 173
Bas-de-Page mit Elevation der Hostie bei der Eucharistie, nach 1404 Paris

Bibliografische Information der Deutschen Nationalbibliothek

Die Deutsche Nationalbibliothek verzeichnet diese Publikation in der Deutschen Nationalbibliografie; detaillierte bibliografische Daten sind im Internet über http://dnb.d-nb.de abrufbar

2., durchgesehene Auflage 2017

ISBN 978-3-7917-2721-9

Umschlag: Martin Veicht, Regensburg
Druck und Bindung: Friedrich Pustet, Regensburg
Printed in Germany 2015

Diese Publikation ist auch als eBook erhältlich:
eISBN 978-3-7917-6063-6 (epub)

Weitere Publikationen aus unserem Programm finden Sie unter
www.verlag-pustet.de.

Inhalt

Nur die Gnade und das Wort Gottes …
Die reformatorische Neugestaltung des Gottesdienstes

„… dass niemals etwas hinzugefügt, daraus weggenommen oder an ihm verändert werde“
Gottesdienst im Zeichen tridentinischer Reform und römischer Einheitlichkeit

Zwischen „Auflösung“ und „Erneuerung“ Entwicklungen im Gottesdienst der protestantischen Kirchen vom 16. bis zum 20. Jahrhundert

Viel zu sehen und zu hören … Gottesdienst und konfessionelle Frömmigkeit im Barockzeitalter

Eine erbauliche, verständliche und zweckmäßige Liturgie Gottesdienstliche Reformansätze im Zeitalter der Aufklärung und restaurative Gegenströmungen

„… das christliche Leben unter den Gläubigen mehr und mehr zu vertiefen“ Die Erneuerung des katholischen Gottesdienstes durch das Zweite Vatikanische Konzil

Vorwort

> „Entscheidend für das Leben und Überleben der Kirche
> in allem Auf und Ab ihrer Geschichte war – und ist noch immer –
> der ununterbrochene Strom des gefeierten Glaubens,
> ‚der in der Liebe wirksam ist' (Gal 5,6)."
> *Andreas Heinz*

Eine Geschichte der christlichen Liturgie, die in deutscher Sprache einen eingehenden Durchblick durch die großen Etappen und Entwicklungen des gottesdienstlichen Lebens vermittelt und die kulturhistorischen Einflüsse auf den und durch den Gottesdienst mit all seinen Facetten erläutert, wird seit langem zu Recht als erwünscht angemahnt. Diese Lücke vermag sicher auch das vorliegende Buch nicht annähernd zu schließen. Sein Ziel ist deshalb weitaus bescheidener. Es will versuchen, in kurzen, überschaubaren Kapiteln auch den Nicht-Fachleuten einen Eindruck von den zahlreichen und zum Teil massiven Veränderungen des Gottesdienstes in der Geschichte des Christentums zu geben. Denn bei aller Vorgegebenheit des göttlichen Handelns und ihres bleibenden, auf die Stiftung Jesu zurückgehenden Sinngehalts hat sich die Feier der Liturgie in ihrer konkreten Gestalt vielfach verändert und in Wechselwirkungen mit kirchlichen und gesellschaftlichen Umbrüchen sowie, beeinflusst von Veränderungen in Kultur und Mentalität, nachhaltig gewandelt. Schon die stetigen, immer wieder neu angestoßenen Bemühungen um eine Reform des Gottesdienstes, die sich durch die ganze Christentumsgeschichte hindurchziehen, belegen nachdrücklich die Notwendigkeit wie die Bereitschaft, die Liturgie zu erneuern und zu verändern.

So hoffe ich, dass die hier vorliegende kleine Geschichte des christlichen Gottesdienstes eine erste Orientierung über einen spannenden Bereich der Kirchen- und Kulturgeschichte gibt und damit Verständnis für die historischen Entwicklungen weckt, ohne die der Gottesdienst der Kirche auch heute nicht zu verstehen ist.

Meinen Mitarbeiterinnen und Mitarbeitern am Lehrstuhl für Liturgiewissenschaft an der Katholischen Universität Eichstätt-Ingolstadt danke ich für alle Unterstützung und für vielfältige, hilfreiche Ratschläge, vor allem Herrn Akademischen Rat Dr. Florian Kluger, Herrn cand. theol. Ulrich Jauernig, Frau cand. theol. Sophia Kraus, Herrn Mag. Theol. Ulrich Schmidt und Frau cand. phil. Elisabeth Wimmer. Umsichtig und mit großer Aufmerksamkeit hat unsere Lehrstuhlsekretärin, Frau Anni Lehenmeier, das Manuskript betreut und das ganze Lehrstuhlteam in jeglicher Hinsicht unterstützt. Herrn Dr. Rudolf Zwank vom Pustet-Verlag danke ich für die unkomplizierte und gute Zusammenarbeit.

Das Buch widme ich meinem akademischen Lehrer, Herrn Univ.-Professor em. Dr. Andreas Heinz, Trier, der mir den Sinn für die geschichtliche Dimension der Liturgie eröffnet und mich in die Liturgiegeschichtsforschung eingeführt hat, und meinen Hörerinnen und Hörern, vor allem in Paderborn und Eichstätt, denen ich etwas von der Bedeutung der Geschichte für das Verständnis der Liturgie hoffe vermittelt zu haben.

Eichstätt, 5. April 2015
Hochfest der Auferstehung des Herrn
Jürgen Bärsch

Einführung oder: Warum sollte man sich mit der Geschichte des Gottesdienstes befassen?

Schaut man in die Schriften des Neuen Testaments, sucht man vergebens nach einem ausdrücklichen Wort Jesu, mit dem er in einem formalen Sinn die Kirche gegründet hätte. Allerdings hat er einen konkreten Auftrag hinterlassen: Seine Jüngerinnen und Jünger sollen sich in seinem Namen versammeln, über Brot und Wein den Segen sprechen und von den Mahlgaben essen und trinken. Darin erfüllen sie, was er ihnen geboten hat: „Tut dies zu meinem Gedächtnis" (Lk 22,19; 1 Kor 11,24). Indem die Jüngergemeinde diesem Auftrag folgt und sich zur Feier des Herrenmahles versammelt, wird die Kirche sichtbar und erfahrbar. Kirche ereignet sich darum vorzüglich dort, wo Christen Eucharistie feiern. Deshalb stehen Kirche-Sein und Eucharistie in so engem Verhältnis, dass Papst Johannes Paul II. zu Recht formulieren konnte: „Die Kirche lebt von der Eucharistie" (Enzyklika *Ecclesia de Eucharistia*, 2003, 1).

Der Gottesdienst ist also nicht „frommer Zierat", den sich die Kirche neben anderem leistet; er bildet ihr Herz und ihre Mitte. Dabei kommt vorrangig der Messfeier eine zentrale Bedeutung zu. Aber auch andere gottesdienstliche Feiern wie die Sakramente und Sakramentalien, die Wort-Gottes-Feiern oder die Feier der Tagzeiten (auch Stundenliturgie oder Stundengebet genannt) bauen die Kirche auf und prägen das Leben der Gemeinschaft wie der einzelnen Christen. Selbstverständlich erschöpft sich das Leben der Kirche nicht in der Feier des Gottesdienstes. Ebenso gehören die Verkündigung der Frohen Botschaft und die tätige Nächstenliebe zum Auftrag der Kirche und machen Wesentliches von ihr sichtbar. Dennoch bildet der Gottesdienst – nach einem Wort des Zweiten Vatikanischen Konzils (1962–1965) – den „Höhepunkt, dem das Tun der Kirche zustrebt, und zugleich die Quelle, aus der all ihre Kraft strömt" (Liturgiekonstitution 10). Wer sich für den Gottesdienst interessiert und sich mit seiner historischen Entwicklung, seinen theologischen Grundlagen und seiner heutigen Gestalt befasst, hat es darum mit dem Zentrum der Kirche und des christlichen Glaubens zu tun.

Deshalb können Kenntnisse über den Gottesdienst gläubigen Christen helfen, bewusster und fruchtbarer den Gottesdienst mitzufeiern und sich und anderen Rechenschaft über den Glauben zu geben. So liegt es nahe, dass zunächst Christen ein besonderes Interesse daran haben sollten, etwas mehr über die Feier des Gottesdienstes zu erfahren. Aber auch für Nichtchristen können Kenntnisse über den Gottesdienst hilfreich sein. Denn selbst wer aufgrund seiner weltanschaulichen und religiösen Prägung in der Regel keinen christlichen Gottesdienst besucht, wird in einer von christentümlichen Elementen durchsetzten Gesellschaft gelegentlich mit ihm in Berührung kommen, etwa bei Hochzeiten, Begräbnissen, bei Katastrophen und Großschadensereignissen.

Darüber hinaus ist zu bedenken, dass viele Ausdrucksformen der Kultur und Kunst in unserer Gesellschaft gar nicht recht zu verstehen sind ohne eine gewisse Kenntnis des Christentums und seiner gottesdienstlichen Feiern. Das gilt für viele Bereiche der Literatur, der Musik und der bildenden Kunst. So sind die bedeutenden Exponate kirchlicher Goldschmiede- und Textilkunst ja keineswegs als Schaustücke für eine Museumsausstellung geschaffen worden, sie dienten und dienen zu einem nicht geringen Teil noch heute dem Gebrauch im Gottesdienst. Die Kantaten Johann Sebastian Bachs, die Requiemvertonungen Mozarts oder Verdis und die geistlichen Werke von Palestrina bis zu den Komponisten der Gegenwart sind ohne ihren gottesdienstlichen Zusammenhang kaum zu verstehen. Und schließlich lassen sich die vielen von Touristenscharen besuchten Kirchen mit ihrer Ausstattung nur von dem Geschehen her deuten, für das sie vorrangig gebaut wurden, eben für die Feier des Gottesdienstes. Wer sich also für die Kultur und Kulturgeschichte interessiert, stößt immer wieder auf Formen und Lebensäußerungen, die ihre Wurzeln im christlichen Gottesdienst haben oder in enger Verbindung damit stehen. Insofern dienen gewisse Grundkenntnisse über den Gottesdienst der Allgemeinbildung und sind Teil der Religionskunde.

Zwischen dem Auftrag Jesu, „tut dies zu meinem Gedächtnis“, und der gegenwärtigen Gestalt des Gottesdienstes liegen inzwischen 2000 Jahre. Weil die Kirche und mit ihr der Gottesdienst, trotz seines bleibend gültigen Kerns, immer auch an eine bestimmte Zeit, Kultur und Gesellschaft gebunden ist, kann es nicht verwundern, dass der Gottesdienst über die Jahrhunderte immer wieder Wandlungen und mehr oder weniger umfangreichen Veränderungen unterworfen war. Dabei gab es Fortentwicklungen, die allmählich aus den Wurzeln der Stiftung Jesu und dem Wirken der Apostelgeneration erwachsen sind. So liegt etwa das Sakrament der Krankensalbung in der Sorge Jesu und der Apostel um die Kranken und Leidenden begründet. In der langen Geschichte gab es aber auch immer wieder Umbrüche und massive Einschnitte. Dies geschah dort, wo die Einsicht gewachsen war, die bestehende Gestalt des Gottesdienstes verdunkle die alte Tradition oder gewährleiste nicht mehr die Klarheit des Glaubens und die Einheit der Kirche. Hier kam es immer wieder zu durchaus einschneidenden Reformen.

Den Sinn für diese geschichtlichen Entwicklungen zu wecken und verständlich zu machen, welche Kräfte und Einflüsse den Gottesdienst in den verschiedenen Epochen prägten, ist das vorrangige Ziel dieses Buches. Es kann daher nicht mehr sein als ein knapper Überblick, der versucht, in kurzen, überschaubaren Kapiteln einige wichtige historische Entwicklungslinien nachzuzeichnen und nachvollziehbar zu machen. Wer mehr wissen will, findet am Ende eines jeden Kapitels einige weiterführende, durchaus subjektiv ausgewählte Literaturhinweise. Sie sind zumeist knapp kommentiert, um auch den Nicht-Fachleuten eine Hilfe zu geben, die genannten Werke und Beiträge einordnen zu können.

Das Buch konzentriert sich auf den Gottesdienst der römisch-katholischen Kirche, weitgehend im deutschen Sprachgebiet. Dabei ist zu beachten, dass die westkirchliche Geschichte bis zur Reformation die gemeinsame Gottesdienstgeschichte der katholischen wie protestantischen Tradition ist. Ein eigenes Kapitel deutet wenigstens die wichtigen Entwicklungen in den Kirchen der Reformation an. Damit ist vornehmlich die Darstellung der neuzeitlichen Entwicklung bis zur Gegenwart stärker konfessionell geprägt. Aber eine eingehendere Berücksichtigung der protestantischen Gottesdienstgeschichte hätte den Umfang des Buches deutlich gesprengt. Darüber hinaus macht ein weiteres Kapitel mit der Entstehung und dem Geist der ostkirchlichen Liturgie und ihrer Traditionen bekannt, um anzudeuten, dass das gottesdienstliche Leben in der Kirche bedeutend reicher ist, als dies ein einseitiger Blick auf die römisch-katholische Liturgiegeschichte vermuten lässt. Ein Glossar am Ende des Buches hilft, die nicht immer vermeidbaren Fachbegriffe kurz zu erklären.

1. Liturgie, Gottesdienst, Messe … – eine kurze Verständigung über wichtige Begriffe

Wenn heute katholische Christen sagen, „ich gehe zum Gottesdienst“, dann meinen sie oft, dass sie an der Feier der Messe teilnehmen. Allerdings sind „Gottesdienst“ und „Messe“ keineswegs gleichbedeutende Bezeichnungen. „Gottesdienst“ ist vielmehr ein Sammelbegriff für verschiedene Formen gottesdienstlicher Feiern, wozu auch – und zwar zentral – die Messfeier gehört. Daneben ist auch der Fachbegriff „Liturgie“ bekannt. Das Wort „Liturgie“ stammt aus dem Griechischen (*leiton ergon* = Dienst am Volk, im Sinn einer öffentlichen Dienstleistung) und bezeichnet im engeren Sinne die von der Kirche amtlich geordneten Gottesdienste. Heute werden die Begriffe „Gottesdienst“ und „Liturgie“ allerdings zumeist synonym gebraucht, dem schließt sich auch dieses Buch an.

„Gottesdienst“ oder „Liturgie“ sind also Oberbegriffe für eine Fülle von einzelnen Feiern, zu denen sich die Kirche um ihren Herrn Jesus Christus versammelt. Wie angeklungen, steht im Zentrum als wichtigste Feier des Gottesdienstes die Messfeier (auch als Eucharistie oder im protestantischen Sprachgebrauch als Abendmahl bezeichnet), denn hier wird die Gemeinschaft mit Christus am intensivsten verwirklicht.

Um die Messe herum gruppieren sich die Feiern der übrigen Sakramente. Dazu zählen zunächst die Sakramente des Christwerdens, die Feiern der Taufe und der Firmung (sowie die Eucharistie), sodann die Sakramente, die dem Gläubigen in schwierigen Lebenssituationen die Zuwendung Gottes vermitteln, die Feiern der Buße (Umkehr und Versöhnung) und der Krankensalbung, schließlich die Sakramente, die zu einem besonderen Dienst in der Kirche befähigen, die Weihe zum Bischof, Priester und Diakon (Ordination) und die Feier der Trauung. Hinzu treten Segnungsfeiern, die in gewisser Beziehung zu den Sakramenten stehen und deshalb Sakramentalien genannt werden. Dazu zählt auch die Begräbnisfeier.

Eine eigene Bedeutung haben Feiern, in denen die selbstständige Verkündigung des Wortes Gottes den Mittelpunkt bildet (Wort-Gottes-Feiern) sowie die über den Tag verteilte Feier des Gotteslobes, die Tagzeitenliturgie (auch Stundenliturgie oder Stundengebet genannt) mit ihren beiden Angelpunkten am Morgen (Laudes = Lobgesänge) und am Abend (Vesper = Abendstern).

Über diese Bereiche hinaus sind schließlich stärker regional geprägte Feiern zu nennen wie die Feier von Andachten und Prozessionen sowie weitere von bestimmten Anlässen, Bräuchen oder spirituellen Motiven bestimmte Feiern.

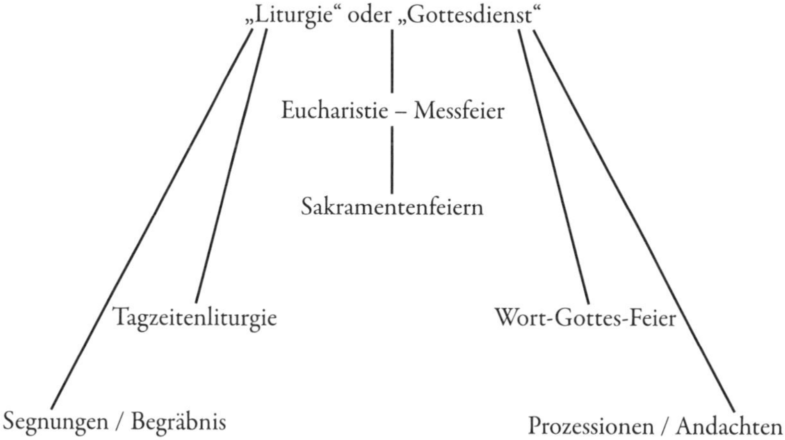

2. Gefeierter Glaube – oder: Was will die Liturgiegeschichte erforschen?

Wer sich auf die historischen Spuren des christlichen Gottesdienstes begibt, begegnet stets Menschen, die zu je ihrer Zeit ihrem Glauben an Jesus Christus Ausdruck gegeben haben. Denn im Gottesdienst ereignet sich das lebendige Glaubensgeschehen, die gemeinschaftliche Begegnung zwischen Gott und Mensch, die dabei sprachliche, musikalische, bild- und zeichenhafte, sogar personale Gestalt annimmt und darin erfahrbar wird. Insofern ist der Glaube der Kirche, wie ihn die theologische Disziplin der Liturgiewissenschaft betrachtet, ein in den verschiedenen Möglichkeiten menschlicher Ausdrucksformen sich vollziehendes, alle Sinne umfassendes, konkretes Ereignis. Es hat Farbe, Musik, Form, ist Bewegung und Feier.

Auch wenn das, was die Gemeinschaft der Kirche glaubt, über die Jahrhunderte gleich bleibt, hat sich der leibhaftige, gefeierte Glaube in der Geschichte in sehr unterschiedlichen Traditionen und Formen ausgedrückt. Denn Christen leben und glauben immer in einer bestimmten Gesellschaft und Kultur, in einem konkreten Raum und unter den Bedingungen ihrer jeweiligen Zeit. Das bleibt nicht ohne Auswirkungen auf die Ausdrucksgestalt des Glaubens. Deshalb wandeln sich Gebet und Gesang, Kirchenbau und seine Ausstattung, Formen und Motive der Frömmigkeit. Darum begegnen dem, der sich auf die Suche nach der Geschichte des christlichen Gottesdienstes macht, nicht nur theologische Gedanken und Impulse, sondern auch vielfältige Anstöße, die aus den kulturellen, mentalitäts- und sozialgeschichtlichen, den kirchen- und religionsgeschichtlichen Bedingungen in den verschiedenen Epochen auf das gottesdienstliche Leben eingewirkt haben. Diese Zusammenhänge zu erkennen, ist eine wesentliche Aufgabe der Liturgiegeschichtsforschung. Aus diesen Gründen werden uns beim Gang durch die Geschichte nicht nur die großen, „offiziellen" Formen der kirchlich geregelten Liturgie begegnen, denn auch die Andachten, die Formen der Heiligenverehrung, der Prozessionen und Wallfahrten haben in bestimmten Epochen der Liturgiegeschichte nicht selten viel prägender den Glauben der Menschen bestimmt.

3. Aus welchen Quellen schöpft die Liturgiegeschichte?

Aus dem Gesagten ist schon deutlich geworden, dass die Liturgie nicht allein von dem lebt, was in Handschriften und Büchern fixiert und normiert ist. Bilder, Räume, Gesang, liturgische Gewänder und Gefäße, Gestik und Bewegung sind mindestens ebenso entscheidend für das konkrete lebendige Feiergeschehen. Auch wenn sich die Liturgie nicht in ihrer Verschriftlichung erschöpft, bleiben wir für die Liturgiegeschichte doch wesentlich auf schriftliche Zeugnisse angewiesen. Dabei muss man allerdings unterscheiden zwischen normativ-ordnenden und beschreibenden Quellen.

Die erste und zentrale normative Quelle der christlichen Liturgie ist die Heilige Schrift des Alten und Neuen Testamentes, das biblisch geoffenbarte Wort Gottes. „Von größtem Gewicht für die Liturgiefeier ist die Heilige Schrift", so hat das Zweite Vatikanische Konzil diese vorrangige Bedeutung herausgestellt (Liturgiekonstitution 24). Jedes liturgische Buch kann die Kirche grundsätzlich verändern, sie kann Gebete und Gesänge tilgen oder neu verfassen, aber die Lesung aus der Heiligen Schrift ist eine Vorgabe, über die die Kirche nicht verfügen kann. Entsprechend sind die Bücher, aus denen die Heilige Schrift im Gottesdienst verlesen wird, wie Lektionare und Evangeliare, zumeist besonders gestaltet und von den übrigen Büchern abgehoben.

Zu den normativen Quellen der Liturgie gehören dann die Handschriften und Bücher, in denen Gebete, Gesänge und Ordnungen verzeichnet sind. In den Liturgiebüchern begegnet uns eine Normgestalt: ein Ideal, wie die Kirche sich die Feier der Liturgie vorstellt und zugleich ein Maßstab, hinter den das konkrete gottesdienstliche Geschehen nicht zurückfallen darf. Erst nachdem der Buchdruck erfunden war, wurde es übrigens möglich, weitgehend identische liturgische Bücher herzustellen und zu verbreiten. Wenn man allerdings wissen will, wie die konkrete gottesdienstliche Praxis ausgesehen hat, dann lassen uns normative Quellen schnell im Stich. Sie zeigen eben die Idealgestalt, aber nicht unbedingt die Realgestalt des Gottesdienstes.

Darum ergänzen beschreibende, also deskriptive Quellen unsere Kenntnis vom Gottesdienst früherer Epochen. In gewisser Hinsicht können hier die hoch- und spätmittelalterlichen *libri ordinarii* genannt werden. Dabei handelt es sich um eine Art „Regiebücher“, die für eine ganz bestimmte Kirche mit ihren jeweils eigenen personellen und räumlichen Gegebenheiten den Ablauf der liturgischen Feiern im Verlauf des Kirchenjahres beschreiben. Da sie vielfach genauer als Messbücher und Ritualien auf das konkrete Handlungsgeschehen eingehen, erlauben sie oftmals einen präziseren Einblick in die gottesdienstliche Realität. Vermutlich gab es kaum eine Kathedral-, Stifts- oder Abteikirche, die nicht einen Liber ordinarius besessen hat, vereinzelt sind solche Quellen auch für einfache Pfarrkirchen überliefert.

Seit einigen Jahren finden in der Liturgiegeschichtsforschung auch sogenannte Ego-Dokumente Aufmerksamkeit. Denn nicht selten enthalten persönliche Aufzeichnungen wie Tagebücher, Chroniken und Briefe Informationen über den erlebten Gottesdienst. Die subjektiven Zeugnisse können in der Zusammenschau mit anderen Quellen ein neues Licht auf die konkrete Gestalt des Gottesdienstes werfen.

Schließlich sind weitere Quellen zu nennen, die für unsere Kenntnis des Gottesdienstes von Belang sind. Man denke etwa an die spätantiken Kirchenordnungen oder an das Reisetagebuch der Egeria, einer Pilgerin aus Nordspanien, die Ende des 4. Jahrhunderts das Heilige Land besucht und den Gottesdienst in Jerusalem und in Palästina beschreibt. Aus der spätantiken Kirche kennen wir neben den Mönchsregeln vor allem die sogenannten mystagogischen Katechesen, also Predigten, mit denen Bischöfe und Presbyter wie Cyrill (oder Johannes) von Jerusalem (um 318–386/87), Ambrosius von Mailand (339–397) oder Johannes Chrysostomus (349–407) erläutern und deuten, was die Neugetauften bei ihrer Eingliederung in die Kirche erlebt haben. Auch für spätere Jahrhunderte liegen dann in Anlage, Form und theologischer Durchführung recht unterschiedliche Liturgieerklärungen vor, die zu erkennen geben, wie in früheren Zeiten der Gottesdienst verstanden und gedeutet wurde. Als Beispiel kann man das *Rationale divinorum officiorum* des Bischofs Wilhelm Durandus von Mende (um 1230–1296) nennen, das ein Kompendium der mittelalterlichen Liturgieerklärung darstellt und bis weit in die Neuzeit gelesen und studiert wurde.

Die knappe Übersicht gibt einen Eindruck von den unterschiedlichen Quellen, mit denen die Liturgiegeschichtsforschung ein Bild der historischen Wirklichkeit zu rekonstruieren versucht. Damit zeigt sich allerdings auch, dass eine umfassende und genaue Darstellung, wie der gefeierte Glaube der Kirche in der Geschichte aussah, nie vollständig erreicht werden kann. Aber es gibt Wege, sich der historischen Wirklichkeit zu nähern und ihre Spuren zu verfolgen. Dies soll im Folgenden geschehen.

Allgemeine Literatur zur Liturgiegeschichte

Leider fehlt derzeit im deutschen Sprachgebiet ein umfassendes Handbuch der abendländischen Liturgiegeschichte, das den heutigen Stand der Forschung wiedergibt und einen verlässlichen Überblick vermittelt. Im Folgenden sind deshalb nur einige wichtige Monografien und Lexikonartikel kommentierend aufgelistet, die einen gewissen Ersatz darstellen.

Einen kurzgefassten Überblick aus protestantischer Perspektive bietet

- William NAGEL, Geschichte des christlichen Gottesdienstes (Sammlung Göschen 1202/1202a), Berlin 1962.

Aus katholischer Feder stammt das in Einzelheiten und Bewertungen zum Teil überholte Werk von

- Theodor KLAUSER, Kleine Abendländische Liturgiegeschichte, Bonn 1965.

Eher die geistesgeschichtlichen Grundlagen von Liturgie und Kultur zeichnet nach

- Anton L. MAYER, Liturgie in der europäischen Geistesgeschichte. Gesammelte Aufsätze, hg. und eingeleitet von Emmanuel VON SEVERUS OSB, Darmstadt 1978.

Eine deutsche Übersetzung aus dem Niederländischen bietet die mitunter sehr auswählende Darstellung von

- Herman A. J. WEGMAN, Liturgie in der Geschichte des Christentums, Regensburg 1994.

Einen lexikalischen Überblick gibt

- Andreas HEINZ, Art. Liturgien. IV. Abendländische Liturgien, in: Lexikon für Theologie und Kirche 6 (Freiburg u. a. ³1997) 980–984.

Fast ausschließlich auf die spätantiken Entwicklungen konzentriert ist das Buch von

- Marcel METZGER, Geschichte der Liturgie (UTB 2023), Paderborn u. a. 1998.

Die Entwicklung der Liturgiegeschichtsforschung in Deutschland sichtet kritisch

- Arnold ANGENENDT, Liturgik und Historik. Gab es eine organische Liturgie-Entwicklung? (Quaestiones disputatae 189), Freiburg – Basel – Wien ²2001.

Die Erneuerungsprozesse des Gottesdienstes von der frühen Kirche bis zum Zweiten Vatikanischen Konzil beleuchtet das zweibändige Sammelwerk

- Liturgiereformen. Historische Studien zu einem bleibenden Grundzug des christlichen Gottesdienstes. FS Angelus A. Häußling OSB. 2 Bde., hg. von Martin KLÖCKENER und Benedikt KRANEMANN (Liturgiewissenschaftliche Quellen und Forschungen 88), Münster 2002.

Einen knappen, aber instruktiven historischen Abriss zur Geschichte der römischen Liturgie bieten

- Albert GERHARDS, Benedikt KRANEMANN, Einführung in die Liturgiewissenschaft, Darmstadt ²2008, 58–110.

Aus jüdischen Wurzeln erwachsen
Die Anfänge des christlichen Gottesdienstes

1. Jesus und der jüdische Gottesdienst seiner Zeit

Es ist keine Frage: Das Christentum und damit seine frühesten Gottesdienstformen haben sich aus dem Wurzelboden des Judentums gebildet. Jesus selbst lebte als gläubiger Jude und hat als Angehöriger des Volkes Israel an den verschiedenen Formen des jüdischen Gottesdienstes teilgenommen. Aber er hat sie auch in mancherlei Hinsicht kritisiert und verändert. Darum kann man sagen, dass das Verhältnis von jüdischem und christlichem Gottesdienst vor allem durch die Spannung von „Kontinuität“ und „Neuansatz“ gekennzeichnet ist. Dabei spielte vor allem auch die gegenseitige Beeinflussung des jüdischen und christlichen Gottesdienstes eine Rolle.

Im Wesentlichen kennt das Judentum zur Zeit Jesu drei Orte für den Gottesdienst: An erster Stelle ist natürlich der Tempel in Jerusalem zu nennen, in dem die Priester die vorgeschriebenen Opferrituale vollziehen. Für die gläubigen Juden spielt sich die Beziehung zwischen Gott und seinem Volk vor allem hier, an dieser heiligen Stätte ab. Nachdem die Verschleppten aus dem babylonischen Exil wieder heimgekehrt sind und den Tempel 515 v. Chr. wiederaufgebaut haben, erhält der Opferkult eine besondere Bedeutung: Als Reaktion auf die Zerstörung Jerusalems 586 v. Chr. und die Erfahrung des Zusammenbruchs wie des Exils gilt er nun als Sühneritual für die Sünden der Priester und des Volkes, das in der umfassenden Reinigung am großen Versöhnungstag, dem Jom Kippur, gipfelt, an dem allein der Hohepriester den innersten, von einem kostbaren Vorhang abgetrennten Raum des Tempels, das Allerheiligste, betreten darf, um das Versöhnungsritual zu vollziehen.

Wie die Evangelien schildern, hat Jesus den Tempelgottesdienst geschätzt und keineswegs abgelehnt. Allein nach dem Johannesevangelium zieht Jesus viermal zum Tempel hinauf. Die Wallfahrt zum Tempel als Weg nach Jerusalem kennzeichnet seine Sendung von der Kindheitsgeschichte bis zum Ostereignis. Allerdings hat Jesus den Tempel als Ort der Versöhnung Gottes mit den Menschen auch spiritualisiert und personalisiert. Die bekannte Szene mit der Austreibung der Händler aus dem Tempelbezirk (vgl. Mt 21,12–17 parr) darf man als eine prophetische Zeichenhandlung verstehen. Sie soll anzeigen, dass mit Jesus die eschatologische Erfüllungszeit angebrochen ist, in der nicht mehr der Tempel in Jerusalem die Mitte der Gottesverehrung ist, sondern „in der die wahren Beter den Vater anbeten werden im Geist und in der Wahrheit" (Joh 4,23).

Die Zerstörung und den Wiederaufbau des Tempels bezieht Jesus auf sich selbst (vgl. Joh 2,19–22), und das Zerreißen des Vorhangs in der Todesstunde Jesu (vgl. Mk 15,38) verweist auf den Gekreuzigten, durch den nun der Himmel offen steht und die Menschen ungehinderten Zugang zu Gott haben. Im Kreuzesopfer Jesu, in seiner Lebenshingabe für die Welt sind darum alle weiteren Opfer überholt, ist ein für allemal Sühne geleistet, die durch Glauben wirksam wird (vgl. Röm 3,25). Die Versöhnung zwischen Gott und Mensch ist nicht mehr an den Tempel gebunden, sie ereignet sich nun, wo zwei oder drei in Jesu Namen versammelt sind (vgl. Mt 18,20).

Die Synagoge bildet den zweiten Ort des gottesdienstlichen Lebens im Judentum. Ursprünglich war sie gar kein Raum für den Gottesdienst, sondern eine Art Gemeindezentrum oder Lehrhaus, in dem vor allem an jedem Sabbat die Tora (Fünf Bücher Mose) studiert wurde. Erst im rabbinischen Judentum entsteht der institutionalisierte Synagogengottesdienst mit der ritualisierten Lesung der Tora und dem gemeinsamen Gebet. Nach der Zerstörung des Tempels 70 n. Chr. überträgt man die priesterlichen Tempeltraditionen auf die Synagoge. Sie gilt nun wegen der Präsenz der Tora als heiliger Ort, und die gottesdienstliche Gemeinschaft, die sich hier versammelt, sieht sich verbunden mit den Engeln, liturgisch ausgedrückt in der Q^{e}dûššāh, dem Engelgesang des Dreimalheilig in der Himmelsvision des Jesaja (vgl. Jes 6,3).

Jesus hat die Versammlungen in den Synagogen hoch geschätzt. Er nimmt nicht nur daran teil, sondern liest auch selbst aus der Schrift und lehrt (vgl. Mk 1,21; Lk 4,16–21). Allerdings lassen sich auch gewisse Abstandsbewegungen erkennen. Schon die Menschen in der Synagoge von Kafarnaum sind erstaunt über die Lehre Jesu, denn er lehrt nicht wie die Schriftgelehrten, sondern wie einer, der göttliche Vollmacht hat (vgl. Mk 1,22), beglaubigt durch Zeichen und Wunder, die seine göttliche Legitimation unterstreichen (vgl. Mk 1,23–28). Das Jesaja-Wort vom Gesalbten Jahwes, der gesandt ist, den Armen die gute Nachricht zu bringen, den Gefangenen die Entlassung zu verkünden und den Blinden das Augenlicht (vgl. Jes 61,1; Lk 4,18 f), das Jesus in der Synagoge vorliest, bezieht er auf sich und seine Sendung. Er bringt damit zum Ausdruck, dass mit ihm die endzeitliche Gottesherrschaft angebrochen ist.

Der dritte Ort des jüdischen Gottesdienstes ist die Familie, das jüdische Haus. Das dreimalige Gebet gliedert den Tagesrhythmus morgens, mittags und abends. Vor allem die religiös geprägten Festmähler, speziell am Sabbat und an Pessah, haben eine rituell-symbolische Bedeutung und stehen in Verbindung mit dem Tempel und der Synagoge.

Gebet und Mahl bilden denn auch die Ansätze des frühchristlichen Gottesdienstes. Eine besondere Rolle spielt dabei das Vaterunser, das Jesus seinen Jüngern übergibt und das Parallelen zum Kaddisch-Gebet und zum Achtzehngebet aufweist. Es fällt auf, dass beim Vaterunser nicht ein sakrosanktes Textformular entscheidend ist, denn tatsächlich sind zwei unterschiedliche Textfassungen überliefert (vgl. Mt 6,9–13; Lk 11,2–4), bedeutend ist vielmehr die biblische Ursprungssituation: Die Jünger wollen von Jesus im Beten angeleitet werden, und er spricht ihnen das Vaterunser vor. Seither gilt: Wann immer Christen dieses Gebet Jesu zitierend nach-beten, wird die Ursprungssituation lebendig, sind sie selbst die Jünger, denen Jesus das Gebet geschenkt hat und die darin seiner Mahnung zum Gebet nachkommen. Es verwundert also nicht, dass man im Vaterunser ein Grundelement des frühchristlichen Gottesdienstes wie des täglichen Gebetes überhaupt (vgl. Did 8,2) erkennen kann. Das gilt auch deshalb, weil mit der Bitte um das kommende Reich ein bedeutendes Motiv des christlichen Betens ausgesprochen wird. Denn der Anbruch der Gottesherrschaft in der Sendung Jesu und die Bitte um seine Vollendung, wenn der Herr wiederkommt, bestimmen wesentlich das Selbstverständnis und Leben der frühen christlichen Gemeinden. Aus diesem Grund ist der frühchristliche Gottesdienst zutiefst eschatologisch ausgerichtet und der prädestinierte Ort der Parusieerwartung, der Hoffnung auf die Wiederkunft Christi, in der Gott endgültig und vor aller Augen seine Herrschaft durchsetzt.

Diese eschatologische Dimension kennzeichnet auch das häusliche Festmahl, das an jüdische Traditionen anknüpft. Es hat durch Jesus beim Abendmahl eine neue Deutung erhalten, indem er sich selbst in seiner Lebenshingabe am Kreuz mit dem gebrochenen Brot und dem Kelch identifiziert. Darin wird der neue und ewige Bund mit Gott beschlossen. So gipfeln in diesem Abschiedsmahl alle Mähler Jesu. Die eschatologische, versöhnende Tischgemeinschaft mit allen, die Gott und seine Herrschaft anerkennen, stellt Jesus im Mahl mit den Zöllnern und Sündern dar (vgl. etwa Mk 2,13–17). Die Speisungswunder hingegen verweisen auf das vom Segensreichtum Gottes erfüllte eschatologische Festmahl auf dem Zion (vgl. Jes 25,6–8). Diese umfassenden Bezüge zu den Bildern vom endzeitlichen, alle Völker verbindenden Mahl zeigen schon an, dass die frühchristlichen Mahlfeiern nicht einfach das Abendmahl Jesu „wiederholten" oder gar nachahmten, vielmehr haben die Gemeinden mit Dankgebet, Brotbrechen und Austeilung den Auftrag Jesu, „tut dies zu meinem Gedächtnis" (Lk 22,19; 1 Kor 11,25), liturgisch ausgeformt.

2. Die Anfänge des christlichen Gottesdienstes

Die Forschung ist sich heute unsicherer denn je, wie das Verhältnis zwischen jüdischem und christlichem Gottesdienst näher zu beschreiben ist. Wie schon angedeutet, kann man davon ausgehen, dass viele christliche Traditionen aus jüdischen Wurzeln erwachsen sind. Da nun das rabbinische Judentum, entstanden durch die Zerstörung des Tempels 70 n. Chr., und die christliche Kirche, begründet durch Tod und Auferstehung Jesu Christi, ungefähr zeitgleich hervortreten, entwickeln sich die frühe christliche Liturgie und der rabbinische Synagogengottesdienst wohl zum Teil parallel. Ausgehend von einer Grundlage biblischer und (für das Judentum) nachbiblischer Wurzeln ist es dabei offenbar einerseits zu gegenseitigem Austausch und Überschneidungen, andererseits aber auch zu Abgrenzungen und Uminterpretationen gekommen. Wie diese Vorgänge im Einzelnen verlaufen sind, lässt sich schon aufgrund der geringen und sehr lückenhaften Quellenlage heute kaum mehr nachvollziehen. Hinzu kommt: Die Entwicklungsprozesse des rabbinischen Judentums und noch weniger die der christlichen Kirche haben sich keineswegs zeitlich und regional einheitlich vollzogen. Wie es also zu jener Zeit *den* Synagogengottesdienst nicht gibt, gibt es auch nicht *den* christlichen Gottesdienst. Das ist vorwegzuschicken, will man verstehen, weshalb für die frühe Zeit des Christentums nur äußerst vorsichtig Aussagen zu Entwicklung und Gestalt des Gottesdienstes getroffen werden können.

Anknüpfen können die Christen sicher an der alten jüdischen Praxis, die Schriften der hebräischen Bibel und der Septuaginta (griechische Fassung des Alten Testaments) zu lesen und immer wiederzulesen. Dies geschieht sicher auch in ihren gottesdienstlichen Versammlungen, wobei die Christengemeinden die biblischen Schriften vor allem im Licht des Christusereignisses lesen. Im Laufe der Zeit kommen die Briefe des Paulus und weiterer Apostel sowie die Evangelien hinzu. Was nun als Heilige Schrift anzusehen ist und die Autorität besitzt, als offenbartes Wort Gottes zu gelten, wird vermutlich nicht zuletzt von dem Kriterium bestimmt sein, welche Schriften man wertschätzt, in den gottesdienstlichen Versammlungen vorzulesen. So hat der Gottesdienst auch auf die Herausbildung des Neuen Testaments und seiner Bücher eingewirkt.

Sicher hat der Psalter des Alten Testaments Einfluss auf den christlichen Gottesdienst genommen. Die Psalmen bilden ja bis heute den Grundbestand der Tagzeitenliturgie und prägen dominierend die Gesänge der römischen Messliturgie. Darüber hinaus lassen sich bereits im Neuen Testament, angeregt von den poetischen Texten des Alten Testaments, frei geschaffene Christuslieder erkennen (vgl. etwa Phil 2,6–11), die möglicherweise einen gottesdienstlichen Hintergrund haben. Auf ihrer Grundlage entwickelt sich dann in den ersten christlichen Jahrhunderten vor allem im Osten eine reiche Hymnodik, wogegen die westliche Kirche aus verschiedenen Gründen solche freien Schöpfungen für die Liturgie, von wenigen überlieferten Ausnahmen abgesehen, weitgehend unterbindet.

Ebenso wurzelt das christliche Beten in vielerlei Hinsicht in der jüdischen Gebetspraxis. Neben dem dreimaligen Gebet am Tag und der leiblichen Ausrichtung nach Osten beim Gebet sind hier vor allem zwei strukturell-inhaltliche Aspekte zu nennen. So übernehmen die Christen die Anrufung des einen und einzigen Gottes, wobei sie allerdings auch das Gebet zu Christus kennen und praktizieren, wie die Geheime Offenbarung mit der Anbetung des Lammes (vgl. Offb 4 – 5) oder das *Maranatha* (Komm, Herr Jesus) im Eucharistiegebet der *Didache* (vgl. Did 10,6) zeigen – wiederum Anzeichen für die intensive eschatologische Ausrichtung von Gebet und Gottesdienst in den frühen Christengemeinden.

In der Struktur ihres gottesdienstlichen Betens orientieren sich die Christen vor allem am jüdischen Segensgebet der *Berakah* (Lobpreis, Segen). Es umfasst den Lobpreis Gottes und den Dank für seine großen Taten in der Heilsgeschichte (Anamnese), die einmünden in die Bitte um sein Wirken jetzt (Epiklese), das die endzeitliche Aufrichtung der Gottesherrschaft schon antizipiert, worauf mit einem Lobpreis (Doxologie) das Gebet beschlossen wird. Diese Struktur des jüdischen Betens bestimmt, inhaltlich nun freilich konzentriert auf das Gedächtnis des Christusereignisses, die großen Gebetsformen der christlichen Liturgie, allen voran das Eucharistische Hochgebet.

Auch die zentralen christlichen Riten der Taufe und der Eucharistie sind von gewissen jüdischen Vorbildern und Traditionen angeregt und beeinflusst. Mit dem Hinweis auf die Mähler Jesu und die jüdische Tradition des religiösen Festmahls (Sabbat, Pessach) klang das bereits für das theologische Verständnis und die liturgische Praxis der frühchristlichen Eucharistie an. Ähnlich ist die christliche Taufe eine Weiterentwicklung der prophetischen Symbolhandlung Johannes des Täufers (vgl. Mt 3,13–17 parr). Weitere Zeichenhandlungen wie Handauflegung, Salbung, Besprengung und das abendliche Lichtentzünden finden sich analog im jüdischen Brauch und haben im christlichen Gottesdienst eine auf Christus bezogene Umdeutung erfahren.

Ebenso kann hier die gottesdienstliche Struktur von Woche und Jahr genannt werden. So zeigen sich im Gedächtnis von Schöpfung und Erlösung inhaltliche Verbindungen zwischen der Feier des jüdischen Sabbats und des christlichen Sonntags, wie sich umgekehrt der Sonntag als Auferstehungstag Christi und als Gedächtnis der eschatologischen Neuschöpfung auch eigenständig fortentwickeln wird. Noch umfänglicher sind die jüdische und die christliche Liturgie in der Feier von Ostern verbunden. Denn die christliche Osterfeier lässt sich nur vom Exodusereignis und von der jüdischen Pessahfeier her verstehen, mit denen sich dann aber aufgrund der besonderen Relevanz des Geschehens von Tod und Auferstehung Christi neue Deutungen und fortschreibende Akzentsetzungen verknüpfen.

Der christliche Gottesdienst war also in vielfacher Hinsicht von der jüdischen Liturgie beeinflusst, hat sie aber auch innovativ fortgeschrieben. Das gilt insbesondere für den Tempel und dessen Opferkult. Als Ort der Gegenwart Gottes und der Reinigung ist er im Christentum obsolet geworden. An seine Stelle tritt, wie schon erwähnt, der auferweckte Leib Christi (vgl. Joh 2,21), sichtbar und gegenwärtig in der Gemeinde der „Heiligen“, wie die Gläubigen im Neuen Testament genannt werden (vgl. 1 Kor 1,2).

Im Mittelpunkt des christlichen Gottesdienstes steht darum weder ein Heiligtum noch ein Altar, sondern die Gemeinde als Leib Christi. Das kennzeichnet der älteste Name für den Gottesdienst: Paulus nennt die Versammlung der korinthischen Gemeinde zum Herrenmahl, in der ihre Identität als Leib Christi immer neu begründet und dargestellt wird, das Zusammenkommen „en ekklesia“ (1 Kor 11,18). Dieser griechische Ausdruck, der zumeist mit „Kirche“ oder „Gemeinde“ wiedergegeben wird, meint aber in erster Linie den Akt des Sich-Versammelns mit dem Herrscher, der seinen Willen kundgibt und dem die Versammlung huldigt. Zu Recht kann man darum sagen: Dieser gemeinschaftliche Akt, das Versammeln zum Herrenmahl, wird schließlich zum charakteristischen Kennzeichen und Begriff für die Gruppe der Christen, also für die Kirche. Sie stellt nun selbst den heiligen Tempel dar (vgl. 1 Kor 3,16 f), der geistgewirkt ist und durch Jesus Christus zusammengehalten wird (vgl. Eph 2,21 f). Alle sollen sich auf ihn, den Eckstein – so der erste Petrusbrief – „als lebendige Steine auferbauen lassen“, zu einem „geistigen Haus“, zu einem „heiligen Priestertum“, welches „geistige Opfer“ darbringt (1 Petr 2,5). Weil Christus in seiner Auferstehung zu Gott erhöht wurde, also in den wahren, himmlischen Tempel eingegangen ist, hat er auch der Gemeinde den Zugang zum Himmel geöffnet. Zwar können die Christen noch nicht eintreten wie Christus (vgl. Hebr 9,12), aber sie können bereits „hinzutreten“, nämlich im Gottesdienst, in dem sie schon jetzt in Gebet und rituellem Handeln zusammen mit dem himmlischen Hofstaat Gott den Lobpreis darbringen (vgl. Hebr 12,22–24). So verbinden sich im Verständnis der Liturgie Himmel und Erde, gehören der Lobpreis des Himmels und der Lobpreis auf Erden zusammen, indem alle vor dem Thron Gottes stehen und Gott anbeten.

In dieser eschatologischen Transformation der jüdischen Tempeltheologie und -liturgie tritt nun an die Stelle der Tier- und Weihrauchopfer das Opfer des Gebets (vor allem das eucharistische Gebet) und anstelle des priesterlichen Kultpersonals treten nun alle Glieder der Gemeinde, die durch die Taufe an der priesterlichen Würde Christi teilhaben.

Gelegentlich hat man von einer „Spiritualisierung“ oder auch „Personalisierung“ des christlichen Gottesdienstes gesprochen. Das ist sicher nicht falsch, aber vielleicht noch markanter ist die hier zutage tretende, schon mehrfach angesprochene eschatologische Dimension des frühchristlichen Gottesdienstes, die alle konkreten Formen mitbestimmt hat.

3. Exemplarische Aspekte frühchristlicher Liturgie

Eucharistie

Der neben der Initiation zweifellos zentrale christliche Gottesdienst ist das seit dem 2. Jahrhundert Eucharistie genannte Kultmahl. Man darf vermuten, dass die in den Evangelien geschilderten Tischgemeinschaften Jesu, einschließlich des letzten Mahls am Vorabend seines Todes bereits gewisse Reflexe auf die eucharistische Praxis der frühen Christengemeinden enthalten. Erinnert sei etwa an die Erzählung von den beiden Emmaus-Jüngern, die den auferstandenen Christus erkennen, als er ihnen das Brot bricht. Hier wird das Brotbrechen am ersten Tag der Woche (Sonntag), also die Versammlung der Kirche zum sonntäglichen Herrenmahl, als Ort der Ostererfahrung und der Gegenwart des Auferstandenen geschildert (vgl. Lk 24,30 f).

Die schon genannte *Didache*, eine um 100 in Syrien entstandene Kirchenordnung, bezeugt eine Frühform des eucharistischen Betens, die das jüdische Vorbild mit Lobpreis, Dank und Bitte deutlich erkennen lässt. Weil auffälligerweise ein Hinweis auf das Abendmahl und die Passion Jesu fehlt, ist es umstritten, ob es sich hier tatsächlich um Gebete für eine Eucharistiefeier im engeren Sinne oder um Dankgebete für eine christliche Agapefeier handelt. Allerdings muss man bedenken, dass es in den ersten Jahrzehnten noch eine große Vielfalt in Form und Theologie der christlichen Mahlfeiern gibt. Erst im Verlauf des 2. Jahrhunderts setzt sich dann eine größere Vereinheitlichung auf der Grundlage der Abendmahlstraditionen durch. Dazu gehört auch die allmähliche Trennung von eucharistischem Mahl und Sättigungsmahl.

Erstmals bezeugt *Justin*, ein Philosoph, der gegen 165 in Rom als Märtyrer starb, um 150 die sich später durchsetzende Grundstruktur der Eucharistie (1 Apol. 67,3–5):

> „Und an dem nach der Sonne benannten Tag wird eine Versammlung aller gehalten, die in den Städten oder auf dem Land wohnen, und man liest die Denkwürdigkeiten der Apostel oder die Schriften der Propheten (vor), solange es die Zeit erlaubt. Wenn der Vorleser geendet hat, hält der Vorsteher eine Ansprache, durch die er zur Nachahmung dieser schönen (Lehren) mahnt und ermuntert. Danach stehen wir alle zusammen auf und senden Gebete (empor). Und, wie wir bereits gesagt haben, wird, wenn wir das Gebet beendet haben, Brot herbeigebracht und Wein und

> Wasser, und der Vorsteher sendet Gebete ebenso wie auch Danksagungen empor nach seinem Vermögen, und das Volk stimmt zu, indem es das Amen spricht. Und (dann) geschieht für jeden die Verteilung und der Genuß von den (Gaben), über die Dank gesagt worden ist, und den Abwesenden wird (davon) durch die Diakone gesandt" (zit. nach *Meyer* 1989, 101 f).

Hier lassen sich bereits deutliche Grundstrukturen der gottesdienstlichen Versammlung erkennen: Die Gemeinde versammelt sich zu einem Wortgottesdienst mit Schriftlesung, Auslegung und Allgemeinem Gebet („Fürbitten") sowie zu einer eucharistischen Mahlfeier mit Gabenbereitung, danksagendem Gebet über Brot und Wein sowie Austeilung und stilisiertem Mahl. Auch die Kranken nehmen an der Mahlgemeinschaft teil. Erkennbar beginnen sich in der Gemeindeversammlung Dienste und Ämter zu profilieren, von Vorsteher, Vorleser und Diakonen ist die Rede. Der zentrale eucharistische Gebetsakt ist (noch) nicht fixiert, er wird vom Vorsteher frei improvisiert, freilich nicht ohne gewisse inhaltliche Linien zu beachten. Entsprechend charakterisiert Justin das Eucharistiegebet:

> „Dieser [der Vorsteher; JB] nimmt (die Gaben entgegen) und sendet dem Vater des Alls durch den Namen des Sohnes und des Heiligen Geistes Lob und Preis empor und verrichtet eine längere Danksagung dafür, dass wir durch ihn dieser (Gaben) gewürdigt werden. Wenn er die Gebete und die Danksagung beendet hat, stimmt das ganze anwesende Volk mit Amen zu" (1 Apol. 65,3; zit. nach *Meyer* 1989, 101).

Demnach besteht das Gebet aus einer Anrufung des Namens Gottes und einem Schöpfungsgedächtnis. Darauf folgt eine längere Danksagung, worin man vielleicht einen Hinweis auf das Gedächtnis des Christusereignisses erblicken darf.

Aber auch für das Zeugnis des Justin gilt: Die geschilderten Strukturen, Dienste und Formen dürfen nicht als *die* Eucharistie jener Zeit gelten. Vielmehr bestanden noch bis ins 3./4. Jahrhundert sehr unterschiedliche Formen und eigene theologische Akzente in der eucharistischen Praxis der christlichen Gemeinden.

Hauskirche von Dura Europos. 1 Hof, 2 Vorhalle, 3 Nebenraum, 4 Hauptwohnraum, 5 Saal, 6 Baptisterium

Gottesdienstlicher Ort: vom Privathaus zur Hauskirche

Die ersten christlichen Gemeinden versammeln sich in geeigneten Häusern von Gemeindemitgliedern. Einen aus dem Alltag ausgegrenzten heiligen Ort, einem Tempel ähnlich, benötigen sie nicht, wie auch neutestamentliche Hinweise bezeugen (vgl. etwa Apg 20,7–12; 19,9). Wenigstens noch bis ins 2. Jahrhundert hält man an der Versammlung in Privathäusern oder angemieteten Örtlichkeiten fest. Bei kleinen Gruppen bis ca. 15 Personen ist es leicht möglich, wie auch sonst zum Essen, an kleinen Tischen liegend das Herrenmahl zu feiern.

Mit dem zahlenmäßigen Anwachsen der Gemeinden muss man aber andere räumliche Lösungen finden. Seit Beginn des 3. Jahrhunderts werden ganze Häuser der christlichen Gemeinde zur Benutzung überlassen. Als *domus ecclesiae* (Kirchenhaus) bezeichnet, verweisen sie auf ihre wesentliche Funktion: Sie sind Haus der (Gemeinde-)Versammlung. Das bekannteste Beispiel dafür ist die in Dura Europos (am rechten Ufer des Euphrat im heutigen Syrien gelegene) ergrabene Hauskirche aus der Mitte des 3. Jahrhunderts. Sie weist Räumlichkeiten für alle wesentlichen Aufgaben der Gemeindeversammlung auf: für das Herrenmahl und die Taufe, sicher auch für die Verkündigung und als Herberge für durchreisende Christen. Beachtenswert ist die Ostausrichtung des Gebäudes, die auf die Bedeutung der Gebetsorientierung hinweist. Ob es einen erhöhten Ort für die Schriftlesung gegeben hat, ist unsicher. Als sicher darf hingegen angenommen werden, dass der für die Eucharistie benötigte Tisch noch beweglich war und zum passenden Zeitpunkt aufgestellt wurde. Ein feststehender Altar wird erst ab dem 4. Jahrhundert und dann nur nach und nach die Regel.

Gottesdienstliche Zeit: Sonntag – Sabbat – Ostern

Auch wenn das Neue Testament nur an drei Stellen vom Sonntag spricht (1 Kor 16,2; Apg 20,7; Offb 1,10 [Herrentag]), dürfen wir davon ausgehen, dass von Anfang an in den christlichen Gemeinden der erste Tag der jüdischen Sieben-Tage-Woche gefeiert wird (in judenchristlichen Gemeinden wohl noch länger zusätzlich zum Sabbat). Die Sonntagsfeier mit der eucharistischen Versammlung hat ihren originär christlichen Ursprung in der Auferstehung Christi und den Ostererscheinungen, von denen die Evangelien berichten. Weil mit diesem Ereignis bereits der Tag der neuen Schöpfung und des neuen Lebens angebrochen ist, „übersteigt" dieser Tag die irdische Schöpfung und diese Welt hinein in das Reich Gottes. Wegen dieser eschatologischen Ausweitung und der Ausrichtung auf das zweite Kommen Christi (vgl. Apg 1,11) gilt der erste Tag in diesem christlichen Sinne zugleich als der „achte Tag".

Bis zum Beginn des 4. Jahrhunderts bleibt neben dem Sonntag (und Sabbat) Ostern das einzige christliche Jahresfest. Es entwickelt sich, wie schon angedeutet, aus dem jüdischen Pessachfest, an dem Jesus nach Ausweis der vier Evangelien am Kreuz gestorben ist, und zwar am 14. Nisan, nach Joh 19,14 genau zu der Zeit, als die Pessachlämmer im Tempel geschlachtet wurden. Dies gibt den Anhalt für die christliche Übernahme und Neuinterpretation des jüdischen Pessachfestes: Christus ist das eschatologische Paschalamm (vgl. 1 Kor 5,7), bald ergänzt um die christliche Deutung des Exodus Israels als Übergang (pascha – passio) von Sünde und

Tod zu Freiheit und Leben. Diese Motive durchziehen die Ostertheologie und -frömmigkeit der ersten drei Jahrhunderte.

Wie man sich die frühchristliche Osterfeier vorstellen muss, lässt sich nur rudimentär rekonstruieren. Sie beginnt, wohl im Rückgriff auf das Wort Jesu von der „Wegnahme des Bräutigams" (vgl. Mk 2,20) mit einem österlichen Trauerfasten von einem oder mehreren Tagen. In der Osternacht, der letzten Phase des strengen Trauerfastens, versammelt sich dann die Gemeinde zu einer Nachtwache (Vigil), in der sie das Kommen Christi erwartet, wohl liturgisch gestaltet durch Lesung und Gebet, wobei vermutlich die Erzählung vom Auszug aus der Gefangenschaft in Ägypten nach Ex 12 gelesen und ausgelegt wird. Zum Ende der Nacht, zur Zeit des Hahnenschreis (ca. 3 Uhr früh) wird dann das Fasten gebrochen und – anstelle der in den ersten Jahrzehnten tatsächlich erwarteten Wiederkunft Christi – sein Kommen rituell in der freudig-festlichen Eucharistie gefeiert.

Weiterführende Literatur

Die derzeit beste Übersicht über die frühchristlichen Entwicklungen des Gottesdienstes, verbunden mit Hinweisen zur gegenwärtigen Forschungslage gibt

– Reinhard MESSNER, Der Gottesdienst in der vornizänischen Kirche, in: Geschichte des Christentums. Religion – Politik – Kultur 1. Die Zeit des Anfangs (bis 250), deutsche Ausgabe hg. von Norbert Brox u. a., Freiburg – Basel – Wien 2003, 340–441.

Ein blendend geschriebenes, in Einzelheiten zwar überholtes Überblickswerk, das aber dennoch als „Klassiker" für die Liturgiegeschichte der ersten christlichen Jahrhunderte gelten kann, stammt von

– Josef Andreas JUNGMANN, Liturgie der christlichen Frühzeit bis auf Gregor den Großen, Freiburg/Schw. 1967.

Solide Informationen zur genannten Epoche aus der Feder eines Kirchenhistorikers bietet

– Alfons FÜRST, Die Liturgie der Alten Kirche. Geschichte und Theologie, Münster 2008.

Auf dem Weg zur Staatsreligion Gottesdienst im konstantinischen Zeitalter und in der Spätantike

1. Gottesdienstliches Leben in der Ära Konstantins

Zu Beginn des 4. Jahrhunderts bilden die Christen, aufs Ganze des römischen Reiches gesehen und verglichen mit den Anhängern anderer Religionen, eine kleine Minderheit. Schätzungen vermuten, ca. 10 Prozent der Bevölkerung seien getauft gewesen. Zudem gibt es in den Führungsschichten der zivilen Gesellschaft so gut wie keine Christen. Dennoch schafft es das Christentum, sich innerhalb von drei bis vier Generationen zu einer Staatsreligion zu entwickeln. Dieser rasante Aufstieg hat sicher auch damit zu tun, dass das Christentum die Welt des Glaubens mit dem alltäglichen Leben zu verbinden vermag. So spricht etwa Augustinus (354–430) davon, dass die Christen das Leben in dieser Welt wirklich liebten, „aber sie schätzen ab: Sie bedachten, wie sehr sie die ewigen Dinge lieben sollten, wenn sie einer derart tiefen Liebe zu Dingen, die vergänglich sind, fähig waren“ (zit. nach *Markschies* 2001, 226). Vor allem aber wird die Duldung und bald auch die massive Förderung und Privilegierung der Kirche durch die staatlichen Herrscher, allen voran Kaiser Konstantin (306–337), das Christentum im römischen Reich populär machen.

Mit der Ausbreitung und gesellschaftlichen Akzeptanz und Protektion des Christentums konsolidiert sich das Leben in den Gemeinden. Sie wachsen zahlenmäßig an und benötigen schon deshalb größere, bald auch prachtvolle, mit farbigen Mosaiken ausgestattete Versammlungsräume. Nicht wenige werden sogar auf Staatskosten finanziert. In Trier errichtet man neben der auf einer Hauskirche erbauten, inzwischen zu klein gewordenen Basilika einen Kirchenkomplex von geradezu imperialen Ausmaßen: Vier miteinander verbundene Basiliken umgaben ein Baptisterium mit einer 8 m x 8 m großen Piscina. Bischof Athanasius von Alexandrien (um 295/300–373), in Trier im Exil (335–337), berichtet, sein Trierer Amtskollege habe wegen der großen Zahl der Gläubigen Ostern bereits in der noch nicht vollendeten und geweihten Kirchenanlage feiern müssen.

Frühchristliche Kirchenanlage in Trier

Die überfüllte Bischofskirche von Trier zeigt exemplarisch, dass sich in diesen Jahrzehnten das gottesdienstliche Leben offenbar reich entfalten und entwickeln kann.

Der Sonntag in konstantinischer Zeit

Die christliche Sonntagsfeier ist ein Erbe der apostolischen Zeit. Die Christen versammeln sich am „Herrentag" (Offb 1,10: Kyriake heméra), wie sie den ersten Wochentag nach ihrem auferstandenen und erhöhten Kyrios nennen, zum Herrenmahl. Die Sonntagseucharistie bildet den Mittelpunkt ihres Glaubens. Sie ist ihnen so lebensnotwendig, dass sie auch in Verfolgungszeiten daran festhalten, wie es die Märtyrer im nordafrikanischen Abitinae 304 bezeugen, die sich lieber von der Staatsmacht töten lassen, als auf ihre sonntägliche Versammlung zur Eucharistie zu verzichten. Es gibt freilich auch säumige Christen, sodass die Provinzialsynode von Elvira um 306 bestimmt, wenn ein in der Stadt lebender Christ an drei aufeinanderfolgenden Sonntagen nicht zur Versammlung erscheint, solle er für eine gewisse Zeit vom Eucharistieempfang ausgeschlossen werden.

Aber nicht nur im Judentum und Christentum bestimmt der Wochenrhythmus das Leben, auch im großen paganen Milieu des Imperium Romanum übernimmt man nach und nach den Sieben-Tage-Zyklus. Die Wochentage benennt man nach den Planeten des Sonnensystems, einschließlich der Sonne und des Mondes. Dem ersten Tag verleiht man den Namen des lichtstärksten Gestirns, der Sonne, dem zweiten Tag den des Mondes und so weiter. Hinter dieser Namensgebung steht der pagane Sonnenkult, der vor allem seit der zweiten Hälfte des 3. Jahrhunderts auf die Menschen eine ungeheure Anziehungskraft ausübt. Der Kirchenhistoriker Martin Wallraff hat deshalb von einer generellen Solarisierung der religiösen Kultur jener Zeit gesprochen. Das Symbol der Sonne ist im religiösen Klima dieser Epoche allgegenwärtig. Vor allem die Verehrung des *Sol Invictus*, des unbesiegbaren Sonnengottes, genießt größte Popularität. Die massive solare Ausrichtung des Religiösen hat – wie wir noch sehen werden – in mancher Hinsicht die Entwicklung des christlichen Gottesdienstes in dieser Zeit mitbestimmt.

Wegen seiner paganen Kontamination stehen die Christen dem Namen „Sonntag" zunächst eher reserviert gegenüber, können mit ihm aber zugleich doch unwillkürlich ihr Bekenntnis zu Christus, dem wahren „Licht der Welt" (Joh 3,20), assoziieren, der als „Sonne der Gerechtigkeit" vom Propheten Maleachi (3,20) vorausgesagt worden ist. Vor allem im lateinischen Westen wird sich deshalb der Name „Sonntag" dann doch durchsetzen. Als Kaiser Konstantin am 3. Juli 321 sein Sonntagsdekret erlässt und den ersten Tag der Woche zum staatlich angeordneten Tag der Arbeitsruhe erklärt, ändern sich auch die sozialen Rahmenbedingungen für die Feier der Sonntagseucharistie. Sie kann nun vom frühen Morgen vor Arbeitsbeginn auf den arbeitsfreien Vormittag verlegt werden. Als Zeit der Eucharistie setzt sich dann die *hora teria* (3. Stunde = etwa 9 Uhr) durch, die für die Christen mit dem Gedächtnis des Pfingstereignisses (vgl. Apg 2,15) verbunden ist. So soll die Sonntagsversammlung der Christen zur dritten Stunde der Ort sein, wo das Kommen des Heiligen Geistes sich immer neu ereignet.

Entfaltung der Osterfeier – Entstehung des Weihnachtsfestes

Bis ins 4. Jahrhundert kennt die Kirche neben dem Sonntag nur ein Jahresfest, die Feier von Ostern. Weil man das christliche Osterfest zeitlich aber nicht mehr „mit den Juden" am 14. Nisan begehen will, zweifellos Ausdruck eines umfassenderen Absetzungsprozesses vom Judentum, orientieren sich immer mehr Ortskirchen an der Sonntagsfeier. Das Konzil von Nizäa 325 trifft denn auch die gesamtkirchliche Regelung, Ostern am Sonntag nach dem ersten Frühlingsvollmond zu feiern. Der einheitliche

Ostertermin ist eine bis heute nachwirkende liturgische Spur der sogenannten Konstantinischen Wende.

Entfaltung der Ostervigil im 4./5. Jahrhundert:

		Lichtritus
Lesungen Gesang Gebet	→	Vigillesungen
		Wortgottesdienst der Messe Tauffeier (wohl oft parallel zur Vigil)
Eucharistiefeier	—	Eucharistiefeier

Entwicklung eines österlichen Triduums und einer Heiligen Woche:

(Kar-)Freitag	→	Fasten, Gottesdienst ohne Eucharistie (Leiden und Sterben Christi)
(Kar-)Samstag	→	Fasten (abends: Versammlung zur Vigil Ostervigil als Gedächtnis des Pascha Christi
(Oster-)Sonntag	→	(eigene Messfeier am Morgen)

Bedeutsamer ist aber, dass sich in dieser Zeit auch die Feiergestalt des ältesten und damals noch einzigen christlichen Jahresfestes entfaltet. Ursprünglich feierten die Christen Ostern in einem einzigen Gottesdienst. Sie versammelten sich zu einer großen Nachtwache (lat. *Vigil*), in der sie des Leidens und Sterbens Jesu wie seiner Auferstehung und Erhöhung gedachten. Diese Nachtwache dehnt sich nun im Laufe des 4. Jahrhunderts zu einer „Österlichen Dreitagefeier“ (lat. *Triduum paschale*) und zu einer Heiligen Woche (Karwoche) aus. Die entscheidenden Impulse kommen dazu aus Jerusalem. Immer mehr Christen pilgern inzwischen in die Heilige Stadt, um die Orte und Stätten aufzusuchen, an denen der Sohn Gottes als Mensch hatte leben wollen und wo er starb und auferstand. So will man die zunehmende zeitliche Distanz zum Ursprungsgeschehen des Christusglaubens überbrücken. Über den von den Pilgern aufgesuchten heiligen Orten lässt Kaiser Konstantin imposante Bauten errichten, die nicht nur die Topografie der wichtigsten Heilsereignisse im Stadtbild sichtbar machen, sondern auch die vitale Pilgerfrömmigkeit dieser Zeit bezeugen. Ende des 4. Jahrhunderts pilgert auch Egeria, eine vornehme

Frau aus Aquitanien, nach Palästina. In ihrem Reisebericht schildert sie ausführlich die Osterfeier in Jerusalem, angefangen von einer vorbereitenden Fastenzeit, über die liturgisch ausgeformte Karwoche bis zur fünfzigtägigen Festzeit mit dem Himmelfahrts- und Geistsendungsgedächtnis an Pfingsten. Besonders beeindruckt ist Egeria davon, dass die liturgischen Feiern immer genau zur richtigen Zeit am richtigen Ort die jeweiligen Einzelereignisse von Passion und Auferstehung Christi in ihrem biblisch geschilderten Ablauf nachvollziehen. So feiert man in einer Prozession vom Ölberg am Sonntag vor Ostern den Einzug Jesu in Jerusalem, in der Nacht zum Freitag vor Ostern versammelt man sich im Garten Getsemani und gedenkt des Leidens Jesu, am Tag selbst verehrt die Gemeinde auf Golgota die Reliquie des Heiligen Kreuzes und in der Osternacht wird am Heiligen Grab vor allem der Auferstehung Jesu gedacht. Die Aufgliederung der einen Osterfeier in einzelne Feiern über mehrere Tage, vermutlich im Zuge der Weihe der Grabeskirche in Jerusalem 335 entstanden, orientiert sich damit an den verschiedenen, von den Evangelien berichteten Geschehnissen, die in der späteren Entwicklung historisierend als Einzelereignisse verstanden und liturgisch gefeiert werden. Jedenfalls sollte sich das Vorbild der Jerusalemer Osterfeier bald im Osten wie im Westen verbreiten. Insofern liegen in der Pilgerfahrt zu den heiligen Stätten des Christentums die Wurzeln für die jährliche Begehung von einzelnen Christusfesten, aus denen schließlich das Kirchenjahr erwächst.

Um die gleiche Zeit, wohl zwischen 325 und 335, entsteht in Rom ein neues christliches Jahresfest, das Fest der Geburt Christi am 25. Dezember. Die Vorstellung, die Christen wollten damit dem am gleichen Termin der Wintersonnenwende gefeierten paganen Sonnengeburtsfest ein christliches Fest entgegensetzen, wird heute bezweifelt. Vielmehr dürfte das religiöse Milieu jener Zeit, das, wie schon erwähnt, von einem intensiven Sonnenkult beherrscht war, auch die Entstehung von Weihnachten beeinflusst haben. Dieses Fest kommt in einer Zeit auf, in der verschiedene Auffassungen über das wahre Verständnis der Person Jesu Christi miteinander konkurrieren. Auf dem Konzil von Nizäa (325) formuliert die Kirche gegen die Irrlehre des Arianismus, die Jesus lediglich als Geschöpf Gottes sieht, ihr Christus-Bekenntnis. Und dafür greift sie die Licht- und Sonnenmetapher auf, indem sie in lichtsymbolischer Sprache den orthodoxen Glauben über die wahre Gottheit Christi ausdrückt. Demnach ist Jesus Christus „Gott von Gott, Licht vom Licht, wahrer Gott vom wahren

Gott". So feiert die Kirche am Tag des tiefsten Winterdunkels den Aufgang der göttlichen Christus-Sonne in der Welt. Entsprechend bestimmt die Licht- und Sonnenmetapher die Texte der ältesten römischen Liturgie von Weihnachten, sodass wohl zu Recht vermutet werden kann, das Geburtsfest Christi wollte die liturgische Antwort auf eine dogmatische Kontroverse geben und den Glauben an die Göttlichkeit des Kindes in der Krippe verbreiten.

Gebet gen Osten

Die von Konstantin großzügig geförderten Basiliken sind in der Regel so angelegt, dass die Gläubigen nach Osten schauen, in die Richtung der aufgehenden Sonne, denn von dort erwartet man die Wiederkunft Christi (vgl. Mt 24,27.30). Dieser Gebetsordnung entspricht die in Ost-West-Richtung verlaufende Längsachse der Basilika. Dabei liegt zumeist die Apsis im Osten und der Eingang im Westen des Bauwerks.

Dies ist auffälligerweise bei den ältesten und bedeutendsten Kirchenbauten Roms nicht der Fall. Die Lateran- und die Petersbasilika haben aus topografischen Gründen ihre Apsis im Westen und den Eingang im Osten. Während in den apsisgeosteten Kirchen der Bischof und die Presbyter beim Wortgottesdienst in der Apsis den Gläubigen zugewandt sind, stehen sie beim Gebet, vor allem beim Eucharistiegebet an der Spitze der Gläubigen und blicken mit ihnen gen Osten. Nach allem, was wir wissen, sah das bei eingangsgeosteten Kirchen genau umgekehrt aus. Hier schauen bei der Eucharistiefeier offenbar alle nach Osten und blicken auf die geöffneten Eingangsportale, denn das religiöse Empfinden der Antike bevorzugt das Gebet zum offenen Himmel. Möglicherweise hat dieses Motiv dazu geführt, dass bei der sich später durchsetzenden Apsisostung die Mauern durchbrochen und mit Fenstern geöffnet wurden. Jedenfalls ist es für das christliche Gemeindegebet jener Zeit bedeutungsvoll, nach Osten zu schauen, „dem Herrn zugewandt". Darin darf man wohl auch einen Reflex der eschatologischen Ausrichtung des gottesdienstlichen Lebens wie der mehrfach erwähnten Solarisierung der religiösen Kultur erblicken.

2. Sakramentliche Liturgie in spätantiker Zeit

Eingliederung in die Kirche (Taufe – Firmung – Eucharistie)

Kelsos, ein gebildeter Heide, schreibt um 170: „Wenn alle Menschen Christen sein wollten, dann würden die Christen sie nicht mehr wünschen" (zit. nach *Brown*, 1980, 102). Mit der gesellschaftlich-politischen Anerkennung und Bevorzugung des Christentums in spätantiker Zeit wandelt sich diese Situation grundlegend. Wer en vogue sein will, wird nun Christ. Damit steigt zwar die Zahl der Taufbewerber beträchtlich an, aber zugleich werden die Beweggründe, Christ zu werden, vielschichtiger. Es bewerben sich nun auch Menschen um die Aufnahme in die Kirche, denen es weniger um den Glauben und die christliche Lebenspraxis geht, denn um soziale Anerkennung oder berufliches Fortkommen. Um die einschneidenden Konsequenzen der Taufe für die Lebensführung nicht auf sich nehmen zu müssen, begnügen sich deshalb viele damit, als Katechumenen (Taufschüler) der Kirche anzugehören. Nicht wenige, wie schon Kaiser Konstantin selbst, warten mit der Taufe, bis es ans Sterben geht. Zwar hält man an der Einrichtung des Katechumenats als einer mehrjährigen Glaubensschule grundsätzlich fest, aber als eine Zeit des wirklichen Hineinwachsens in den Glauben, wie er einst gedacht war, hat er faktisch ausgedient. Bischof Ambrosius von Mailand (333/334–397) muss am Beginn der vorösterlichen Bußzeit geradezu darum betteln, dass Glaubensschüler sich zur Taufe in der kommenden Osternacht anmelden. Für die, die es tun, beginnt jetzt erst die ernsthafte Einführung in den Glauben.

Im Zuge der entfalteten „Österlichen Dreitagefeier" nimmt die Ostervigil seit dem 4. Jahrhundert den Charakter einer großen Taufnacht an. In einer langen Prozession steigen die zumeist erwachsenen Taufbewerber in das Taufbecken. Nach dem Durchschreiten durch das Taufwasser, das dem Durchzug Israels durch das Rote Meer gleicht (vgl. Ex 14,15–31) steigen die Wiedergeborenen auf der Ostseite aus dem Wasser. Am Körper mit Öl gesalbt, mancherorts auch die Füße gewaschen (vgl. Joh 13,1–15), ziehen sie in weißen Gewändern in die Gemeindekirche, um mit den dort wartenden Gläubigen erstmals Eucharistie zu feiern und dabei zum ersten Mal am Tisch des Herrn teilzuhaben. Noch ist die Eingliederung ein einheitliches Geschehen von Wasserbad, Geistsalbung und eucharistischem Mahl. Aber spätestens im Frühmittelalter werden im Zuge der fast ausschließlichen, unmittelbar nach der Geburt vollzogenen Taufe von Säuglingen die drei Eingliederungssakramente auseinanderfallen und zu unterschiedlichen Lebensepochen gefeiert.

Bußdisziplin

Wenn ein Christ nach seiner Taufe, in der er ja seine Umkehr im Leben bezeugt und mit Gott und den Menschen versöhnt ist, sich durch Unzucht, Mord oder Ehebruch schwer verfehlt, sieht die altkirchliche Disziplin eine strenge und langjährige, einmalige und unwiederholbare öffentliche Kirchenbuße vor. Nach dem geheimen Bekenntnis vor dem Bischof schließt dieser ihn aus der Eucharistiegemeinschaft aus (Exkommunikation) und weist ihn in den Büßerstand ein, indem er dem Pönitenten die Hand auflegt, sein Haupt kahl schert und mit Asche bestreut. Die öffentlichen Büßer haben äußerst harte Konsequenzen auf sich zu nehmen wie verschärftes Fasten, Einschränkung im Ehevollzug und verpflichtende Gebets- und Sozialleistungen. In der Kirche tragen sie ein eigenes Büßergewand und dürfen sich nur im Eingangsbereich aufhalten, keinesfalls aber bei der Eucharistie anwesend sein. Erst nachdem sich der Pönitent gebessert hat und seine Sünde geheilt ist, erfolgt nach vielen Jahren die Wiederaufnahme (Rekonziliation).

Es ist leicht verständlich, dass diese rigorose Bußpraxis nur schwer aufrechtzuerhalten war. Vielfach verschiebt man das Sündenbekenntnis bis in die Sterbestunde, um die Folgen für das alltägliche Leben zu umgehen. Junge Leute werden wegen der absehbaren Schwierigkeiten deshalb gar nicht erst zur Kirchenbuße zugelassen. Tatsächlich gerät die kanonische Buße im 5. Jahrhundert mehr und mehr in eine Krise, sodass sie schließlich praktisch verfällt.

Krankensalbung

Über die Praxis der Krankensalbung, von der im Jakobusbrief (5,13 f) die Rede ist, sind wir für die ersten Jahrhunderte nur sehr spärlich informiert. Offenbar ist es im 3./4. Jahrhundert üblich, neben anderen Naturalien, das im Mittelmeerraum allgegenwärtige und vielfach benutzte Olivenöl zur sonntäglichen Eucharistiefeier mitzubringen und vom Bischof segnen zu lassen. Das so gesegnete Öl nimmt man mit nach Hause und bewahrt es in einer Ampulle auf. Erkrankt jemand in der Familie, salbt man die entsprechende Stelle des Körpers oder gibt das heilige Öl dem Kranken in Art einer Medizin zum Trinken. Bis in das 6. Jahrhundert ist es etwa in Gallien üblich, dass Laien das vom Bischof geweihte Öl anwenden, um sich selbst oder kranke Angehörige zu salben. „Dieses Öl wird vom Bischof geweiht und darf nicht nur von Priestern, sondern von allen Gläubigen in eigener Not oder in der Not der Ihrigen zum Salben verwendet werden" (*Sieben,* 501), betont noch Papst Innozenz I. (402–417) 416 in einem Brief an Bischof Decentius von Gubbio. Vor allem aber fällt auf, dass die später vorherrschende Sicht, die Krankensalbung sei als „Letzte Ölung" ein Sakrament in der Sterbestunde, zu jener Zeit noch überhaupt keine Rolle spielt. Die Salbung dient vielmehr der körperlichen und seelischen Stärkung der Kranken.

3. Die Entwicklung der römischen Liturgie vom 4. bis zum 7. Jahrhundert

In dieser Zeit nimmt – parallel zu anderen östlichen und westlichen Riten – auch der römische Ritus seine Gestalt an. Kennzeichnend ist hier vor allem der Übergang von der griechischen zur lateinischen Sprache, der sich allmählich vom 2. bis zum 4. Jahrhundert vollzieht und auch die Liturgie umfasst. Geprägt von einem eher juridisch-administrativen Denken formuliert das Latein knapp und schnörkellos. Das zeigt sich besonders in der Sprachform der Oration, einer religiösen Kleinkunstprosa, die charakteristisch für die römische Liturgie ist. Exemplarisch kann etwa das wohl auf Papst Gregor den Großen (590–604) zurückgehende Tagesgebet (Collecta = Sammlungsgebet) der Weihnachtsmesse in der Heiligen Nacht gelten. Es erfasst in Stil und Struktur äußerst prägnant das Glaubensgeheimnis der Menschwerdung und ist damit Ausdruck einer eigenen Sprachkultur:

Deus,	Gott,
qui hanc sacratissimam noctem	der du diese heiligste Nacht
veri luminis fecisti illustratione clarescere,	im Glanz des wahren Lichtes erstahlen machst:
da, quaesumus,	gib uns, so bitten wir,
ut, cuius in terra mysteria lucis agnovimus,	dass wir, die wir die Mysterien deines Lichtes auf Erden erkannt haben,
eius quoque gaudiis perfruamur in caelo.	die Freuden dieses Lichtes einst auch im Himmel genießen.

Von der frei formulierten zur verschriftlichten Liturgie

Hinter der so kunstvoll geformten Weihnachtsoration steht ein schon länger währender, für die Liturgieentwicklung bedeutsamer Prozess. In der Frühzeit der Kirche sprach nämlich der Vorsteher die Gebete nicht aus einer Textsammlung, sondern formulierte sie in freier, geistgetragener Rede. Die Kunst, ein Gebet zu improvisieren, ohne seine Grundstruktur zu verletzen, galt gewissermaßen als Voraussetzung für die Übernahme des Vorsteherdienstes in der Liturgie. Einen Schritt weiter geht die in Teilen bis ins 3. Jahrhundert zurückreichende Kirchenordnung der *Traditio Apostolica*. Sie bietet bereits Mustertexte für liturgische Gebete, die freilich nicht vorgeschrieben waren, an denen sich die Bischöfe und Presbyter aber orientieren konnten. In der Sorge um die Rechtgläubigkeit des gottesdienstlichen Betens und wissend, dass viele Kleriker es an entsprechender Bildung fehlen lassen, beginnt die nordafrikanische Kirche in der Zeit des Augustinus, bewährte und von Fachleuten geprüfte Texte den Vorstehern zum Gebrauch vorzulegen. Ähnlich gehen auch andere Ortskirchen vor, wobei der Wunsch, mit einem einheitlichen Gottesdienst die kirchliche Einheit zu dokumentieren, eine zunehmende Rolle spielt.

Für die römische Messe notiert man Gebetsformulare wohl zunächst in Heften, den sogenannten *Libelli*. Eine Sammlung solcher Hefte, geordnet nach Monaten, bildet die in Verona aufbewahrte, deshalb *Sacramentarium Veronense* genannte Handschrift (sachlich irreführend auch *Sacramentarium Leonianum* genannt), deren Texte noch in das 5. Jahrhundert zurückreichen. Unter einem „Sakramentar“ versteht man ein Buch, das vornehmlich für die Messe, aber auch für andere gottesdienstliche Feiern die Texte enthält, die der Vorsteher benötigt, also die jeweils gleichbleibenden und die je nach Fest und Anlass wechselnden Gebete. Hinzu kommen vergleichbare Bücher für die übrigen bei der Messe tätigen Dienste: Lektionar und Evangeliar für Lektor und Diakon, die die biblischen Lesungen vorzutragen haben, das Antiphonarium für die von Kantor und Schola gesungenen Psalmen und anderen Gesangsstücke und der Ordo mit dem rituellen Verlauf der Feier für den Zeremoniar. Für die Folgezeit bedeutsam werden aber vor allem zwei im 7. Jahrhundert entstandene Sakramentare: das *Sacramentarium Gregorianum*, das wesentlich die vom Papst gefeierten Gottesdienste im Lateran und den Stationskirchen enthält und das *Sacramentarium Gelasianum Vetus*, das für den Gottesdienst in den römischen Pfarrkirchen verwendet wird. Beide Sakramentare beeinflussen nachhaltig die Liturgie im Karolingerreich. Am Ende der hier sichtbaren Entwicklung steht schließlich eine weitgehend fixierte „Buchliturgie“, die immer mehr zu einem wort- und ritusgetreuen Vollzug tendiert.

Römische Bischofsmesse und Stationsliturgie

Je mehr die Ortskirchen institutionellen Charakter annehmen, entwickelt sich in der Spätantike eine differenzierte Ämterhierarchie, die freilich auch liturgisch in Erscheinung tritt. Die gallischen *Statuta Ecclesiae antiqua*, eine um 475 entstandene Kirchenrechtssammlung, zeigen in der Mitte den Bischof als Leiter der Ortskirche, neben ihm den Presbyter und stehend den Diakon sowie auf einer unteren Stufe den niederen Klerus mit dem Subdiakon und weiteren Dienern, die jeweils durch das für ihren Dienst typische liturgische Gerät gekennzeichnet sind. Mit der Entwicklung der Ämterhierarchie übernehmen die Bischöfe auch mehr und mehr die hoheitlichen Insignien und das feierliche Zeremoniell, wie es für hohe Beamte beim byzantinischen Hof üblich ist.

Diese Entwicklungen bezeugt der sogenannte *Ordo Romanus 1*, der die Riten der Papstmesse um 700 detailliert beschreibt und Einblick in die römische Praxis der Stationsfeier gibt. Um die Einheit der in Pfarreien gegliederten Ortskirche von Rom sichtbar zu machen, begibt sich der Papst mit seinem Gefolge und Abordnungen aus den Gemeinden fall- und turnusweise zu den verschiedenen Kirchen der Stadt, um *Statio*, also gottesdienstliche Versammlung der um den Bischof gescharten Kirche zu halten. Während die wichtigsten Liturgiefeiern im Lateran, der römischen Bischofskirche, stattfinden, feiert der Papst darüber hinaus nach einem bestimmten Plan an Sonn- und Festtagen wie den Heiligengedächtnistagen in den Pfarr- oder Memorialkirchen einen Stationsgottesdienst, den auch der *Ordo Romanus 1* schildert.

Zum festlichen Einzug des Papstes und seines Gefolges sind schon alle in der Stationskirche versammelt; die Bischöfe und Presbyter sitzen in der Apsis links und rechts vom bischöflichen Thron, die *Schola Cantorum*, die Kreuzträger, die Mönche und der römische Adel nehmen besondere Plätze ein, das Volk befindet sich im Mittelschiff, nach Geschlechtern getrennt. Sobald der Papst in die reichen Gewänder gehüllt ist und die sieben Akolythenkerzen entzündet werden, beginnt der Gesang zum Einzug. Im Chor angekommen erfolgen verschiedene Ehrerbietungsgesten, worauf die Anrufungen des *Kyrie eleison* (Herr, erbarme dich) und das *Gloria in excelsis Deo* (Ehre sei Gott in der Höhe) gesungen werden. Der Wortgottesdienst besteht aus Epistel, Antwortgesang und Evangelium. Dazu erbittet der Diakon den Segen, küsst dem Papst die Füße und zieht mit Leuchtern und Weihrauch zum Ambo. Nach der Evangelienverkündigung reicht der Subdiakon das kostbare Evangeliar den Umstehenden zum Kuss und bringt es sogleich in den Lateran zurück. Von Predigt und Fürbittgebet ist nicht die Rede, Letzteres war schon seit zwei Jahrhunderten aus der römischen Messe verschwunden. Das *Credo* (Glaubensbekenntnis) hingegen gehört noch nicht zur römischen Messliturgie, es wird erst im 11. Jahrhundert eingeführt.

Der Opfergang eröffnet den eucharistischen Teil; begleitet von Scholagesang sammelt der Klerus die Gaben des Volkes ein, der Papst nimmt bezeichnenderweise nur die Gaben des Adels entgegen. Nach dem Gabengebet und dem allein vom Klerus gesungenen *Sanctus* (Dreimal-Heilig) beginnt der Papst leise den *Canon Romanus*, das römische Eucharistiegebet, zu beten. Weil noch gewöhnliches Brot für die Eucharistie benutzt wird, nimmt die Brotbrechung größeren Raum ein. Die Brot- und Kelchkommunion erfolgt schließlich streng hierarchisch: zuerst der Papst, dann der Klerus in absteigender Reihenfolge, schließlich die Gemeinde, die sich aber zunehmend der Kommunion enthält.

Überblickt man die Schilderung, lassen sich drei Punkte festhalten:

- Die Grundstruktur der römisch-lateinischen Messe umfasst den Wortgottesdienst und die Eucharistie, gerahmt von Eröffnungs- und Abschlussriten. Diese Grundform wird in der Folgezeit kaum mehr verändert.
- Die päpstliche Liturgie bildet ein hochkomplexes, hierarchisches Zeremoniell mit vielen verfremdenden Elementen aus kaiserlich-höfischer Tradition. Allerdings nimmt man an dieser hoch artifiziellen Papstmesse Maß und macht sie in der Folgezeit in vereinfachter Form zum Grundmodell der mittelalterlichen Messliturgie.
- Mit der Übernahme einer Hochform der Messe, in der die zahlreiche Assistenz und die Schola faktisch alle Funktionen übernehmen, ist die aktive Beteiligung des Volkes stark reduziert. Selbst die Prozessionen der Gläubigen zur Gabenbereitung und zur Kommunion sind inzwischen weggefallen.

Sicherlich wird man dieser Liturgie nicht ihre klare Strenge und ihren hohen ästhetischen Anspruch absprechen können. Insofern bietet die römische Liturgie mit ihrem Gefüge aus Texten, Gesängen und Riten eine Art „Gesamtkunstwerk“. In Kauf nehmen muss man dafür aber das Zurückdrängen des Volkes, das sich später in Liedern, Litaneien, Prozessionen und Andachten eigene Formen neben der fast allein vom Klerus getragenen Liturgie schafft.

Weiterführende Literatur

Eine allgemeine Einführung in die spätantike Liturgiegeschichte gibt

- Alfons Fürst, Die Liturgie der Alten Kirche. Geschichte und Theologie, Münster 2008.

In manchen Einzelheiten überholt, aber immer noch lesenswert ist der Band des Altmeisters der Liturgiewissenschaft

- Josef Andreas Jungmann, Liturgie der christlichen Frühzeit bis auf Gregor den Großen, Freiburg/Schweiz 1967.

Einen instruktiven Überblick über die maßgeblichen Entwicklungen der Liturgie in der ersten Hälfte des 4. Jahrhunderts gibt

- Andreas Heinz, Die Bedeutung Konstantins des Großen (306–337) für die Liturgie der Kirche, in: Ders., Lebendiges Erbe. Beiträge zur abendländischen Liturgie- und Frömmigkeitsgeschichte (Pietas Liturgica. Subsidia 21), Tübingen 2010, 9–38 [Erstveröff. 2006].

Zur religiösen Kultur in der Spätantike und ihren Auswirkungen auf die Liturgie findet sich manches bei

- Martin Wallraff, Sonnenkönig der Spätantike. Die Religionspolitik Konstantins des Großen, Freiburg –Basel – Wien 2013.

Genaueres zur Entstehung der Bücher für den Gottesdienst lässt sich gut nachlesen bei

- Martin Klöckener, Angelus A. Häussling, Liturgische Bücher, in: Divina Officia. Liturgie und Frömmigkeit im Mittelalter, hg. von Patrizia Carmassi (Ausstellungskataloge der Herzog August Bibliothek 83), Wolfenbüttel 2004, 341–372.

Viele gottesdienstliche und frömmigkeitsgeschichtliche Entwicklungen in spätantiker Zeit kommen zur Sprache in

- Liturgie in Wendezeiten. Zwischen konstantinischem Erbe und offener Zukunft, hg. von Martin Klöckener und Albert Urban, Trier 2009 [zu beziehen über: Deutsches Liturgisches Institut, Trier].

„Die Kirche ist ein irdischer Himmel“ Von der Entstehung und dem Geist der ostkirchlichen Liturgietraditionen

1. Entwicklungen in den ersten Jahrhunderten

Die Wiege des Christentums steht in Jerusalem. Hier bildet sich nach dem Tod und der Auferstehung Jesu Christi die erste christliche Gemeinde, die sich freilich zunächst noch als selbstverständlicher Teil des jüdischen Gottesvolkes versteht. Erst allmählich setzt sich der Gedanke durch, die Botschaft Jesu dürfe nicht allein auf die Juden beschränkt bleiben, sondern richte sich universal an alle Menschen. Damit öffnet sich das Christentum auch für Nicht-Juden und beginnt, seinen Weg in die damals bekannte Welt anzutreten. Paulus und die Apostel wenden sich zunächst in die nähere griechischsprachige Welt und zwar nach Syrien mit seiner Hauptstadt Antiochia, wo die Jünger Jesu erstmals Christen genannt werden (vgl. Apg 11,26), und ziehen dann weiter bis nach Kleinasien. Von dort findet das Evangelium Eingang in das heutige Griechenland und gelangt schließlich bis nach Rom und nach Nordafrika, Gallien und Spanien. In Richtung Süden erreicht das Christentum Alexandria, die Hauptstadt Ägyptens, wo sich im Land wohl um 200 ein eigenständiges kirchliches Leben entwickelt. Christliche Missionare finden aber auch den Weg in den Mittleren Osten. Über Mesopotamien, dem aramäischsprachigen Grenzraum zwischen dem römischen Imperium und dem persischen Reich (weithin identisch mit dem heutigen Irak), gelangen sie schließlich nach Armenien und Georgien und sogar bis nach Indien. Das Christentum hat sich so in den ersten zwei Jahrhunderten weltweit ausgebreitet. Mit seiner Völker und Stämme übergreifenden universalen Botschaft ist es bestens in der Lage, sich in den verschiedenen Sprachen und Kulturen zu beheimaten und dabei je eigene Formen des kirchlichen Lebens zu entwickeln. Dies erklärt, weshalb in den ersten drei bis vier Jahrhunderten eine große Vielfalt in der Struktur der Gemeinden und in der Feier ihres Gottesdienstes herrscht.

Um diesen ortskirchlichen Entwicklungen Autorität zu verleihen, beruft man sich vielfach auf den Apostel, auf dessen Missionstätigkeit man die Gründung der eigenen Ortsgemeinde zurückführt. Dies gilt vor allem für bedeutende liturgische Texte, hinter denen das Ansehen des Apostels oder Gründungsmissionars steht und denen im liturgischen Gebrauch eine besondere Wertschätzung entgegengebracht wird. Trotz der Vielfalt in den Formen und Ausdrucksweisen der Liturgie bilden sich dennoch gleichbleibende Grundelemente und -typen heraus. Dazu zählt etwa die Struktur der gottesdienstlichen Versammlung mit der Verlesung der heiligen Schriften und mit der Feier des Herrenmahls.

Im 3. und 4. Jahrhundert beginnt sich das Leben in den christlichen Gemeinden zu konsolidieren. Soziale und organisatorische Strukturen nehmen mehr und mehr Formen an und beeinflussen die weitere Entwicklung. Hinzu kommt die staatlicherseits gewährte Freiheit der Christengemeinden, die später dann zur Bevorzugung des Christentums im römischen Reich führt. Dabei spielen die großen Provinzhauptstädte des Reiches eine wichtige Rolle. Denn den hier ansässigen Bischöfen kommen aufgrund des Alters und der Bedeutung ihrer Gemeinden eine herausragende Stellung und eine entsprechende Autorität für die ganze Region zu. Diese sogenannten Patriarchatssitze wirken wie Magnetfelder, in deren Umkreis das gottesdienstliche Leben in weiten Zügen allmählich einheitliche Formen annimmt.

Weil das Christentum im Vorderen Orient topografisch beheimatet ist, sind hier gleich drei Zentren von herausragender Bedeutung:

- *Jerusalem*, das wegen seiner Verbindung zur Heilsgeschichte auch gottesdienstlich einen großen Einfluss ausübt; es wird aber erst auf dem Konzil von Chalkedon (451) zu einem „Ehren-Patriarchat“ erhoben.
- *Antiochien*, die Hauptstadt der Provinz Syrien, das mit seiner Region zur Küste hin in Sprache und Kultur weithin griechisch geprägt ist, während das östliche Hinterland syrisch-aramäische Dialekte spricht. Antiochien gilt als das älteste Patriarchat und bildet das beherrschende Zentrum im Osten.
- *Alexandrien*, die Hauptstadt Ägyptens, die als Handelsmetropole Zentrum der hellenistisch-heidnischen, der jüdischen, später auch der christlichen Gelehrsamkeit und Kunst ist.

Im lateinischen Westen hingegen gibt es nur einen einzigen Patriarchatssitz, nämlich

- *Rom*, das in seinen Stadtmauern die Gräber der Apostelfürsten Petrus und Paulus beherbergt. Durch die Vorrangstellung des Petrus im Kreis der Apostel wird der Bischof von Rom als Nachfolger Petri später für sich die zentrale kirchenpolitische Autorität beanspruchen.

Im 4. Jahrhundert kommt mit dem Willen Kaiser Konstantins (306–337), ein politisches Zentrum im Osten des Reiches zu schaffen,

– *Konstantinopel* (später Byzanz) als kaiserliche Metropole und Hauptstadt des oströmischen Reiches zu den östlichen Patriarchaten hinzu.

Während sich im Westen eine eher juridisch geprägte Sicht der Kirche durchsetzt, wonach dem Bischof von Rom die oberste Autorität in der Kirchenleitung zukommt, schließen sich im Osten die Ortskirchen (Bistümer) frei zusammen und bilden unter dem Ehrenvorrang des jeweiligen Patriarchen eine kirchliche Einheit im Glauben und in der gottesdienstlichen Feier, wobei gerade die Liturgie als identitätsstiftendes Merkmal der jeweiligen Kirche gilt. Aus diesen grundlegenden Unterschieden erklären sich die charakteristischen Entwicklungen zwischen Ost und West. Ermöglicht das Papsttum durch seine zentralistische, Staatsgrenzen überschreitende Bedeutung der Kirche des Westens eine freiere Entwicklung – ohne sie deshalb aus unheilvollen politischen Verstrickungen und Machtkämpfen herausgehalten zu haben –, sind die Kirchen des Ostens viel enger mit dem Staat, der Politik und der herrschenden Kultur verknüpft. Besonders eng ist die Kirche in Konstantinopel / Byzanz mit den hier residierenden oströmischen Kaisern verzahnt.

Die angedeuteten Differenzen im Selbstverständnis der Kirchen schlagen sich nicht zuletzt in der Entwicklung des gottesdienstlichen Lebens nieder, denn aufgrund der dezentralen Kirchenorganisation können sich im Osten in hohem Maße unterschiedliche liturgische Formen und Gebräuche ausbilden und festigen. Die verschiedenen sprachlichen und kulturellen Einflüsse des Ostens sind verhältnismäßig leicht in die Feier der Liturgie zu integrieren. So hält man an der jeweiligen Volkssprache fest und feiert den Gottesdienst in griechischer Sprache etwa oder in den syrisch-aramäischen Dialekten. Später, bei der Missionierung der slawischen Völker, übersetzen der Mönch Kyrillos (826/27–869) und sein Bruder Bischof Methodios (816/20–885) die Bibel und die liturgischen Texte kurzerhand; das „Altkirchenslawische" bildet damit die Grundlage für die „Muttersprache" der ost- und südslawischen Völker. Die Barriere einer von den Volksdialekten völlig unabhängigen Kultsprache wie in der römischen Liturgie, die faktisch bis zum Zweiten Vatikanischen Konzil am Latein festhält, kennen die östlichen Kirchen so nicht.

Ein weiterer Aspekt ist für die Ausbildung der verschiedenen liturgischen Traditionen des Ostens zu beachten. Denn mit der Erhebung Konstantinopels zur Hauptstadt des oströmischen Reiches 330 nimmt nicht nur der politische und wirtschaftliche, sondern auch der religiöse und kulturelle Einfluss der Kaiserstadt am Bosporus massiv zu. Durch ihren Aufstieg verblasst der Stern der älteren, bis dahin den Osten beherrschenden Großstädte Alexandrien und Antiochien, die mit einem gewissen Trotz nun verstärkt auf ihre eigenen alten Traditionen in Glaube und Gottesdienst pochen und sich gegen liturgische Einflüsse des „Neulings" zur Wehr setzen. Diese „Protesthaltung" ragt auch in manche theologischen Konfliktlinien hinein, die keineswegs immer in strittigen Ansichten der Glaubenslehre begründet liegen. Bedeutender ist oft mehr die Haltung der Großkirchen Ägyptens und Syriens, ihre Eigenständigkeit gegenüber der oströmischen Zentrale behaupten zu wollen. Die arabisch-islamischen Eroberungen schwächen diese Kirchen zusätzlich. Sie lassen sie noch enger zusammenrücken und sich gegenüber ihrer politischen und kulturellen Umwelt abschotten. All diese Entwicklungen führen schließlich zu autonomen koptischen und syrischen Glaubensgemeinschaften, den sogenannten altorientalischen Kirchen, die das überkommene Erbe ihrer alten gottesdienstlichen Traditionen eifersüchtig bewahren und verteidigen. Dies umso mehr, da der Einfluss von Byzanz immer weiter zunimmt und auch die bulgarischen, serbischen, rumänischen und russischen Völker und Staaten erreicht. Entsprechend ist der byzantinische Gottesdiensttypus der in den Ostkirchen meistverbreitete. Durch den gemeinsamen byzantinischen Ritus sind die orthodoxen Kirchen (hier im konfessionellen Verständnis) geeint.

Wie jetzt schon verschiedentlich angesprochen, bilden sich in den kirchlichen Zentren Antiochien und Alexandrien und in ihrem Einflussbereich im Laufe der Zeit bestimmte „Liturgiefamilien" aus. Der Begriff deutet bereits an, dass die zu einer Liturgiefamilie gehörenden Riten – „Ritus" hier in einem weiteren Sinn als „liturgisches, spirituelles Gesamterbe" einer Kirche verstanden – verwandte Formen und Abläufe des Gottesdienstes aufweisen. Unterschiede sind vielfach in der Eigenart der Eucharistiefeier und der dafür benutzten Gottesdienstformulare auszumachen. Dabei spielt der Gebrauch der *Anaphora* (griech. = Erhebung [der Herzen oder der Gaben]), womit in den östlichen Liturgien das Eucharistische Hochgebet bezeichnet wird, oft eine wichtige Rolle. Darüber hinaus ist zu beachten, dass die Kirchen der Orthodoxie, die nach der Trennung von West- und Ostkirche 1054 wieder Anschluss an die römische Kirche gesucht haben und deshalb „unierte Kirchen“ heißen, unter dem Druck Roms vielfach ihre angestammte Liturgie nach römischem Vorbild verändern mussten. Damit entstand oft eine Art Mischform. Nachdem das Zweite Vatikanische Konzil in der Liturgiekonstitution wie in seinem Dekret über die katholischen Ostkirchen (*Orientalium Ecclesiarum* vom 21. November 1964) gefordert hatte, dass die Ostkirchen wieder ihr liturgisches Eigengut pflegen sollten, haben manche Kirchen begonnen ihr altes, orientalisches Erbe wiederherzustellen.

Im Wesentlichen unterscheidet man die Antiochenische (syrische) Liturgiefamilie von der Alexandrinischen Liturgiefamilie.

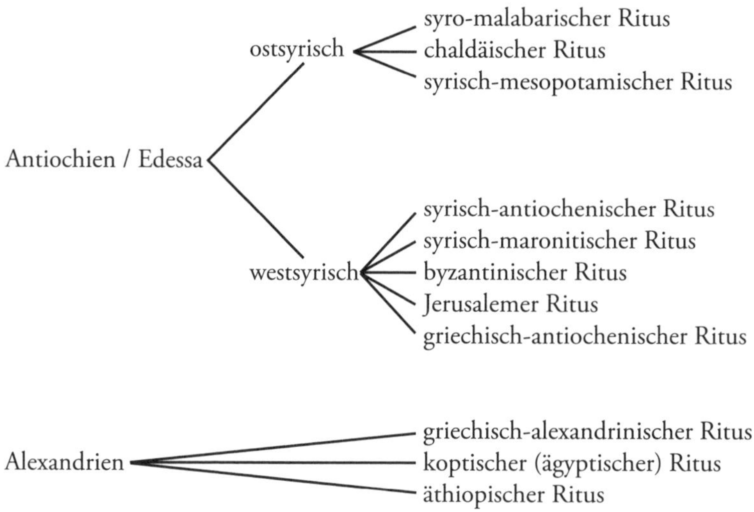

2. Antiochenische (syrische) Liturgiefamilie

Die antiochenische oder syrische Liturgiefamilie hat sich in zwei Richtungen entwickelt:

– *westsyrisch* mit dem byzantinischen Ritus, dem syrisch-antiochenischen Ritus, dem syrisch-maronitischen Ritus, dem griechisch-antiochenischen Ritus und dem Jerusalemer Ritus;
– *ostsyrisch* mit dem syro-malabarischen Ritus, dem chaldäischen Ritus und dem syrisch-mesopotamischen Ritus.

Die Hauptstadt Syriens nimmt von Anfang an eine wichtige Stellung in der Entwicklung der christlichen Kirche ein. Sie wird zum Ausgangspunkt der Heidenmission. Die von Jerusalem aus gegründete antiochenische Gemeinde bleibt dabei stets mit Jerusalem verbunden. Das gilt auch für ihren Gottesdienst. So benutzt man in Antiochien die in Jerusalem gebräuchliche, auf den Apostel Jakobus als Leiter der Jerusalemer Gemeinde zurückgeführte Liturgie mit der Jakobus-Anaphora. Einzelheiten über die hier in griechischer Sprache gefeierte Liturgie sind in den Predigten des Johannes Chrysostomus (349–407), des späteren Bischofs seiner Heimatstadt Antiochien, überliefert.

Nachdem Byzanz im 6. Jahrhundert Antiochien und den gesamten westsyrischen Raum beherrscht, werden Kräfte wirksam, die sich – wie schon angedeutet – politisch gegen die byzantinische Herrschaft auflehnen und in diesem Zuge auch theologische Ansichten über den Christusglauben gegen die Auffassungen des Kaisers und des Konzils von Chalkedon (451) vertreten. Um sich von Byzanz abzugrenzen, reorientalisiert Jakob Baradai († 578) das kirchliche Leben („Jakobiten") und schafft eine eigene westsyrische („jakobitische") Liturgie, die im Wesentlichen aus einer Übersetzung der griechischen Liturgie Antiochiens ins Syrische besteht, aber auch Elemente der ostsyrischen Liturgie aufgenommen hat. In späterer Zeit wird diese Liturgie durch byzantinischen Einfluss geprägt.

Zum Bereich der westsyrischen Riten gehört auch die Liturgiefeier der Maroniten. Sie sind nach dem Mönch Maron († nach 410) benannt, dessen Klostergemeinschaft entschieden für das Christusbekenntnis des Konzils von Chalkedon eintritt und gleichgesinnte aramäischsprachige Christen um sich sammelt. In diesen Kreisen entwickelt sich eine Eigenliturgie, die zwar das gemeinsame westsyrische Erbe pflegt, aber auch viele ostsyrische Besonderheiten aufnimmt.

Vor allem im ostsyrischen Lebensraum, dem Zweistromland mit seinen Zentren Edessa (heute Ufra in der Osttürkei) und Nisibis (heute Nussaybin an der osttürkisch-syrischen Grenze) herrschen die aramäischen Volksdialekte vor. Weil dieses Gebiet früh unter persische Herrschaft gerät, ist es politisch und kulturell von der übrigen Christenheit weitgehend isoliert und kann so seine Eigenheiten ohne Einflüsse von außen länger bewahren. Das gilt vor allem für die Liturgiefeier der ostsyrischen Kirchen, die viele semitisch-archaische Elemente bewahrt hat. Zu den Kirchen, die diese Liturgie feiern, gehört die Assyrische Kirche des Ostens (wegen ihrer Berufung auf die Christuslehre des Nestorius [381?–451?] auch „nestorianische Kirche" genannt), die mit Rom vereinigte Chaldäische Kirche und die Syro-malabarische Kirche der Südwestküste Indiens. Besondere Aufmerksamkeit hat die vielfach benutzte Anaphora der Apostel Addai und Mari gefunden, die noch ganz den frühchristlich-jüdischen Geist atmet und im Gegensatz zu den sonst bekannten Eucharistiegebeten des Ostens und Westens keinen Einsetzungsbericht aufweist. Auch die ostsyrische Tagzeitenliturgie dürfte mit ihren zwei Gebetszeiten am frühen Morgen und am Abend wohl in die Frühzeit des Christentums zurückreichen.

Die ostsyrischen Missionare verbreiten den christlichen Glauben bis weit in den Fernen Osten (Indien / China). Weil ihr Missionserfolg aber nur an der Südwestküste Indiens (Malabar, heute: Kerala) von Dauer ist, kann sich auch hier der ostsyrische Ritus beheimaten. Nach Ankunft der Portugiesen im 16. Jahrhundert nehmen viele der Malabarchristen Gemeinschaft mit der römischen Kirche auf, müssen dafür aber ihre angestammte Liturgie stark latinisieren. Die Gemeinden, die diesen Weg nicht mitgehen wollen, die sogenannten „Malankaren", trennen sich und schließen sich dem syro-antiochenischen Patriarchat an. Allerdings gelingt es 1962, den alten syro-malabarischen Ritus für die mit Rom verbundenen Gemeinden wieder zum Leben zu erwecken und ihn in der Folgezeit fortzuentwickeln.

Zur antiochenischen Liturgiefamilie gehört schließlich der armenische Ritus. Das Gebiet zwischen dem Schwarzen Meer und dem Kaspischen Meer wird vom Süden aus missioniert, womit ostsyrische und kappadokisch-griechische Einflüsse das Land erreichen. Offenbar hat sich die armenische

Liturgie dann im 5. Jahrhundert sehr vom Vorbild der Liturgie Jerusalems anregen lassen. Das sogenannte Armenische Lektionar, eine bedeutende, in armenischer Sprache verfasste Quelle mit den biblischen Lesungen und Psalmen für die Feste im Kirchenjahr, zeigt, dass man die alte Jerusalemer Leseordnung des 4. Jahrhunderts in die armenische Liturgie transponierte. Um die Jahrtausendwende schlägt sich dann allerdings die Dominanz der Byzantiner nieder und beeinflusst die armenische Liturgie. In der Zeit der Kreuzfahrer (11.–14. Jahrhundert) entstehen Kontakte zur römisch-lateinischen Kirche, in deren Folge Elemente aus der römischen Liturgie in die armenische Liturgie eindringen. Der armenische Ritus mit seiner Einwurzelung in die armenische Sprache und Kultur dient den in der ganzen Welt verstreut lebenden Armeniern als verbindende Klammer.

Von größter Bedeutung ist die antiochenische Liturgie aber schließlich für Byzanz geworden, das von Antiochien dessen zentrale Rolle für den Vorderen Orient erbte. Da dieser Zweig der antiochenischen Liturgiefamilie der am meisten verbreitete Ritus ist, soll er später ausführlicher dargestellt werden.

3. Alexandrinische Liturgiefamilie

Zur *alexandrinischen Liturgiefamilie* gehören der griechisch-alexandrinische Ritus, der koptische (ägyptische) Ritus und der äthiopische Ritus.

Durch die abgeschlossene geografische Lage Ägyptens entsteht in Alexandrien und seinem Einflussbereich eine eigenständige gottesdienstliche Tradition, deren Anfänge allerdings im Dunkeln liegen. Ungeklärt ist, wieso der hier gefeierte Gottesdienst in manchen Punkten mit der frühen römischen Liturgie übereinstimmt. Anfangs feiert man die Liturgie (zumindest in den Städten) in griechischer Sprache. Dabei bildet sich die bereits syrisch beeinflusste Form der sogenannten Markus-Liturgie aus, benannt nach dem legendären Begründer der alexandrinischen Kirche, dem Evangelisten Markus. Zu den frühen Zeugnissen der hier entstehenden Liturgie gehört das Euchologion (Sammlung mit Gottesdienstformularen) des Bischofs Serapion von Thmuis († nach 362) aus der Mitte des 4. Jahrhunderts. Es enthält 30 Gebete für die Eucharistie und andere sakramentliche Feiern, die Serapion wohl aus dem liturgischen Erbe seiner Bischofsstadt zusammengestellt hat, darunter ein Eucharistiegebet mit dem Dreimal-Heilig *(Sanctus)*, aber noch ohne den Zusatz des *Benedictus*.

Im 6. Jahrhundert erfolgt ein bedeutender Einschnitt in der Christentumsgeschichte Ägyptens. Nach dem Konzil von Chalkedon (451) spaltet sich das Patriarchat von Alexandrien: Die griechische und koptische Mehrheitsfraktion hält, entgegen der Zweinaturenlehre des Konzils, am Christusbekenntnis ihres Bischofs Cyrill († 444) fest, der von der einen Natur in Christus (Monophysitismus) gesprochen hat. Sie entwickelt eine eigene liturgische Tradition in koptischer Sprache mit griechischen Akklamationen, nun Cyrillus-Liturgie genannt. Die orthodox gebliebenen „Kaisertreuen" (Melkiten genannt) pflegen die einheimische Markus-Liturgie vorerst weiter, geben sie aber im 12. Jahrhundert zugunsten der byzantinischen Liturgie auf. Damit kommt die alexandrinisch-ägyptische Liturgie bis auf wenige Reste außer Gebrauch. Der koptische und der äthiopische Ritus treten deren Nachfolge an.

Der koptische Ritus wirkt auf heutiges westliches Empfinden sehr langatmig und mit seinen vielen Wiederholungen und dem steten Wechsel zwischen arabischer, koptischer und griechischer Sprache bisweilen ermüdend. Dennoch ist die lebhafte Beteiligung der Gläubigen am Gesang und in vielen Gesten bemerkenswert. Auch die feierlichen Prozessionen um den Altar mit den Gaben im Eröffnungsteil der Messe oder das Bekenntnis des Volkes zu ihrer Verwandlung nach der Herabrufung des Heiligen Geistes in der Anaphora sind auffällige Elemente des Ritus. Eine Übersetzung der koptischen Liturgie in die altäthiopische Sprache (Ge´ez) kennzeichnet den äthiopischen Ritus. Dabei versammeln sich die Gläubigen, in weiße Baumwolltücher gehüllt und Frauen und Männer getrennt, im Freien um die kleinen Rundkirchen, in deren Inneren die Priester und Diakone tätig sind. Der Gesang, unterstützt von Trommeln und Handklappern, und Formen des liturgischen Tanzes werden an besonderen Festtagen gepflegt und auf König David bezogen, der die Bundeslade tanzend begleitet haben soll. Zu den Besonderheiten dieser Tradition gehört die Nähe zum Judentum. So hält man an der Sabbatheiligung und an jüdischen Speise- und Reinheitsvorschriften fest.

4. Byzantinische Liturgie

Zweifellos der am meisten in den Ostkirchen verwendete Ritus ist der byzantinische Gottesdiensttypus. Ihm folgen die orthodoxen und die mit Rom unierten griechisch-katholischen Kirchen, womit etwa 85 % aller östlichen Christen diesem Ritus angehören. Seine Wurzeln liegen – wie erwähnt – im antiochenisch-syrischen Ritus, er hat aber vor allem auch Elemente aus der Liturgie Jerusalems übernommen. Schon Kaiser Konstantin, der über den wichtigsten, den frommen Pilgern gezeigten, historischen Stätten des irdischen Lebens Jesu große Basiliken errichten lässt, richtet auch seine neue oströmische Metropole an der Heiligen Stadt aus. Die hier gefeierte Liturgie gilt als besonders vorbildhaft. Zudem müssen die in Jerusalem im 4. und 5. Jahrhundert entstandenen Feiern zum Gedächtnis an historische Ereignisse aus dem Leben Jesu, seiner Mutter Maria und der Apostel auf die zahlreichen Besucher so faszinierend gewirkt haben, dass man sich an ihnen auch bei den Gottesdiensten in der Heimat orientieren will. Darum versucht man in Konstantinopel (und andernorts) die in Jerusalem erlebten Formen der Liturgie (Feste, Prozessionen) nachzuahmen.

Andererseits bleibt Konstantinopel nicht nur Empfänger von liturgischen Exporten aus Jerusalem, Konstantinopel liefert mit seiner kaiserlichen Liturgie auch Anregungen nach Jerusalem. Denn dass der Kaiser als Repräsentant Christi auf Erden die höchste politische und religiöse Macht innehat, wirkt sich auch auf den in der Kaiserstadt unter Mitwirkung des Kaisers und des Patriarchen gefeierten Gottesdienst aus. Unter dem Eindruck der imperialen Hofhaltung nimmt die Liturgie eine immer prächtigere Gestalt an. Man denke allein an die kostbare Ausstattung der Kirchen mit Mosaiken, die den Eindruck eines Festsaales erwecken. Der umfassende Gebrauch von großen Kerzen und Weihrauch, einst wegen ihrer Funktion im heidnischen Kaiserkult von den Christen verschmäht, dringt jetzt in die Feier der Liturgie ein. Aus dem höfischen Zeremoniell werden die zahlreichen Verbeugungen und Ehrerweisungen übernommen. Prozessionen und feierliche Umgänge bestimmen das Bild einer Liturgie, an der Scharen von verschiedenen Diensten und Aufgaben mitwirken. Nicht zuletzt nehmen die Ausstattung und Gestaltung der liturgischen Gefäße und Gewänder Maß an der höfischen Kultur jener Epoche. Die Mosaiken auf der unteren Zone der Apsiswände in San Vitale in Ravenna, die Kaiser Justinian und Kaiserin Theodora als Stifter und Gabendarbringer zeigen, illustrieren die engen Beziehungen zwischen Politik und Religion, zwischen kaiserlichem Glanz und liturgischem Zeremoniell.

Eine besondere Bedeutung für die Ausbildung des byzantinischen Ritus kommt dem Mönchtum zu. Die großen Klöster, so das Sabaskloster in der jüdäischen Wüste, südlich von Jerusalem, oder das Studioskloster in Konstantinopel, wirken mit ihren Gottesdienstformen auf die Liturgie in den Bischofs- und Pfarrkirchen nachhaltig ein. Vor allem in kirchlich und politisch unsicheren, kriegerischen Zeiten bleiben die Klöster fast die einzigen Orte der Rechtgläubigkeit und bewahren als geistliche Zentren den christlichen Glauben und die kirchliche Identität. Einzelne Mönche sind als geistlich versierte Seelenführer gefragte Ratgeber, vor denen man seine Sünden bekennt oder die man um ihr fürbittendes Gebet angeht. Über diese große Wertschätzung des Mönchtums und seine kirchliche Bedeutung dringen verstärkt monastische Elemente in die Liturgie ein. Kennen die Gemeinden ehedem nur einfache Formen des gemeinschaftlichen Gebets am Morgen und am Abend, wobei sich die Gläubigen mit kurzen Akklamationen und wenigen festen, auswendig gewussten Psalmen beteiligen, haben die Mönche und Nonnen den ganzen Psalter, manche gar die ganze Heilige Schrift im Gedächtnis und können ihr stilles, immerwährendes Gebet daran ausrichten. Die reichen poetischen Formen des Gesangs dienen der Kontemplation und die asketischen Bußübungen der Vervollkommnung der frommen Männer und Frauen. Diese Elemente verschmelzen mit den auf die Lebenssituation der Gemeinden ausgerichteten Gottesdienstformen. Seither kennzeichnen eine ausgedehnte Psalmenrezitation, die zahlreichen Hymnen und Gesänge, die Vermischung von Tagzeitenliturgie und Eucharistiefeier und viele Elemente, die vom Gedanken der Reue und Buße und der Vorbereitung auf das kommende Gericht bestimmt sind, die Gestalt des byzantinischen Ritus.

Das besondere Verständnis des byzantinischen Gottesdienstes ist charakteristisch zusammengefasst in dem Satz, mit dem die weit verbreitete, dem Patriarchen Konstantinopels Germanos I. (650/60 bis nach 730) zugeschriebene Liturgie-Erklärung beginnt: „Die Kirche ist ein irdischer Himmel" (*Meyendorff* 1984, 55). Im östlichen Denken gilt nicht nur der Kirchenbau als ein Abbild des Himmels, auch in der sich in ihm vollziehenden Liturgie senkt sich symbolisch der Himmel auf die Erde herab. Der Gottesdienst auf Erden stellt gewissermaßen den schwachen Abglanz des Gottesdienstes im Himmel dar. Im Handeln der Liturgen und der

Gottesdienstordnungen
in der Gemeinde und im Kloster

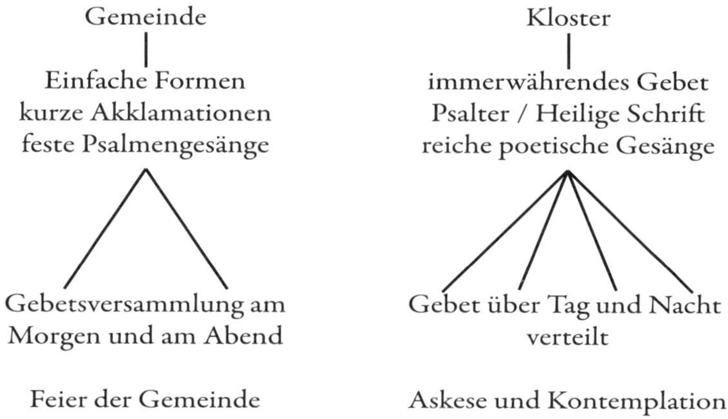

Gläubigen sieht die byzantinische Liturgie Gott selbst am Werk. Weil aber der Mensch das göttliche Wirken nur begrenzt, mit seinen Sinnen wahrnehmen kann, nähert sich Gott auf diese dem Menschen zugängliche Weise: in den Formen und Farben, in den Gesängen und den Gerüchen des Weihrauchs, im Kerzenglanz, in den prächtigen Gewändern und im Goldglanz der Liturgen. Diese einheitliche Sicht von Himmel und Erde in der Feier der Liturgie gibt allem, was im Gottesdienst geschieht und was für den Gottesdienst gebraucht wird, eine eminent symbolische Bedeutung, denn jede Handlung und jeder Gegenstand ist in den Kosmos des göttlichen Handelns einbezogen. In diesem „Mysteriendrama" sieht man alles in enger Verbindung mit der Heilsgeschichte, vor allem mit dem Leben Jesu von der Geburt bis zur Auferstehung.

So haben der gottesdienstliche Raum, die gottesdienstlichen Gewänder und Geräte zwar zuerst einen praktischen Sinn: Der Raum birgt das Geschehen, die Gewänder verhüllen und zeigen die Würde ihres Trägers an, die Kerzen bringen Licht, Kelch und Diskos (flacher Teller) nehmen die eucharistischen Gaben auf, der sternförmige Bügel (Asterikos) verhindert, dass das Tuch direkt auf dem Brot aufliegt. Aber all diese praktischen Bedeutungen werden mit reicher Symbolik umgeben. Da stellen der Asterikos den Stern über der Krippe, der Kirchenraum Himmel und Erde, der Altar Opfertisch und Grab Christi zugleich dar. Der Diskos, auf dem das Brot für die Eucharistie liegt, gilt als Sinnbild der Kirche im Himmel und auf Erden. Wenn bei der Vorbereitungshandlung der Eucharistiefeier, der sogenannten Proskomidie, der Priester mit einem Messer in Form einer Lanze, die an die Passion Christi erinnert, das Brot zerteilt und um das Mittelstück, das „Lamm Gottes", das für die spätere Kommunion bestimmt ist, weitere kleine Brotstücke anordnet, die als „Gedächtnispartikel" für Maria, die Mutter Jesu, für die Heiligengruppen und für die Lebenden und Verstorbenen stehen, sieht der byzantinische Christ auf dem Diskos die ganze Kirche dargestellt, die nun in der Feier miteinander verbunden ist. Damit klingt der für die byzantinische Liturgie charakteristische Gedanke an, dass der Gottesdienst auf Erden nur die Vorwegnahme des kommenden Gottesreiches ist, das sich vollenden wird in der Liturgie des Himmels.

In dieses stark symbolgeladene Verständnis ist auch der Kirchenraum einbezogen. Das Gotteshaus ist das Abbild des himmlischen Jerusalems und zugleich der Ort, wo die himmlische Welt auf Erden vergegenwärtigt wird. So schreitet man vom Westen, dem Ort des Sonnenuntergangs und der Finsternis, stufenweise gen Osten, den Ort des Sonnenaufgangs und des Lichtes. Zunächst betritt man den Narthex, einen Vorraum, der ursprünglich für diejenigen bestimmt war, die sich auf die Taufe vorbereiteten oder die Buße tun mussten und deshalb von der eucharistischen Kommunion ausgeschlossen waren. Heute gilt er als Versammlungsraum der Gläubigen. Von dort erreicht man – häufig durch zweiflügelige Türen als Symbol des Alten und Neuen Testamentes – das eigentliche Kirchenschiff (Naos), das die Erde symbolisiert und den Bereich der Menschen darstellt. Hier halten sich die Gläubigen auf und feiern den Gottesdienst mit. Auf den drei Ikonentischen im Naos finden sich je eine Ikone des Kirchenpatrons, eine Ikone Christi und eine Ikone der Gottesmutter mit dem Jesuskind. Sie gelten als heilige Kultbilder und werden wie alle Ikonen immer wieder durch Gebet und Kuss verehrt. Denn im östlichen Verständnis hat sich nach dem sogenannten Bilderstreit (726–843; Ikonoklasmus) der Gedanke durchgesetzt, dass in der Ikone das Dargestellte gegenwärtig ist, weshalb ihm auch kultische Verehrung zukommen darf.

Von diesem Hauptraum ist im Osten durch eine Bilderwand, die Ikonostase, der Altarraum (Hieron) abgetrennt. Sie bildet das vielleicht auffälligste Ausstattungsstück in einer Kirche für den ostkirchlichen Gottesdienst. Auf der von drei Türen durchbrochenen Wand sind in einer festen Anordnung Ikonen angebracht: zu Seiten der mittleren Türe Christus als

Weltenherrscher und Maria als Gottesmutter, auf den beiden Seitentüren Ikonen heiliger Diakone oder Engel. Über den Türen finden sich Ikonen in drei Reihen, zunächst die zwölf Hochfeste des Kirchenjahres, darüber Christus inmitten von Maria, Johannes dem Täufer und den zwölf Aposteln (auch *deesis* = Bitte genannt), in der dritten Reihe schließlich Christus und die Propheten und Heiligen des Alten Testamentes. Den Abschluss bildet in der Regel ein gemaltes Kreuz. Auf Außenstehende wirkt die Ikonostase wie eine Trennung der Gemeinde vom liturgischen Geschehen, das sich im Altarraum abspielt. Im ostkirchlichen Verständnis hingegen bildet die Ikonenwand eine Art „Membran". Sie grenzt zwar den himmlischen vom irdischen Bereich ab, wird aber während der Liturgie durch die Türen immer wieder geöffnet, um so die Kommunikation zwischen Gott und den Menschen zu symbolisieren.

Als heiligster Ort stellt der Altarraum die Verbindung zwischen Himmel und Erde her. Ihn dürfen nur die zelebrierenden Priester betreten. Hier steht im Zentrum der Altartisch als „Thron Christi", weshalb auf ihm nur das Evangelienbuch, ein Kreuz und das Aufbewahrungsgefäß für die Krankenkommunion (dem abendländischen Tabernakel entsprechend) liegen. Im nördlichen Teil befindet sich der Rüsttisch (Prothesis) für die Vorbereitung der eucharistischen Gaben, auf der südlichen Seite die Sakristei (Diakonion) zur Aufbewahrung der Gewänder und Geräte.

Der eigentümliche Zug der byzantinischen Liturgie wie letztlich aller ostkirchlichen Gottesdiensttraditionen besteht in der ungemein reichen Symbolwelt des irdischen Geschehens, das immer die himmlische Herrlichkeit widerspiegelt. Demgegenüber spielen Verkündigung und Predigt eine sehr untergeordnete Rolle. Wenn die Kirche, wie Germanos sagt, „ein irdischer Himmel" ist, dann tritt die erwartete Gemeinschaft von Himmel und Erde, von Gott und den Menschen schon in die irdische Gegenwart, weil in der Feier der Liturgie Christus selbst gegenwärtig ist. Diese tiefe Dimension, die das Klima der ostkirchlichen Liturgien stets bestimmt hat, wird im Zuge der liturgischen Erneuerung des 20. Jahrhunderts auch die römische Liturgie von ihrer über lange Zeit vorherrschenden juridisch-klerikalistischen Sicht befreien und sie theologisch auf den breiteren, ökumenischen Boden stellen.

Weiterführende Literatur

Eine gute Übersicht, verbunden mit vielen Abbildungen, bietet der auch für Reisen empfehlenswerte Leitfaden

- Die Liturgie der Ostkirche. Ein Führer zu Gottesdienst und Glaubensleben der orthodoxen und orientalischen Kirchen, hg. von Basilius J. Groen und Christian Gastgeber, Freiburg – Basel – Wien 2012.

Speziell in die altorientalischen Liturgie- und Frömmigkeitsformen führt ein

- Erich Renhart, Liturgie und Spiritualität, in: Die altorientalischen Kirchen. Glaube und Geschichte, hg. von Christian Lange und Karl Pinggéra, Darmstadt 2010, 123–158.

Eingehende, lebendig geschriebene Darstellungen zu den antiochenisch-syrischen Liturgietraditionen, speziell zur Eucharistiefeier und zum Kirchenjahr, die auch das „Klima" der jeweiligen Feiern vermitteln, stammen von

- Andreas Heinz, Licht aus dem Osten. Die Eucharistiefeier der Thomas-Christen, der Assyrer und der Chaldäer mit der Anaphora von Addai und Mari (Sophia. Quellen östlicher Theologie 35), Trier 2008.
- Andreas Heinz, Die Heilige Messe nach dem Ritus der Syrisch-maronitischen Kirche (Sophia. Quellen östlicher Theologie 28), Trier 1996.
- Andreas Heinz, Feste und Feiern im Kirchenjahr nach dem Ritus der Syrisch-Orthodoxen Kirche von Antiochien (Sophia. Quellen östlicher Theologie 31), Trier 1998.

Eine gute Einführung in die byzantinische Liturgie bieten

- Michael Kunzler, Wir haben das wahre Licht gesehen. Einführung in Geist und Gestalt der byzantinischen Liturgie (Sophia. Quellen östlicher Theologie 27), Trier 1991.
- Hans-Joachim Schulz, Die byzantinische Liturgie. Glaubenszeugnis und Symbolgestalt (Sophia. Quellen östlicher Theologie 5), Trier ³2000 [*erläutert vor allem die liturgiegeschichtlichen Entwicklungen einzelner Ritenteile der byzantinischen Liturgie*].

Für die Feier der byzantinischen Liturgie liegen jetzt die beiden bedeutendsten Formulare zum gottesdienstlichen Gebrauch in deutscher Sprache vor

- Die Göttliche Liturgie unseres heiligen Vaters Johannes Chrysostomus, hg. von der Patriarchalen Liturgiekommission der Ukrainischen Griechisch-Katholischen Kirche, München-Eichstätt-Paderborn 2013.
- Die Göttliche Liturgie unseres heiligen Vaters Basilius des Großen, hg. von der Patriarchalen Liturgiekommission der Ukrainischen Griechisch-Katholischen Kirche, München-Eichstätt-Paderborn 2013.

Ritus, Rom und Religiosität
Gottesdienst in der mittelalterlichen Gesellschaft und Kirche

Wenn im Folgenden die Entwicklungen des mittelalterlichen Gottesdienstes betrachtet werden, sind zuvor zwei Gesichtspunkte in Erinnerung zu rufen.

- Der Epochenbegriff „Mittelalter“, mit dem üblicherweise die tausend Jahre von der Mitte des ersten bis zur Mitte des zweiten Jahrtausends bezeichnet werden, suggeriert die Vorstellung, es handle sich dabei um ein weitgehend gleichbleibendes, kompaktes Zeitalter: Die Generationen kommen und gehen und die Jahrhunderte wechseln in identischem Gleichmaß, um in einem weithin monotonen Ablauf dahinzugleiten. Das ist natürlich nicht der Fall. In diesen tausend Jahren haben sich in Politik und Gesellschaft, in Kultur, Geistesleben und Mentalität so massive Veränderungen abgespielt, die mit dem einen Epochenbegriff „Mittelalter“ gar nicht angemessen eingefangen werden können. Nicht unproblematisch ist darüber hinaus der Begriff selbst, denn er könnte annehmen lassen, wir hätten es hier mit einer Art „Zwischenzeit“ zwischen der einstigen Hochkultur der Antike und ihres neuen Aufblühens in der Zeit der Renaissance zu tun, dazwischen lägen im Wesentlichen nur Verfall und Untergang vor. Die vielfach kolportierte Vorstellung vom „finsteren Mittelalter“ hat diesem Missverständnis breiten Raum geschaffen. Auch das trifft keineswegs zu. Es wird sich zeigen, dass es hingegen sehr unterschiedliche, sogar auch gegenläufige Entwicklungen gab, die auf das gottesdienstliche Leben Einfluss nahmen.
- Zudem ist zu bedenken, dass der neuzeitlich-juridische Terminus „Liturgie“ kaum wiederzugeben vermag, was dem Mittelalter als liturgisch, gottesdienstlich, kultisch galt. Deshalb ist die beliebte Trennung zwischen einer „offiziellen (Hoch-)Liturgie“ und der dagegen abfallenden „volkstümlichen Paraliturgie“ eine anachronistische Vorstellung. Wenn also im Weiteren von Liturgie bzw. Gottesdienst gesprochen wird, dann sind die Begriffe in einem umfassenden Sinne zu verstehen. Denn das mittelalterliche Verlangen nach Ritualität umfasste eine

außerordentliche Fülle von wirkmächtigen Sakralhandlungen und mit Segen verheißender Himmelskraft aufgeladenen Dingen aller Art. Für den mittelalterlichen Menschen konnte das Berühren einer Heiligenreliquie gegebenenfalls bedeutsamer sein als der Empfang der Eucharistie.

Mit dem zuletzt genannten Punkt deutet sich bereits an, dass sich die Entwicklungen des gottesdienstlichen Lebens im Mittelalter vor einem spezifischen kultur-, mentalitäts- und religionsgeschichtlichen Hintergrund abspielen. Er bietet dabei nicht nur die Kulisse, sondern nimmt auch massiv Einfluss auf das Verständnis und die Gestalt der mittelalterlichen Liturgie. Hinzu kommen geistes- und theologiegeschichtliche Veränderungen und Neuorientierungen, die ebenfalls nicht ohne Auswirkungen auf den Gottesdienst bleiben. Deshalb wird es zunächst notwendig sein, die hier angesprochenen Wandlungen und Phänomene zu betrachten.

1. Sozial-, kultur- und religionsgeschichtliche Umbrüche im frühen Mittelalter

Der Liturgiewissenschaftler Josef Andreas Jungmann (1889–1975) hat einst den Übergang von der Spätantike zum Mittelalter als den tiefsten Umbruch in der Kirchengeschichte charakterisiert:

> „Es ist in den zwei Jahrtausenden der Kirchengeschichte an keiner Stelle ein größerer Umbruch sowohl im religiösen Denken wie in den entsprechenden Einrichtungen erfolgt, als es in den fünf Jahrhunderten zwischen dem Ausgang der Patristik und dem Beginn der Scholastik der Fall ist“ (*Jungmann*, 1960, 3).

Tatsächlich kann man die genannten Jahrhunderte als eine Zeit der „Dekomposition der alten Welt“ verstehen. Denn in dem von verschiedenen inneren und äußeren Ursachen bewirkten Untergang der römischen Zivilisation brechen die staatlichen Institutionen, die Infrastruktur und die vornehmlich stadtgebundenen Organisations- und Lebensgestalten zusammen und mit ihnen letztlich die antike Hochkultur insgesamt. An die Stelle einer urbanen Gesellschaft mit ihren sozialen und ökonomischen Voraussetzungen für Bildung, Wissenschaft und Kunst tritt zunehmend eine ländlich orientierte, auf ihr Dorf und ihren Stamm bezogene Bevölkerung, deren Kommunikationsbedürfnisse und -möglichkeiten eng begrenzt sind. „Eine agrarische Gesellschaft pflegt", so der Kirchenhistoriker Arnold Angenendt, „aufgrund ihrer andersartigen Grundbedürfnisse eine naturhaft-kosmische Religiosität mit effektiven Fruchtbarkeitsriten; an einem elaborierten und reflektierten Religionssystem hat sie weder Interesse, noch verfügt sie über die dazu erforderlichen Bildungsmittel" (*Angenendt* 2009, 23).

Umfassend hat diese „Re-Archaisierung" der Gesellschaft die Anschauungen und die Lebensformen des frühen Mittelalters geprägt. Wo einst „aufgeklärtes Denken" herrschte, kehrt nun eine von numinosen Mächten regierte Weltsicht zurück. Die Auswirkungen auf das Christentum sind enorm. Denn die ausbleibenden Bildungsinteressen und -möglichkeiten sowie der Verlust philosophischer und sprachlicher Kompetenzen hemmen die Theologie massiv. Sie ist nun nicht mehr in der Lage, regulierend und korrigierend in das religiöse Leben einzugreifen. Die Konsequenzen für eine auf die Heilige Schrift bezogene Religion sind kaum zu überschätzen. Literarische Bilder wie die Übergabe der Himmelsschlüssel an Petrus (vgl. Mt 16,19) interpretiert man jetzt simpel gegenständlich; entsprechend sehen frühmittelalterliche Visionsberichte Petrus, der ganz real das Himmelstor mit seinen Schlüsseln auf- und zusperrt, das hinter der Schlüsselübergabe stehende literarische Bild wird damit aber kaum mehr verstanden.

Quasi automatisch gilt Wohlergehen als göttlicher Lohn und Unheil als Ausweis göttlicher Strafe für das jeweilige menschliche Handeln. Entsprechend konnte man in Zweifelsfällen auch zum Gottesurteil greifen und in dessen Ausgang Sicherheit erlangen. Das Gebet, die lobende und preisende Hinwendung des Menschen zu Gott und darin metaphorisch als ein „Heilmittel" verstanden, gebraucht man nun medizinell, um Krankheiten zu heilen. Die Beispiele zeigen, wie urreligiöse Phänomene in die christliche Lebenspraxis eindringen. Die Vorstellungen von Gott, dem Teufel und seinen Dämonen, vom Menschen und seinem Handeln, vom Kontakt zwischen Göttlichem und Menschlichem sind nunmehr fast ausschließlich von der Logik des Religiösen bestimmt. Es liegt nahe, dass vor allem die Liturgie- und Frömmigkeitspraxis von diesen religionsgeschichtlichen Kategorien betroffen sind und sich tief darin verankern.

2. Theologiegeschichtliche Akzentsetzungen

Zu den angedeuteten sozial- und mentalitätsgeschichtlichen Umbrüchen treten weitere Gründe für den Epochenwandel. Sie liegen vor allem in den dogmengeschichtlichen Auseinandersetzungen der alten Kirche um das Christusbild und die göttliche Trinität, die der Arianismus ins Rollen gebracht hatte. Die auf den alexandrinischen Presbyter Arius (um 260-336) zurückgehende Vorstellung besagt im Kern, der Sohn sei dem Vater nur ähnlich und ihm in seiner göttlichen Würde untergeordnet, noch tiefer war der Heilige Geist angesiedelt. Diese Lehre war auf den Konzilien von Nizäa (325) und Konstantinopel (381) zurückgewiesen worden, und das Konzil von Chalkedon (451) schuf die berühmte Formel von den zwei Naturen in der Einheit der Person, um das Verhältnis von Menschheit und Gottheit in Jesus Christus zu bestimmen und monophysitische Vorstellungen abzuwehren.

Allerdings führt der dogmatische Kampf gegen die arianische Irrlehre, die im 5. und 6. Jahrhundert in den Germanenreichen Aufnahme gefunden hat, faktisch dann doch zu einem „praktischen Monophysitismus". Denn in der massiven Abwehr der arianischen Gedanken wird nun die Göttlichkeit Jesu so sehr herausgestellt, dass seine Menschheit fast völlig dahinter zurücktritt. Zweifellos bestreitet man die Lehre von Chalkedon nicht, aber die wenig reflektierte Frömmigkeitspraxis sieht in Christus nun nicht mehr den menschgewordenen Gottessohn, sondern fast ausschließlich den *Deus*, der nun völlig den Menschen entrückt erscheint. Was eine Marginalie zu sein scheint, ist aber doch kennzeichnend: In die Schlussformel der römischen Orationen fügt man nun das Wort „deus" (Gott) ein. Die Kirche betet jetzt zu Gott „durch Jesus Christus, der mit Gott dem Vater und dem Heiligen Geist lebt und herrscht als *Gott* von Ewigkeit zu Ewigkeit."

Auch in diesem Punkt sind die Folgen für Gottesdienst und Frömmigkeit eklatant. Weil der Menschgewordene nunmehr ganz in die Sphäre Gottes entrückt erscheint, vermag man ihn in seiner Mittlerschaft zwischen Gott und den Menschen (vgl. Hebr 1,14 f; 5,7; 1 Tim 2,5) kaum mehr wahrzunehmen. Darum treten nun andere, „menschlichere" Mittler an die Stelle Christi, nämlich die Heiligen. Denn durch ein Übermaß an Askese und Gebet, so die Anschauung jener Zeit, kann sich ein Mensch außerordentliche Verdienste bei Gott erwerben. Bei religiösen Höchstleistungen stehen ihnen gar göttliche Wunderkräfte zu Gebote, über die sie eigenmächtig verfügen können. Ein *vir Dei* (Gottesmann) oder eine *famula Dei* (Dienerin Gottes) sind deshalb gesuchte, weil offenkundig äußerst wirkmächtige Mittlerpersonen, die sogar die alleinige Mittlerschaft Christi zu verdrängen drohen. Hier liegen die Wurzeln für die Heiligen- und Reliquienverehrung, die für den mittelalterlichen Gläubigen so bedeutsam werden und bekanntlich zum Teil exorbitante Ausmaße annehmen sollte.

Wie die Heiligen zwischen Gott und die Menschen treten, geraten bald auch die Priester in diese Mittlerposition. Nicht nur, dass der Weltklerus ebenfalls möglichst asketisch und heilig leben soll wie die Mönche im Kloster oder gar wie ein Gottesmann, kommt ihm vor allem für die Vermittlung der sakramentalen Gnade eine zentrale Bedeutung zu. Die Forderung nach reinen, namentlich sexuell unbefleckten, also sündenfreien Händen trifft insbesondere den Priester, der mittels seiner Hände segnet, konsekriert und Gott das größte Opfer darbringt, den Leib und das Blut seines Sohnes. Aus dem Motiv der kultischen Reinheit dringt denn auch um 800 eine Salbung der Hände in den Ritus der Priesterweihe ein. Allein der Priester hat die „Vollmacht, Gott das Opfer darzubringen und die Messe zu feiern", wie es im römisch-deutschen Pontifikale aus der Mitte des 10. Jahrhunderts heißt, wenn der Bischof dem neugeweihten Priester Patene und Kelch in die gesalbten Hände gibt.

Diese verengte Sicht auf die Konsekrationsvollmacht und die Mittlerschaft des Priesters gilt dem Mittelalter als das Höchste. Damit aber schränkt man den Klerus fast ausschließlich auf seine liturgischen Funktionen ein. Hatte noch Papst Gregor der Große (590–604) in seiner Anweisung für die Seelsorger (*Regula pastoralis*, geschrieben 590/91) mit keinem Wort die gottesdienstlichen Aufgaben erwähnt, geht der Fuldaer Abt Hrabanus Maurus (780–856) in seinem Werk über die Unterweisung der Geistlichen (*De institutione clericorum*, geschrieben 816–819) ausführlich auf die Liturgie ein. Das Bild des Priesters ist hier fast ausschließlich vom Gottesdienst bestimmt. So ist für das frühe Mittelalter völlig klar, dass allein der Priester für die Liturgie zuständig ist, nur er kann aufgrund seiner Weihe in das Allerheiligste eintreten und die gottesdienstlichen Handlungen vollziehen. Umgekehrt werden die Laien in eine weithin passive Rolle gedrängt. Ihnen bleibt im Grunde nur, stumm dem heiligen Geschehen beizuwohnen und dem Tun des Priesters zuzuschauen. Das Phänomen der Klerikalisierung der Liturgie hat schwerwiegende Folgen und setzt sich weit über das Mittelalter hinaus fort. Prinzipiell bleibt es dabei bis zum Zweiten Vatikanischen Konzil (1962–1965), das mit seiner liturgischen Erneuerung den Gottesdienst erst wieder als gemeinsame Handlung der ganzen Kirche erfahrbar macht und die „tätige Teilnahme" der Gläubigen an der Liturgie zum Grundprinzip erhebt.

Die hier nur knapp skizzierten Umbrüche im breiten Streifen des Übergangs von der Spätantike zum Frühmittelalter machen bereits deutlich, welchen weitreichenden Einfluss sie auf den Gottesdienst und die Frömmigkeit nehmen. Welche Merkmale der mittelalterlichen Liturgie sind nun näher zu konstatieren und haben ihren Gehalt und ihre Gestalt profiliert?

3. Liturgie unter dem Vorzeichen der Ritualität

Im Zentrum des christlichen Gottesdienstes steht weder ein Tempel und ein Altar noch ein festgeschriebener Kult, sondern die Gemeinschaft der Heiligen, wie Paulus die Getauften nennt, die sich um ihren auferstandenen und erhöhten Herrn versammeln und der sich mit seinem Tod und seiner Auferstehung in der Feier seines Gedächtnisses vergegenwärtigt. Deshalb kennt das Neue Testament keine detaillierten Kultvorschriften, vielmehr herrscht in der Frühzeit eine große Freiheit in der Ausgestaltung des Taufbades und des eucharistischen Mahles wie der Formulierung der Gebete. Wie bereits angesprochen, setzt dann im 4. und 5. Jahrhundert aus verschiedenen Gründen ein Prozess der Verschriftlichung der Liturgie ein. Gebetsformulare und gottesdienstliche Ordnungen werden nun fixiert und zunehmend als feststehend und sakrosankt betrachtet. Die Fülle der liturgischen Handschriften aus dem frühen Mittelalter, von denen sicher nur ein Bruchteil auf uns gekommen ist, bezeugt diese Vorgänge.

Damit sind wesentliche Voraussetzungen geschaffen, dass das religionsgeschichtliche Konzept des Ritualismus in die frühmittelalterliche Welt und ihre Liturgiepraxis eindringen kann. Weil die heilige Handlung und der heilige Text, so der Gedanke, gewissermaßen direkt aus der göttlichen Welt ins Diesseits ragt, erbringen sie bei korrektem Vollzug und präziser Rezitation ihre überirdische Wirkung. Die Formstrenge verbürgt die Objektivität des liturgischen Geschehens, letztlich sogar unabhängig von der Einstellung der Beteiligten.

Ein äußerst eindrückliches Beispiel für diese religionsgeschichtliche Vorstellung liefert der Thronsturz des Westgotenkönigs Wamba im Jahre 680. Um ihn regierungsunfähig zu machen, betäubt man ihn, schert ihm eine Haartonsur und legt ihm eine Mönchskutte an. Auf diese Weise vollzieht man an ihm die „Mönchung". Als der König wieder erwacht, ist er selbst davon überzeugt, fortan als Mönch im Kloster leben zu müssen, obwohl er dem Geschehen niemals zugestimmt hat. Die Reichssynode von Toledo (681) urteilte, der Ritus sei rechtens vollzogen und damit unumstößlich, allerdings sei für die Folgezeit ein solches Vorgehen zu unterlassen. Das plastische Beispiel macht klar, dass ein „richtig vollzogener" Ritus als selbstwirksam galt und ihm zugleich ein Verhängnischarakter innewohnte. Einmal vollzogen, weithin unabhängig von der Intention, ließen sich liturgische Riten nicht mehr rückgängig machen. Die erzwungenen Taufen von Juden, so etwa das Konzil von Toledo 633, seien zwar verboten, denn Glaube und Taufe könnten nur in freiem Entschluss erfolgen, war aber die Taufe einmal vollzogen, blieben die gegen ihren Willen Getauften verpflichtet, weiterhin als Christen zu leben. Dies illustriert das frühmittelalterliche Verständnis, das die liturgischen Riten in der Spannung zwischen subjektiver Annahme und objektivem Vollzug sieht, wobei der Schwerpunkt auf der Objektivität liegt.

Wie ein recht vollzogener Ritus von sich aus wirkt, macht umgekehrt ein falscher Gestus oder ein undeutlich ausgesprochenes Wort die Wirkung zunichte. Für den Gottesdienst heißt das: Es ist nun unbedingte Korrektheit gefordert. Wie aus den Briefen des Winfried-Bonifatius (672/75–754) hervorgeht, erkundigt sich der umtriebige und furchtlose Missionar verschiedentlich in einer geradezu skrupulösen Haltung beim Papst, ob bei einer Messe zwei oder drei Kelche auf dem Altar stehen dürfen, wo genau die Kreuzzeichen beim Eucharistiegebet gemacht werden müssen und ob eine Taufe bei grammatikalisch verunglückter Formel gültig sei. Das Eucharistische Hochgebet mit seinen als konsekratorisch betrachteten Einsetzungsworten bezeichnet man nun gar als „oratio periculosa", als ein gefährliches und gefährdetes Gebet. Hängt doch an seinem korrekten Vollzug das Zustandekommen der Wandlung von Brot und Wein in den Leib und das Blut Christi.

Die Beispiele deuten an, wie sich in frühmittelalterlicher Zeit die Ritualität des christlichen Gottesdienstes bemächtigt. Weithin unabhängig von der Intention wirkt der Ritus quasi automatisch; verfahrensgemäße Richtigkeit, nicht subjektive Beteiligtheit bestimmt dieses Verständnis.

Zudem konzentriert man sich immer mehr auf die als entscheidend angesehenen, weil den göttlichen Segen garantierenden, vom Amtsträger recht vollzogenen sakramentalen Riten und Formeln, etwa bei der Taufe auf das Untertauchen oder Übergießen mit dem Wasser und die dazu gesprochene Formel „Ich taufe dich im Namen des Vaters und des Sohnes und des Heiligen Geistes". Alles übrige gilt lediglich als ausschmückende Zeremonie ohne wirklichen Belang, weshalb sie im Notfall auch weggelassen werden kann. Hier beginnt eine Entwicklung, die später die Scholastik aufnimmt und die Sakramentenliturgie mit den Begriffen *forma* (Formel) und *materia* (Sakramentenmaterie) zu fassen versucht, eine folgenschwere Verengung für das Verständnis der sakramentlichen Feiern wie des Gottesdienstes insgesamt.

4. Liturgisierung des Lebens

Ein zweiter Zug, der mit der frühmittelalterlichen Rituskonzentration einhergeht, erklärt sich aus dem schier unstillbaren Segensverlangen des mittelalterlichen Menschen. Eine Welt, die von allumfassender Religiosität bestimmt ist, bedarf für alle möglichen Lebenslagen „heiliger Handlungen". Über Taufe, Eucharistie und die anderen Sakramente hinaus entsteht darum bald ein ganzer Kosmos von Riten und symbolischen Handlungen. Nun werden Kirchen und Friedhöfe geweiht, Könige und Bischöfe nach alttestamentlichem Vorbild gesalbt, Sterben und Tod mit reichen, das Jenseitsschicksal der Seele günstig stimmenden Ritualen bedacht. Aber auch Politik, Rechtssprechung und gesellschaftliche Ordnung sind ganz von Liturgie durchdrungen und mit rituellen Vorgängen durchzogen. Der Einzug des Herrschers gleicht dem Einzug Jesu in Jerusalem, wie er in der Palmprozession am Sonntag vor Ostern inszeniert wird; das Barfußgehen, das Bußgewandtragen oder das Aschebestreuen aus dem Bußritual sind allgemein erwartete und akzeptierte Ausdrucksgesten der Unterwerfung wie ebenso der Friedenskuss der Messe auch den politischen Friedensschluss besiegelt. Allenthalben bestimmen liturgische Riten und ihnen entlehnte Formen die vielfältige symbolische Kommunikation in der Gesellschaft des Mittelalters.

Schließlich nutzt man alles, was irgendwie Sakralität zu besitzen scheint. Alles und jedes kann zu einem materiellen Segensträger werden und Himmelskraft verfügbar machen: Kreuzzeichen, Weihwasser, Reliquien, Kerzen, Amulette, sogar Gebetstexte und Segenssprüche. Dazu müssen aber zunächst, so die Vorstellung, exorzistische Riten Menschen und Dinge von den innewohnenden bösen Mächten befreien. Erst dann kann mit der nachfolgenden Segnung die göttliche Gnade einziehen. Solche Sachbeschwörungen und Benediktionen nehmen im Frühmittelalter massiv zu. Zu Recht kann man diese Epoche darum mit dem Historiker Ernst Kantorowicz (1895–1963) als ein „Zeitalter der Liturgisierung" bezeichnen.

5. Das mittelalterliche Messwesen

Es kann kaum ausbleiben, dass schließlich selbst die Eucharistie in den Sog gerät, himmlische Segenskräfte zur Verfügung zu stellen. Die frühe Theologie hatte noch im Lobpreis Gottes und im Dank *(eucharistia)* für das Heilswerk Jesu Christi das einzig mögliche „Opfer" der Christen gesehen. Bei der Vergegenwärtigung des Opfers Jesu sah man sich zum Mitvollzug von dessen Selbsthingabe aufgerufen. Die mitgebrachten Gaben waren dabei zeichenhafter Ausdruck für die existentielle Bereitschaft, in das Opfer Christi einzugehen. Demgegenüber stellt das Frühmittelalter die Opfermaterie in den Vordergrund. Als reine Gabe darf jetzt nur noch ungesäuertes, weiß und rein erscheinendes Brot für die Eucharistie benutzt werden. Um die Gefahr der Verunehrung beim Brechen des Brotes für die Kommunion der Gläubigen zu vermeiden, entstehen im Hochmittelalter die münzgroßen, hauchdünnen Brotscheiben (Hostien), die direkt ausgeteilt werden können.

Zugleich verstärkt sich der Gedanke des „Bitt- und Sühnopfers" der Messe. Der Liturgiewissenschaftler Hans Bernhard Meyer (1924–2002) hat dieses Verständnis auf die knappe Formel gebracht: „Die Kirche, repräsentiert durch den Priester, bringt den kraft der Konsekration gegenwärtigen Leib und das Blut Christi als ihr Opfer Gott dem Vater dar" (*Meyer*, 1977, 285). Tatsächlich setzt sich die Vorstellung durch, mittels der Konsekration könne die Kirche ein eigenes Opfer, unabhängig vom Kreuzesopfer Christi, Gott darbringen. Und gemäß der Religionslogik, dass, wer bittet, zuerst opfern muss, entsteht der Gedanke, die dargebrachte Gabe müsse dann auch Gott zu einer Gegengabe veranlassen. So verbindet man das Opfer der Messe mit einer Bitte „für jemanden“ oder „für etwas“. Die Messe wird damit vor allem zu einem „Mittel zu“, sie bietet vornehmlich eine Gelegenheit zu intensiver Bitte und wird gefeiert zur Erlangung von Segen und Heil in allen möglichen Nöten, Anliegen und Gebrechen, für die Lebenden ebenso wie für die Toten. Schlechthin für alles erscheint die Messe gut, wie die Vielzahl der Votivmessformulare (Votivmesse, lat.: *votum* = Wunsch, Bitte) in den frühmittelalterlichen Sakramentaren bezeugt.

Weil sie jetzt für die Erfüllung aller denkbaren Wünsche und Bitten dient, steigt die Messe zur meistgeschätzten Frömmigkeitshandlung auf und wird so oft wie möglich gefeiert. Dabei brauchen die Bittsteller nicht einmal persönlich anwesend zu sein, denn es kommt ja allein auf die Opferhandlung an, die der Priester gegen ein entsprechendes Entgelt, das Mess-Stipendium, vollzieht. Bei der Mehrzahl der Messen im Mittelalter sind denn auch keine Gläubigen anwesend. Gelegentlich wird in diesem Zusammenhang von der sogenannten „Privatmesse“ gesprochen. Dieser Begriff ist insofern irreführend, da man im Frühmittelalter auch die vom Priester allein zelebrierte Messe immer eingebunden sieht in die kirchliche Gemeinschaft. Erst im Hoch- und Spätmittelalter geht dieser kirchlich-gemeinschaftliche Zusammenhang weitgehend verloren.

Weil man überzeugt ist, dass Gott für das Opfer der Messe eine Gegengabe geben müsse und dass diese dem zufließe, der das Mess-Stipendium zum Unterhalt des Priesters bezahlt habe, wird das „Messen bestellen“ in einem bestimmten Anliegen zur allgemeinen Praxis. Diese Praxis befördert die Vorstellung von einem handfesten Tausch: Die Himmelsgnaden der Messe sind, wie es eine spätmittelalterliche Redensart nennt, käuflich. Je mehr Messen, desto mehr Gnadenfrüchte. Ein solches portionshaftes Denken führt verständlicherweise zu einer enormen Steigerung der Messhäufigkeit zu Hunderten, ja Tausenden, dargebracht in allen erdenklichen Anliegen. Wer es sich leisten kann, stiftet gar einen Altar. Das heißt, die Herstellungskosten des Altars mit seinem geschnitzten oder gemalten Altaraufbau (Retabel), die Ausstattung mit liturgischen Geräten, Gewändern und Büchern und vor allem das Stiftungskapital für die Pfründe des Messpriesters sind bereitzustellen. Man hat errechnet, dass rund 2.000 Goldgulden aufzubringen waren; Albrecht Dürer (1471–1528) musste im Vergleich dazu für sein Haus in Nürnberg lediglich 553 Gulden zahlen.

Zwar löst sich die Theologie im Hoch- und Spätmittelalter von diesen Gedanken, aber in der religiösen Praxis bleiben all diese Vorstellungen weiterhin höchst lebendig, sodass die Reformatoren gegen die „Kauf- und Winkelmessen" nur Abscheu empfinden und massiv dagegen vorgehen.

6. Romanisierung der Liturgie

Ausrichtung auf Rom

Weitreichende Bedeutung für die weitere Entwicklung der Liturgie im Abendland erlangt der Wille, die Form des Gottesdienstes, wie er in Rom gefeiert wird, in der ganzen westlichen Kirche zu verbreiten und als allgemeine Norm durchzusetzen. Bereits der genannte Bonifatius hatte sich mit seiner Missions- und Reformtätigkeit ausdrücklich dem Papst und der römischen Kirche unterstellt und war entschlossen, das regionale Landeskirchentum zu beseitigen. Denn er war überzeugt, dass allein Rom das Heil garantiere, weshalb alle Kirchen dem Apostelfürsten Petrus unterworfen sein müssten. Diese enge Rombindung, in der sich zweifellos ein gesamtkirchliches Bewusstsein ausdrückt, tritt vor allem im Gottesdienst nachhaltig in Erscheinung. In den Kirchen des Frankenreiches, in denen bis dahin die Formen der gallischen Liturgie beheimatet waren, soll fortan die Liturgie nach römischer Art gefeiert werden. Schon bei seiner ersten Missionsbeauftragung 719 durch Papst Gregor II. (715–731) verpflichtet sich Bonifatius, die Eingliederungssakramente in der Weise zu feiern, wie es in Rom Brauch ist. Damit setzt sich in der fränkischen Kirche die römische Firmpraxis durch. Ihre Besonderheit bestand darin, dass nicht mehr, wie es die gallische Liturgie vorsah, der taufende Priester auch zugleich firmte; nun bleibt die Vollendung der Taufe durch Handauflegung und Bezeichnung der Stirn mit Chrisam *(consignatio)* allein dem Bischof vorbehalten. Das aber hat zur Folge, dass jetzt die Bischöfe jedes Jahr zur Firmspendung ihre ganze Diözese bereisen sollen, was schon angesichts der weiten räumlichen Ausdehnung der wenigen Bistümer nördlich der Alpen utopisch erscheinen muss. Hinter den von Bonifatius neu gegründeten Bistümern steht darum auch der Gedanke, flächenmäßig kleinere Einheiten zu schaffen, um den Bischöfen die regelmäßige Firmspendung zu erleichtern. Nach Ausweis seines Biografen ist es denn auch eine Firmreise in Friesland, auf der der achtzigjährige Bonifatius überfallen und erschlagen wird. Viele andere Bischöfe nehmen es allerdings nicht so genau mit ihrer Pflicht, sich auf die beschwerlichen Firmreisen zu machen. Wie die landläufige Firmpraxis wohl aussieht, lässt sich vermuten, wenn ein Bischof bereits gelobt wird, weil er für die Firmung sogar eigens von seinem Pferd herabsteigt.

Karolingische Liturgiereform

Gestützt werden die Bemühungen um eine Romanisierung der Liturgie im Frankenreich durch mächtige Verbündete. Schon mit der Königssalbung Pippins (714/15–768) 751 bindet sich die neue Herrscherdynastie der Karolinger eng an den Papst in Rom. Dieses Bündnis führt Pippins Sohn, Karl der Große (747–814) fort und unterstreicht damit unmissverständlich seinen Willen, das alte römische Imperium unter seiner Führung neu zu errichten. Weil Politik und Christentum, Reich und Kirche in jener Zeit eine unteilbare Einheit bilden, weiß sich der Herrscher verantwortlich für den äußeren Frieden des Reichs ebenso wie für das Seelenheil seiner Untertanen. So verknüpft sich mit dem politischen Anspruch Karls der Wunsch, im ganzen Herrschaftsbereich die wirkmächtigste, weil segensreiche und gottgefällige Liturgie zu feiern. Und diese findet man in Rom. Hier kann man sich auf die beiden Apostelfürsten Petrus und Paulus berufen, hier befinden sich ihre Gräber. Zudem sichert der römische Bischof als Nachfolger Petri die bedeutendste apostolische Tradition, nämlich die des Schlüsselbewahrers. Die hohe Wertschätzung der römische Liturgie gründet also auf dem Ansehen des heiligen Petrus. Er garantiert die allein „richtige" Liturgie, die am wirksamsten Segen und Gnade Gottes verheißt. Hinter diesen Vorstellungen begegnet uns einmal mehr das schon erwähnte Phänomen der frühmittelalterlichen Ritualität.

Um die römische Liturgie nördlich der Alpen zu implantieren, lassen sich schon Pippin, dann auch Karl aus Rom Liturgiebücher kommen. Mit ihnen kommt sogar ein Kantor, quasi als „lebendiges Buch", ins Karolingerreich, um die römische Art des gottesdienstlichen Gesangs zu vermitteln. Die Liturgiebücher dienen als Muster-Kodizes, die, durch Abschriften vervielfältigt, im ganzen Reich Verbreitung finden sollen. Das Problem besteht aber nun darin, dass die in der Aachener Hofschule vorhandenen römischen Bücher ganz unterschiedliche Entwicklungsstadien und Anwendungsbereiche der römischen Liturgie umfassen und überdies in verschiedenen Versionen verbreitet sind. Während das gelasianische Sakramentar die priesterlichen Gebetstexte für den Gottesdienst in den stadtrömischen Pfarrgemeinden enthält, ist im gregorianischen Sakramentar das Material für die päpstliche Liturgie zusammengestellt. Für die vielfältigen Bedürfnisse des frühmittelalterlichen Gottesdienstes reicht das nicht aus. So ergänzt Abt Benedikt von Aniane (um 750–821) das in Aachen aufliegende Normexemplar des gregorianischen Sakramentars umfänglich mit fränkischem Gebetsgut; immerhin so viel, dass am Ende dieser „Anhang“ mehr als das Doppelte des römischen Buchs umfasst. Das so geschaffene Sakramentar verbreitet sich im 9. Jahrhundert und führt über verschiedene Zwischenstufen später zum römischen Messbuch. Selbst ein Großteil der Messgebete im heutigen nachkonziliaren römischen Messbuch (1970/2002) entstammt letztlich diesem karolingischen Sakramentar.

Für das ehrgeizige Programm, die Liturgie im Frankenreich nach römischem Muster zu vereinheitlichen, bedarf es riesiger, heute kaum mehr vorstellbarer Anstrengungen. Da für eine geregelte Liturgiefeier nicht nur ein Sakramentar, sondern auch ein Lektionar für die biblischen Lesungen, ein Antiphonar und ein Psalterium für die Gesänge und ein Homiliar für die Kirchenväterlesungen in der Tagzeitenliturgie in jeder Kirche verfügbar sein müssen und – wie Kircheninventare des 9. Jahrhunderts bezeugen – tatsächlich selbst für kleine Dorfkirchen beschafft werden, kann man annähernd nachempfinden, welche Leistungen hier von den Schreibermönchen erbracht werden. Und dies alles in einer Gesellschaft, in der Schrift und Literatur kaum Wertschätzung erfahren. Obgleich die karolingischen Schreibstuben wohl nichts mehr beansprucht, als Bücher für die Liturgie zu kopieren, ist das hochgesteckte Ziel nicht zu erreichen. Zwar gelingt es, die gallische Liturgie in der Fläche zu verdrängen, aber eine völlig einheitliche römische Liturgie im ganzen Karolingerreich zu etablieren, bleibt schon aus den genannten Gründen eine Fiktion. Am Ende steht eine römisch-fränkische Mischliturgie, in der Elemente der altgallischen Tradition in abgewandelter Form weiterleben.

Orientierung an der Stationsliturgie

Die Imitation des großen Vorbilds Rom bezieht sich aber keineswegs allein auf Texte und Riten. Nördlich der Alpen will man auch eine als besonders charakteristisch für den römischen Gottesdienst empfundene Eigenart nachahmen, die Stationsliturgie. Gemeint ist der schon erwähnte Brauch des Papstes, nach einem festen, planmäßigen Turnus reihum in jeweils einer der stadtrömischen Pfarr- oder Märtyrerkirchen Gottesdienst zu feiern. Diese Kirche bildet die jeweilige „Stationskirche“ des Tages, zu der man in Prozession zieht und in der sich der Papst mit seinem Gefolge, Abgesandte aus allen Pfarreien und die übrigen Gläubigen zur Eucharistie versammeln. Auf diese Weise soll in der Feier der Liturgie die Einheit der in viele Gemeinden aufgeteilten Kirche von Rom unter der Leitung ihres Bischofs wachgehalten und sichtbar gemacht werden.

Dieses Kirchensystem, das vor allem die Hochfeste und die Fasten- und Osterzeit umfasst, sucht man nun auch im Frankenreich nachzubilden. In größeren Bischofsstädten wie etwa Köln, Mainz oder Trier bilden die verschiedenen Kirchen und Heiligtümer zusammen mit der Kathedrale ein solches Bezugssystem, bei dem die geistlichen Gemeinschaften und die Gläubigen an verschiedenen Festen zusammenkommen, um dem römischen Stationsbrauch zu folgen. Sogar die Stadtplanung und die Großbauprojekte in fränkischen Städten wie Reims, Metz, Straßburg oder Toul orientieren sich an den Erfordernissen der Stationsfeiern.

Aber auch der Kirchenraum selbst kann ein Abbild der „Heiligen Stadt“ darstellen und Rom wie Jerusalem vergegenwärtigen. Galt ehedem der Grundsatz: eine Kirche, ein Altar, eine eucharistische Versammlung um Christus, vermehrt man jetzt die Anzahl der Altäre innerhalb des einen Kirchenraums und weiht sie auf Patronate, die den Titelkirchen Roms oder den heiligen Stätten in und um Jerusalem entsprechen. Die Altäre in den Chorräumen, in Krypten und Seitenschiffen, auf den Emporen und an den Säulen bilden damit ein komplexes System von liturgischen Orten, an denen sich nun die Stationsliturgie nach römischem oder Jerusalemer Vorbild entfalten kann.

Als Beispiel sei der Bamberger Dom genannt. Der Westchor der Kathedrale mit seinem Petruspatrozinium erinnert an die beiden wichtigsten, ebenfalls nach Westen gerichteten Kirchen Roms, an St. Peter im Vatikan und an St. Johannes im Lateran, die eigentliche Bischofskirche des Papstes. Der Ostchor mit seinem ursprünglichen Marienpatrozinium (heute Georgschor) verweist hingegen auf S. Maria Maggiore, die römische Marienbasilika auf dem Esquilin, und mit ihrer Krippenmemoria zugleich auf Betlehem, während der Kreuzaltar die römische Kirche S. Cruce in Ierusalemme abbildet, aber eben auch für Jerusalem mit dem Golgotafelsen und der Grabeskirche stehen kann. Damit birgt der Bamberger Dom gewissermaßen eine sakrale Topografie, die sich nach den heiligen Stätten in Palästina und nach der römischen Stationsfeier richtet und es ermöglicht, die Orte des Heiles liturgisch zu vergegenwärtigen. So versammelt

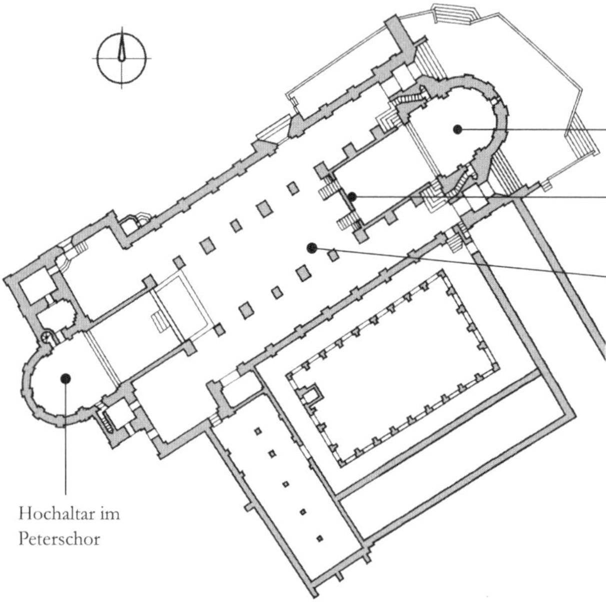

Bamberger Dom, Grundriss

man sich in Bamberg entsprechend den wichtigsten Christusfesten im Kirchenjahr oder dem römischen Stationsplan am jeweils passenden Altar zur Eucharistiefeier. Ähnliche Anlagen der Altäre finden sich auch in anderen großen Bischofskirchen wie etwa im alten Kölner Dom (vor 1164). Eine solche vielschichtige Sakraltopografie, die bislang erst in den Anfängen erforscht ist, bestimmte die Ausstattung und Gestalt vieler mittelalterlicher Kirchen.

7. Dramatisierung, Sehritual und Allegorese

Dramatisierende Inszenierung

Im Gegensatz zu den östlichen Liturgietraditionen und den von ihnen beeinflussten westlichen Riten wie der altspanischen oder gallischen Liturgie erscheint die römische Liturgie weitaus kühler und nüchterner. Am streng-prägnanten Stil der spätantiken Latinistik orientiert, sind ihr weitschweifig-poetische Formen des Gebets und Gesangs ebenso fremd wie ausladende rituell-symbolische Handlungen. Zwar sperrt sie sich nicht restlos gegen solche Einflüsse aus anderen Riten, man denke etwa an die Kreuzverehrung am Karfreitag, die Rom aus der Jerusalemer Tradition übernahm, aber erst als man beginnt, die römische Liturgie nördlich der Alpen zu adaptieren, kommt es in größerem Umfang zur Aufnahme von dramatisierenden Handlungen und Vollzügen.

Dies liegt einerseits am schon erwähnten Prozess der Übernahme und Vermischung mit der im Frankenreich beheimateten Liturgie, andererseits hat hier die Mentalität des mittelalterlichen Menschen eine nicht unerhebliche Rolle gespielt. Ihm fehlt verständlicherweise völlig der Zugang zur lateinisch-juridischen Sprach- und Denkwelt Roms und damit zu einer auch intellektuell äußerst anspruchsvollen Liturgiefeier. Vielmehr ist er, wie schon angesprochen, von einem religiösen Weltbild bestimmt, das weithin einem drastischen Realismus verhaftet bleibt. Darum kommen seiner religiösen Mentalität vor allem visuelle und haptische Formen, Bewegungen und Gesten sowie eine dramatische Inszenierung entgegen, zumal sie gewissermaßen als Ersatz für das unmittelbare, bewusste Erleben dienen müssen, das in einer fremden, sprachlich unverständlichen und ganz auf den Klerus konzentrierten Liturgie ausfällt.

Im Zuge dieser Entwicklungen werden die zumeist aus der Jerusalemer Tradition übernommenen darstellenden Elemente der Osterfeier aufgegriffen und weiterentwickelt: Die Palmprozession am Sonntag vor Ostern gestaltet sich nun zu einer die ganze Stadt und ihre Bevölkerung erfassenden Inszenierung, bei der bald nicht mehr ein Kreuz genügt, um den in seine Stadt einziehenden Christus rituell darzustellen, sondern eine Christusfigur auf dem hölzernen, mit Rollen versehenen Esel, dem „Palmesel“, mitgezogen wird. Die Fußwaschung am Gründonnerstag ahmt das Vorbild Jesu nach und lässt gewissermaßen an der Szene im Abendmahlssaal realistisch teilnehmen. Den am Karfreitag verehrten Kruzifix, oft mit beweglichen Armen versehen, nimmt man vom Kreuz ab, bereitet ihn, wie in den Passionsberichten erzählt, zum Begräbnis vor und überführt ihn zu einem in der Kirche aufgerichteten „Heiligen Grab“, wo er bestattet wird, um ihn, die Auferstehung darstellend, in der Osternacht wieder feierlich zu erheben. Selbst kleinste Details geraten jetzt zu sinnenfälligen Nachbildungen. Wenn bei der Karfreitagsliturgie der Vers der Johannespassion gelesen wird, „sie verteilten meine Kleider unter sich“ (Joh 19,24 [Ps 22,19]), reißen zwei Kleriker die Tücher vom Altar, um den Raub der Kleider Christi symbolisch darzustellen.

Auf dieser Linie des realitätsnahen Nachvollziehens und des erlebnishaften Dramatisierens liegt auch das Phänomen der darstellenden Inszenierung der Heilsgeschichte, wie sie sich in der *Visitatio sepulchri*, dem Grabbesuch der Frauen am Ostermorgen, niedergeschlagen hat. Nachdem die eigentliche Osternachtfeier immer mehr auf den Karsamstag vorverlegt worden ist, entsteht in der Nacht vor dem Ostersonntag ein neuer nächtlicher Lese- und Gebetsgottesdienst, an dessen Ende der in den Evangelien geschilderte Grabbesuch in einer liturgischen Szene am Heiligen Grab im Kirchenraum dargestellt wird. Dabei vollzieht sich zwischen den Klerikern, die als Engel- und Frauendarsteller mitwirken, ein Dialog, der in die feierliche Verkündigung der Botschaft von der Auferstehung Christi an die gottesdienstliche Versammlung mündet, die darauf ihrerseits Gott mit dem ältesten deutschsprachigen Kirchenlied lobt und preist, dem „Christ ist erstanden". Auch in anderen Feiern des Kirchenjahres haben sich solche Formen der mimetischen Darstellung herausgebildet und damit den Anstoß für das religiöse Drama und die Passions- und Mysterienspiele des späten Mittelalters gegeben.

Dramatisierungen sind also recht umfänglich in die mittelalterliche Liturgie eingeflossen und haben sie nicht unwesentlich überformt. Dabei ist zu bedenken, dass diese Ausdrucksformen zumeist aus den überlieferten rituell-symbolischen Handlungen der Liturgie herauswuchsen. Allerdings haben sie sich dann unter der Eigenart der religiösen Mentalität des Mittelalters recht eigenständig fortentwickelt und entfaltet. Deshalb darf man sie zunächst als Formen eines szenischen Christusgedächtnisses verstehen, die sich in die Liturgie als Feier der Vergegenwärtigung von Tod und Auferstehung Christi durchaus organisch einfügten. In der weiteren Entwicklung vermochten sie sich dem Drang zum historisierenden Nachspiel allerdings kaum mehr zu widersetzen. Etwas vereinfacht gesagt, trat an die Stelle der Vergegenwärtigung des Christusheils in der sakramentlichen Feier der Kirche mehr und mehr die Ab- und Nachbildung dieses Heils in einem die historische Szenerie ausschöpfenden Rollenspiel.

Visuelle Frömmigkeit

Es war schon angeklungen, dass sich die Beteiligung der Gläubigen am Gottesdienst weitgehend auf das fromme Zuschauen beschränkte. Weil ihr fast einziger Zugang zum Geschehen der Liturgie in der visuellen Wahrnehmung besteht, bildet das „Schauen" einen bedeutenden Schwerpunkt in der sinnenhaften Religiosität des Mittelalters. Der Historiker Thomas Lentes hat deshalb geradezu von „Sehritualen" in der spätmittelalterlichen Frömmigkeitspraxis gesprochen. Tatsächlich birgt schon allein der Kirchenraum eine Vielfalt von visuellen Impulsen. Dem mittelalterlichen Gläubigen, auf den sehr viel weniger optische Reize einwirkten, als dies für uns heute der Fall ist, begegnet in der Kirche eine für ihn geradezu überbordende Fülle von bildlichen Eindrücken. Denn bildliche Darstellungen befinden sich an Kirchenwänden, auf den bunten Glasfenstern, auf Gewändern und Textilien; die Altarretabeln bieten wechselnde Bilder je nach Kirchenjahreszeit; Kelche, Schaugefäße, Schreine und Reliquiare strahlen eine goldene Pracht aus. All das muss dem visuell nicht verwöhnten mittelalterlichen Menschen als Abglanz des Himmels erscheinen.

Auch auf die optisch wahrnehmbare Außenseite des liturgischen Geschehens nimmt die visuelle Frömmigkeit Einfluss. Um 1200 kommt in Paris der Brauch auf, nach den Einsetzungsworten im Eucharistiegebet die konsekrierte Hostie zu erheben und den Gläubigen zur Anbetung zu zeigen. Im Hintergrund standen dogmatische Auseinandersetzungen mit Theologen und häretischen Gruppen, die die reale Gegenwart Christi in der Eucharistie anzweifelten. Dagegen soll die *Elevatio sacramenti* als augenfällige Demonstration des Wandlungswunders erlebt und mit Formen individueller und gemeinschaftlicher Sakramentsverehrung beantwortet werden. In der Folgezeit konzentriert sich die Messfrömmigkeit aber fast ausschließlich auf die Konsekration und das Anschauen des bei der Wandlung erhobenen „Fronleichnams". Dieser Augenblick gilt im Erleben der Gläubigen als Höhepunkt der ganzen Messe. Er wird entsprechend ausgedehnt und mit Glockengeläut, Entzündung der Wandlungskerze und Weihrauchinzens feierlich ausgestaltet. Bittgesänge stimmt man an, weil man meint, in diesem Moment der Realpräsenz Christi sei die beste Gewähr für ihre Erhörung. Allgemein verbindet man mit dem Anschauen der konsekrierten Hostie die wunderbarsten Wirkungen und nicht selten abergläubische Erwartungen.

Der weitere Verlauf der Messe bildet für die Gläubigen daher eher eine Art Sakramentsandacht. Die Augenkommunion, also das ehrfürchtige Anschauen, ersetzt dabei vielfach die sakramentale Kommunion im Essen des eucharistischen Brotes. Hatte schon in der Spätantike vor allem aus Gründen der Ehrfurcht und des zunehmenden Sündenbewusstseins ein Rückgang im Kommunionempfang eingesetzt, erfolgt er inzwischen für die meisten Gläubigen nur noch einmal jährlich, wie es das IV. Laterankonzil 1215 als äußerstes Mindestmaß vorgeschrieben hatte. Entsprechend groß ist das Bedürfnis, den in der Brotsgestalt gegenwärtigen Christus wenigstens mittels visueller Inkorporation in sich aufzunehmen. Dem Sehen kommt damit eine quasi-sakramentale Funktion zu; eine Form visueller Frömmigkeitspraxis, die auch für die Schau der Heiligen, für Reliquien und Heiltumsweisungen bestimmend ist. Zu Recht resümiert Thomas Lentes: „Bilder waren eben das Sakrament der Frommen – und der Blick und die Bildandacht waren ihre Liturgie" (*Lentes* 2003, 255).

Allegorische Liturgieerklärung

Dramatisierende Inszenierung und visuelle Frömmigkeit legten den Schwerpunkt auf die optisch wahrnehmbare Außenseite der Liturgie. An ihr knüpft eine spezielle Methode zur Erklärung des Gottesdienstes an. Weil, wie erwähnt, die Liturgie nicht mehr aus sich heraus verständlich ist, bietet man dem aufs Schauen angewiesenen Betrachter der priesterlichen Messzelebration eine fromme Deutung an, die allerdings mit dem Geschehen der Messe und ihrer Riten nichts zu tun hat. Amalarius (um 775–850/53), Erzbischof von Trier, ist der erste Theologe im Abendland, der das Verfahren der allegorischen Auslegung der Heiligen Schrift auf den Gottesdienst anwendet, indem er den Handlungen des Priesters einen tieferen Sinn unterlegt, als es ihr Erscheinungsbild anzeigt. Dabei bezieht er jede Einzelheit des Messritus auf Ereignisse im Leben Jesu, besonders seiner Passion. Da kann die Erhebung der konsekrierten Hostie die Aufrichtung des Kreuzes auf Golgota darstellen, die Kommunion lässt an die Grablegung Jesu denken, und der Segen am Ende der Messe erinnert an den segnenden Christus, der in den Himmel auffährt. Auf diese Weise soll der Ablauf der Messhandlung die Gläubigen immer neu veranlassen, sich Szenen aus dem Leben Jesu vor Augen zu halten. Diese Auslegungsweise entwickeln die Liturgiker des Mittelalters nach und nach weiter und verfeinern sie, sodass bald auch kleinste Details wie Teile des Kirchenraumes, die Gewandstücke und kirchlichen Geräte, kurz das ganze liturgische Instrumentarium in diese Deutung einbezogen sind.

Die Bedeutung der allegorischen Liturgieerklärung liegt zweifellos darin, dass es ihr gelingt, den Blick der Kleriker und Laien von peripheren frommen Gedanken auf das Zentrum des kirchlichen Gottesdienstes, auf das Christusereignis in Tod und Auferstehung zu lenken. So trägt sie dazu bei, dass sich das äußere rituelle Geschehen nicht völlig von ihrem inneren Gehalt trennt. Damit ist die allegorische Auslegung des Gottesdienstes äußerst erfolgreich, denn noch im 19., zum Teil sogar im 20. Jahrhundert bediente man sich ihrer in den volksnahen Katechismen, Hausbüchern und Erbauungsschriften. Allerdings bleibt das große Manko: Die Liturgie schafft lediglich den visuellen Anreiz, sich in das Leben und Sterben Jesu zu versenken, ist aber nicht der eigentliche Ort der erfahrbaren Christusbegegnung. Die Teilnahme an der sakramentalen Vergegenwärtigung des Heilsgeschehens löst sich auf zugunsten einer historisierenden und psychologisierenden Betrachtungsfrömmigkeit, die letztlich auf die praktische Nutzanwendung für das geistliche Leben zielt.

Totenmemoria in der Liturgie

Schließlich muss wenigstens noch ein Aspekt genannt werden, der die gesamte Kultur des Mittelalters prägt und umfänglich auf die Liturgie einwirkt, die Totenmemoria. Denn nichts bedrängt den mittelalterlichen Menschen so sehr wie die Sorge, rechtzeitig und umfassend sein postmortales Gedenken abzusichern. Gilt es doch, bei den Nachfahren nicht vergessen zu sein, damit sie den Toten bei Gott durch gute Werke, durch Gebet und vor allem durch Messopfer stets neu in Erinnerung bringen. Denn wer von Gott vergessen ist, so der Gedanke, dessen Seelenheil ist unwiederbringlich verloren. So ist jedermann auf Menschen angewiesen, die nach seinem Tod für ihn Fürbitte leisten. Schließlich leiden die „Armen Seelen", wie sie nun genannt werden, nicht nur an der noch nicht erreichten Anschauung Gottes, sie können vor allem selbst nichts mehr für die Abkürzung ihrer jenseitigen Bußqualen im Purgatorium, dem Fegfeuer, beitragen. Deshalb wissen sich die Lebenden im Dienst der Toten, wie umgekehrt erwartet werden kann, dass die Toten – einmal aus dem Läuterungsort befreit – ihrerseits für die Lebenden bei Gott Fürsprache einlegen. Als sich im Zuge der Pestwellen im 14. und 15. Jahrhundert die familiären Banden lockern, springen die nun entstehenden Bruderschaften ein und stellen sich in den Dienst der Seelenrettung, indem sie ihren Mitgliedern das fürbittende Begräbnisgeleit und das regelmäßige, namentliche Totengedenken zusichern. Zu Recht lässt sich die mittelalterliche Totenmemoria demnach als eine große, Diesseits und Jenseits verbindende „Solidargemeinschaft" zwischen Lebenden und Verstorbenen verstehen.

In diesem Austausch zwischen Diesseits und Jenseits spielt die Liturgie verständlicherweise eine herausragende Rolle. Kein anderer Bereich des

Gottesdienstes hat sich denn auch im Mittelalter so sehr entfaltet und die tägliche Feier bestimmt wie die Sterbe- und Totenliturgie. Motiviert durch zahllose Stiftungen, Testamente, Gebetsbünde und Bruderschaften bilden das Totenoffizium, ein der Tagzeitenliturgie nachgebildetes Totengebet, und vor allem das Messopfer die wirksamsten Mittel, um den Seelen der Verstorbenen im Fegfeuer zu Hilfe zu kommen. Nicht nur am Sterbe- und Begräbnistag wird liturgisch eines Toten gedacht, ebenso sind der dritte, siebte und dreißigste Tag wie der wiederkehrende Jahrtag mit Gebet, Messe und Grabbesuch ausgestattet. Hinter diesen Daten stehen die antiken Totengedenktermine, an denen sich auch die Christen schon früh orientierten. Als besonders wirksam gilt, nach einer auf Papst Gregor den Großen (590–604) zurückgeführten Vorstellung, die Zelebration von dreißig Messen an dreißig Tagen nach dem Sterben. Dies erlöse eine Seele, so ist man überzeugt, quasi automatisch aus dem Fegfeuer.

Man kann sich das quantitative Ausmaß der Seelenmessen im Mittelalter kaum zu groß vorstellen. Im Ingolstädter Liebfrauenmünster gibt es zu der Zeit von Johannes Eck (1486–1543), dem berühmten Gegenspieler Martin Luthers, neben vielen einfachen Jahrgedächtnissen 31 für „ewige Zeiten" gestiftete Jahrgedächtnisse mit bis zu 12 parallel zelebrierten Beimessen. Angesichts von Stiftungen, „bei denen Tausende von Messen, ja sogar zwischen 10 und 50.000 Messen verfügt wurden" (*Wollasch* 1990, 38), muss man zu Recht von einem geradezu „zwanghaften Gebrauch der Messe" (*Chiffoleau* 1981) sprechen. Wenn man dann schließlich noch bedenkt, dass zur individuellen Totenmemoria weitere kumulative Totengedächtnisse hinzutraten, von denen der Gedenktag Allerseelen (2. November) nur die Spitze bildete, kann man den immensen Umfang und die herausragende Bedeutung annähernd erahnen, die die Totenmemoria in der Liturgie des Mittelalters angenommen hatte.

Gleichwohl melden sich in spätmittelalterlicher Zeit auch gegenläufige Stimmen. Vor allem in den Kreisen mancher Ordensgemeinschaften und geistlichen Reformbewegungen *(Devotio moderna)* tritt an die Stelle der „gezählten Frömmigkeit" eine neue Sicht, wonach nicht die Anzahl von Gebet, Messopfer und geistlichen Übungen entscheidend sei, sondern bewusst, verstehend und deshalb andächtig ein Gebet zu sprechen oder die Messe mitzuvollziehen. So propagieren Mystiker wie Humanisten eine Umkehr und Reform der Kirche. Tatsächlich setzen die Reformatoren hier an, werden aber schließlich so umfassend in die überlieferte Theologie und Praxis eingreifen, dass es zur Spaltung kommt.

Weiterführende Literatur

Umfassend über die religionsgeschichtlichen Bedingungen und Entwicklungen, mit vielen Hinweisen zur Liturgie, informieren

- Arnold ANGENENDT, Geschichte der Religiosität im Mittelalter, Darmstadt [4]2009 *[die derzeit umfassendste und beste Darstellung].*
- Alltag und Frömmigkeit am Vorabend der Reformation in Mitteldeutschland. Katalog zur Ausstellung „Umsonst ist der Tod", hg. im Auftrag der Mühlhäuser Museen, des Stadtgeschichtlichen Museums Leipzig und des Kulturhistorischen Museums Magdeburg von Hartmut KÜHNE, Enno BÜNZ und Thomas T. MÜLLER, Petersberg 2013 *[hervorragend bebilderter und gut lesbarer Band mit vielen knappen, aber sehr informativen Hinweisen zur spätmittelalterlichen Liturgie und Frömmigkeit].*

Die frühmittelalterliche Liturgie und die karolingische Liturgiereform stellen dar

- Angelus A. HÄUSSLING, Mönchskonvent und Eucharistiefeier. Eine Studie über die Messe in der abendländischen Klosterliturgie des frühen Mittelalters und zur Geschichte des Meßhäufigkeit (Liturgiewissenschaftliche Quellen und Studien 58), Münster 1973 *[eingehende Darstellung der komplexen Entwicklungen].*
- Arnold ANGENENDT, Liturgiereform im frühen Mittelalter, in: Liturgiereformen. Historische Studien zu einem bleibenden Grundzug des christlichen Gottesdienstes 1. FS Angelus A. Häußling, hg. von Martin KLÖCKENER und Benedikt KRANEMANN (Liturgiewissenschaftliche Quellen und Forschungen 88), Münster 2002, 225–238 *[guter Überblick].*

Über das mittelalterliche Messwesen und die Formen der mittelalterlichen Eucharistieverehrung informieren

- Adolph FRANZ, Die Messe im deutschen Mittelalter. Beiträge zur Geschichte der Liturgie und des religiösen Volkslebens, Freiburg 1902 (Nachdruck Bonn 2003) *[ein wegen seiner Materialfülle immer noch unverzichtbares Werk].*
- Hans Bernhard MEYER, Luther und die Messe. Eine liturgiewissenschaftliche Untersuchung über das Verhältnis Luthers zum Meßwesen des späten Mittelalters (Konfessionskundliche und kontroverstheologische Studien 11), Paderborn 1965 *[hier genannt wegen seiner ausführlichen und anschaulichen Darstellung der spätmittelalterlichen Messe].*
- Arnold ANGENENDT, Offertorium. Das mittelalterliche Meßopfer (Liturgiewissenschaftliche Quellen und Forschungen 101), Münster [3]2014 *[erläutert umfassend das sich verändernde Verständnis des Messopfers und die damit verbundenen Auswirkungen auf die mittelalterliche Religiosität].*
- Peter BROWE, Die Eucharistie im Mittelalter. Liturgiehistorische Forschungen in kulturwissenschaftlicher Absicht. Mit einer Einführung hg. von Hubertus LUTTERBACH und Thomas FLAMMER (Vergessene Theologen 1), Münster u. a. [6]2011 *[behandelt eingehend und viele Quellen heranziehend den Kommunionempfang, die eucharistischen Wunder und die Verehrung und Aufbewahrung der Eucharistie].*

Zum mittelalterlichen Kirchenraum als Ort der Liturgie ist zu verweisen auf

- Heiliger Raum. Architektur, Kunst und Liturgie in mittelalterlichen Kathedralen und Stiftskirchen, hg. von Franz KOHLSCHEIN und Peter WÜNSCHE (Liturgiewissenschaftliche Quellen und Forschungen 82), Münster 1998 *[Sammelband mit Aufsätzen von Liturgiewissenschaftlern, Kunsthistorikern und Mediävisten].*

- Johannes Tripps, Das handelnde Bildwerk in der Gotik. Forschungen zu den Bedeutungsschichten und der Funktion des Kirchengebäudes und seiner Ausstattung in der Hoch- und Spätgotik *[erläutert aus kunsthistorischer Sicht die Formen der dramatisierenden Inszenierungen der mittelalterlichen Liturgie]*.
- Justin E. A. Kroesen, Seitenaltäre in mittelalterlichen Kirchen. Standort – Raum – Liturgie, Regensburg 2010.

Nur die Gnade und das Wort Gottes …
Die reformatorische Neugestaltung des Gottesdienstes

1. Grundprinzipien der reformatorischen Neugestaltung der Liturgie

Äußerliche Religiosität und Wege zu „andacht und innigkeyt"

Deutlicher als früher sieht die historische Forschung heute, dass die Reformation keineswegs „über Nacht" hereingebrochen ist und sich allein einer Art Initialzündung durch Martin Luther (1483–1546) verdankt. Es gab bereits eine Vielzahl von unterschiedlichen Bewegungen und Faktoren, die zur Reformation hinführten und aus der sie hervorging. Deshalb ist es sinnvoll, noch einmal einen Blick auf die religiöse und gottesdienstliche Situation im 14./15. Jahrhundert zu richten. Dabei wird deutlich, dass die Entwicklungen im Bereich der spätmittelalterlichen Liturgie und Frömmigkeit im Wesentlichen von zwei unterschiedlichen, disparaten Bewegungen gekennzeichnet waren.

So sehen die meisten Menschen weiterhin die Messe als eine Opferhandlung der Kirche, bei der von Gott her eine Gegengabe zu erwarten ist, und zugleich als einen Anlass, den bei der Konsekration erhobenen Leib Christi zu schauen. Diese Motive sind zentral für das Verständnis und die Praxis der spätmittelalterlichen Religiosität. Entsprechend häufig werden Messen gefeiert, vielfach gestiftet und testamentarisch festgelegt, um für alle möglichen Anliegen Segen zu erflehen, vor allem aber um für das eigene Seelenheil wie für das der Angehörigen vorzusorgen. Denn nach Gabriel Biel (um 1408–1495), dessen Messerklärung zu Luthers Zeit am meisten verbreitet ist, gilt, dass „wenige oder ein einzelner, wenn für sie die Messe dargebracht wird, mehr Frucht daraus empfangen als viele" (zit. nach *Oberman / Courtenay* 1963, 265 f.); und zwar nicht nur, was die sündentilgende, sondern auch, was die fürbittende Kraft des Messopfers angeht. Die Gnadenwirkung der Messe und anderer Riten stellt man sich dementsprechend materiell vor: Viele Gebete und viele Messen verheißen demnach viel Gnade und Segen. Dabei müssen nicht einmal diejenigen anwesend sein, die die geistlichen Leistungen „bestellt" haben. Es genügt, dass die geforderte Leistung erbracht wird.

Um 1500 nimmt die Anzahl der bezahlten Messen derart überhand, dass man einschreitet und verfügt, ein Priester dürfe nun nur noch dreißig Messen pro Tag (!) feiern und sich vergüten lassen. Dabei nutzen die Messpriester häufig das missbräuchliche Mittel der *Missa bifaciata* oder *trifaciata*: Sie wiederholen zwei oder drei Mal den ersten Teil der Messe, sprechen dann aber nur einmal das Eucharistische Hochgebet mit der Konsekration von Brot und Wein und streichen dafür allerdings zwei oder drei Honorare ein. Für die Gläubigen hingegen ist vor allem die Konzentration auf die Wandlung mit der Erhebung der konsekrierten Hostie entscheidend, denn das Anschauen des Fronleichnams gilt nicht nur als Kommunionersatz, mit ihm verbindet man auch die wunderbarsten Wirkungen. Nicht wenige gehen bereits nach der Elevation wieder weg, um an einem anderen Altar bei der zeitlich versetzt begonnenen Messe dasselbe noch einmal zu sehen. Im „Herbst des Mittelalters“ stehen das gottesdienstliche Leben und sein religiöses Umfeld zweifellos unter dem Zug ins Äußerliche und auch Massenhafte, weshalb man zu Recht von einer Zeit der „gezählten Frömmigkeit“ sprechen kann.

Aber es gibt eben auch Gegenbewegungen. So meldet sich jetzt in einzelnen Kreisen, beim Klerus wie bei den Laien, ein neues Bedürfnis nach Verinnerlichung und Spiritualisierung. Bereits die allgegenwärtige Passionsfrömmigkeit des Spätmittelalters mit ihren zahlreichen Bildern und Darstellungen des Leidens und Sterbens Jesu zielt auf die *Compassio*, also auf das innere, im Herzen mitvollzogene Mitleiden mit Christus, auf das emotionale Sich-Einfühlen in die einzelnen Akte und Worte seiner Passion. Auch die mystischen Bewegungen im Umfeld der Zisterzienser und Dominikaner wie die aus den Niederlanden vordringende Reformbewegung der *Devotio moderna* (um 1375–1550) suchen nach einer neuen Weise des geistlichen Lebens in Erbauung, Meditation und Gewissenserforschung. Hier gilt nun, ein Gebet mit Andacht *(innigkeyt)* und Verständnis gesprochen sei mehr wert als viele Gebete unverständig und lediglich hergeplappert. Dietrich Kolde (um 1435–1515), Franziskaner aus Münster, empfiehlt denn auch den Gläubigen in seinem „Christenspiegel“:

> „Doch willst du in diesem Psalter etwas Innigkeit oder Andacht erhalten, so lies das Pater noster und das Ave Maria in der Sprache, die du am besten verstehst, sei es französisch oder deutsch, englisch, spanisch, lombardisch oder latein, denn andernfalls wird Gott zu uns sagen: Dieses Volk

> lobt mich mit dem Mund, ihr Herz ist fern von mir, denn weder wissen sie noch verstehen sie, was sie sagen" (zit. nach *Drees* 1954, 282 f.).

Mehr und mehr zählt jetzt das mit Verständnis gesprochene, andächtige, innerliche Gebet. Die Zunahme volkssprachlicher Gebetsliteratur ist die logische Konsequenz. Um auch bei der lateinischen Messe „andächtig" dabei zu sein, entstehen nun volkssprachliche Begleitgebete, die den Priestern, vor allem aber den Gläubigen den verstehenden und inneren Nachvollzug ermöglichen sollen. Damit ist die Messandacht geboren, die bis ins 20. Jahrhundert lebendig bleibt, aber faktisch zu einer Aufspaltung von liturgischem Feiergeschehen und persönlicher Frömmigkeit führt.

In die gleiche Richtung weisen auch die zunehmenden volkssprachlichen Messerklärungen, die teils zum besten gehören, „was damals gegen den vielgestaltigen Aberglauben geschrieben worden ist", wie der Liturgiehistoriker Adolph Franz (1842–1916) bereits 1902 urteilte. In ihnen findet sich gelegentlich geradezu reformatorisches Gedankengut. So heißt es in einer Messerklärung aus dem 15. Jahrhundert unmissverständlich:

> „Die Messe ist ein geistliches Opfer und darum gebiert sie nichts anderes als geistliche Gnaden; das ist der Nachlaß der Sünden und die Mehrung der Tugend und göttlicher Huld. Was man durch die Messe zu erbitten pflegt, das gewährt Gott danach, ob die Beter würdig sind und ob es ihnen Nutzen bringt, ansonsten versagt er es ihnen. Desgleichen stehen leibliches Glück oder Unglück, Schaden oder Nutzen in Gottes Gnade und der Messe Kräften. Er mag über uns solches verhängen, wie und wann er will. Gehst du aber solchen Aberglaubens wegen zur Messe, so wird dir gar wenig Gnaden aus ihr zuteil" (zit. nach *Franz* 1902, 307).

Unüberhörbar klingen hier bereits Ideen an, die an Aussagen der Reformatoren erinnern.

Reformatorische Ausgangspunkte zur Neugestaltung des Gottesdienstes

Der reformatorische Tenor der genannten Messerklärung macht schon klar, dass die Kritik an den Missständen der liturgischen Praxis jener Zeit keineswegs erst mit den Reformatoren Luther, Calvin oder Zwingli einsetzt. Im Umkreis der neuen Frömmigkeitsbewegungen des Spätmittelalters melden sich schon früher Kräfte, die auf eine Reform des Gottesdienstes drängen. Neben einigen reformbestrebten Ordensgemeinschaften bemühen sich infolge der Reformkonzilien von Konstanz (1414–1416), Basel und Ferrara-Florenz (1431–1442/45) dem Humanismus verbundene Bischöfe wie etwa der Eichstätter Fürstbischof Johannes III. von Eych (1404–1464) um eine einheitliche und qualitativ verbesserte Gestalt des Gottesdienstes, um eine bewusste und geistlich fruchtbare Teilnahme des Klerus und der Gläubigen an der Liturgie zu befördern. Allerdings bleiben viele Bemühungen erfolglos, sodass erst die Reformatoren eine umfassende, von klaren theologischen Grundprinzipien getragene Reform der Liturgie einleiten. Zwar gehen sie zunächst noch von der spätmittelalterlichen Weckung der Andacht und Innerlichkeit aus, führen diese Tendenz dann aber radikal fort. Vor allem bei Huldrych Zwingli (1484–1531) und Johannes Calvin (1509–1564) stehen allein Wort und Geist im Mittelpunkt, die Liturgie erscheint ihnen als etwas Äußerliches, das sie nur für die Unvollkommenen gelten lassen wollen, dem aber keine Relevanz für den Glauben zukommt.

Im Denken Martin Luthers und der anderen Reformatoren wie Martin Bucer (1491–1551), Johannes Calvin oder Huldrych Zwingli sind bei allen Unterschieden im Einzelnen vor allem zwei Grundpositionen bestimmend, mit denen sie auf die Gottesdienst- und Frömmigkeitspraxis ihrer Zeit reagieren:

– Der Mensch kann sich nicht durch äußere fromme Werke das Heil verdienen. Allein die umsonst und aus freien Stücken geschenkte Gnade Gottes rechtfertigt den Menschen, der auch nur aus Gnade zum Glauben an die Rechtfertigung gerufen wird. Dem sündigen Menschen bleibt nichts anderes, als auf die Gnade Gottes zu vertrauen, auf Gottes Geist, der allein lebendig macht und Heil schafft. Diese theologische Grundoption hat etwa Lucas Cranach um 1529 in seinem Lehrbild „Gesetz und Evangelium“ gegenübergestellt: Vom Sündenfall der Stammeltern können weder die Kirche noch die Heiligen, weder gute Werke noch die Befolgung des Gesetzes den nackten Adam retten, der von Tod und Teufel in die Höllenflammen getrieben wird. Allein die Freiheit des Evangeliums, durch das dem Menschen die Gnade Gottes geschenkt ist, vermag ihn zu retten.
– Nur das Wort Gottes darf die Kirche beherrschen. Es gibt kein anderes Fundament als das Wort Gottes, das durch die Apostel verkündigt und von den Propheten vorhergesagt worden ist. Damit wird die Bibel zum einzigen Fundament der Gemeinde und zugleich zur maßgeblichen Richtschnur ihres Gottesdienstes.

Aufgrund dieser Prinzipien wird die gottesdienstliche Praxis beurteilt, die Luther und die übrigen Reformatoren vorfinden. Umfassend fällt darum Luthers Kritik an der spätmittelalterlichen Messe in den Schmalkaldischen Artikeln von 1537 aus, in denen er als Hauptartikel festhält, dass allein der Glaube an Jesus Christus rechtfertigt:

> „Die Messe muß im Papsttum der größte und schrecklichste Greuel sein, denn sie streitet direkt und kräftig wider diesen Hauptartikel und ist über und vor allen päpstlichen Abgöttereien die höchste und schönste gewesen. Denn man meinte, daß dieses Opfer bzw. Werk der Messe – selbst von einem bösen Schurken gehalten – den Menschen von den Sündenstrafen im Leben und im Fegefeuer befreie, was doch allein das Lamm Gottes tun soll und muß, wie oben gesagt ist [...] Darüber hinaus hat dieser Drachenschwanz, die Messe, viel Ungeziefer und Geschmeiß von mancherlei Abgötterei hervorgebracht ..." (zit. nach *Junghans* 1997, 83).

Entsprechend massiv sind die Auswirkungen auf die reformatorische Umgestaltung der Liturgie. Im Mittelpunkt des Gottesdienstes steht folglich die gläubige Gemeinde. Ihr muss die Verheißung Gottes verkündet werden, wie sie in der Heiligen Schrift offenbart ist. Zentral für die gottesdienstliche Versammlung sind nun die Verlesung und die Auslegung der biblischen Schriften. Unter der Maßgabe, dass allein drei Sakramente explizit durch Christi Wort und Auftrag bezeugt sind, halten Luther und die Confessio Augustana zunächst an Taufe, Eucharistie und Buße fest. Die reformatorischen Theologen der zweiten Generation beginnen allerdings, der Buße ihren Sakramentscharakter abzusprechen, so dass in der Folgezeit nur noch Taufe und Eucharistie, Letztere aus dem biblischen Kontext heraus jetzt Abendmahl genannt, als Sakramente erhalten bleiben. Welche Gestalt nehmen diese Feiern nun an und welche Konsequenzen werden hinsichtlich der überlieferten Formen des Gottesdienstes gezogen? Dies soll am Beispiel Luthers und der auf seine Tradition gründenden Kirchen und Gemeinden erläutert werden.

Das lutherische Abendmahl. Blatt aus dem Babstschen Gesangbuch von 1545

2. Evangelische Gottesdienstreform am Beispiel der lutherischen Kirchen und Gemeinden

Die Feier des Abendmahls

Erst als in Wittenberg durch Andreas Karlstadt (1486–1541) und andernorts durch Thomas Müntzer (1490–1525) die Diskussion um die Neugestaltung der Messe entbrennt, erstellt Luther auf Bitten des Zwickauer Pfarrers Nikolaus Hermann 1523 die lateinische „Formula Missae et Communionis [pro ecclesia Wittenbergensi]". Dabei hält er sich weitgehend an die überlieferte Ordnung der abendländischen Messliturgie und bleibt auch bei der lateinischen Liturgiesprache, aber an drei bedeutenden Punkten greift er ein: Mit der Predigt, die meist über das Evangelium gehalten werden soll, setzt er einen deutlich stärkeren biblischen Akzent; durch die Streichung des „kleinen Kanons" (Gabenbereitung) und des „großen Kanons" (Eucharistisches Hochgebet) eliminiert er die nicht biblisch legitimierten Elemente, sodass allein die Abendmahlsworte und das Vaterunser bleiben; mit deutschen Gesängen sowie der Kommunionausteilung unter den Gestalten von Brot und Wein an die Gläubigen fördert er schließlich die Teilnahme der Gemeinde am Gottesdienst. Vor allem der Messgesang spielt für die Beteiligung der Gemeinde eine besondere Rolle. Bereits 1524 veröffentlicht Johann Walter (1496–1570) das erste Wittenberger Gesangbuch, und in der 1526 erschienenen Messordnung Luthers „Deutsche Messe und Ordnung des Gottesdiensts" findet sich eine Reihe bis heute gesungener deutschsprachiger Messlieder wie „Nun bitten wir den Heiligen Geist", „Wir glauben all an einen Gott" oder „Gott sei gelobet und gebenedeiet".

Mit der genannten „Deutschen Messe" tritt neben die lateinische Feier für die Wochentage, die vor allem für die Lateinschüler gedacht ist, eine volkssprachliche Feier für die Sonntage. Sie behält die beschriebene Grundordnung bei, Luther verändert sie aber in der Hinsicht, dass nun das Vaterunser in einer eigenen Paraphrase nach der Predigt ausgelegt wird, ähnlich schließt sich eine Abendmahls-Vermahnung an. Beide Elemente verlagern den Schwerpunkt vom Gedächtnis an Gottes Heilshandeln im priesterlichen Beten hin zur betenden Antwort der Gemeinde, die ihrerseits zum Gedenken und zum Erheben des Herzens zu Gott aufgefordert wird:

> „Liebe Freunde Christi, weil wir hier versammelt sind in dem Namen des Herrn, sein heiliges Testament zu empfangen, so vermahne ich euch aufs erste, dass ihr eurer Herz zu Gott erhebt, mit mir das Vaterunser

> zu beten, wie uns Christus, unser Herr, gelehrt und Erhörung tröstlich zugesagt hat [...]. Alles, was ihr bittet in eurem Gebet, glaubet nur, dass ihrs empfangt, so wird's euch werden. Amen. Zum zweiten ermahne ich euch in Christus, dass ihr mit rechtem Glauben das Testament Christi wahrnehmet, und am allermeisten die Worte, darinnen uns Christus seinen Leib und sein Blut zur Vergebung schenkt, im Herzen fest erfasst, dass ihr gedenkt und dankt der grundlosen Liebe, die er uns bewiesen hat [...]" (zit. nach *Meyer-Blanck* 2011, 157).

Der evangelische Theologe Michael Meyer-Blanck sieht denn auch in den personalen Kategorien von Glaube, Wort und Herz das eigentlich neuzeitliche Verständnis des Gottesdienstes. Nicht der Priester, der Ritus oder das Opfer, sondern die Zuwendung Gottes und die antwortende Resonanz im Herzen machen das Wesen des Gottesdienstes aus.

Der Holzschnitt im Babstschen Gesangbuch von 1545 bringt diese Konzeption ins Bild: Auf dem Altar ist links ein Leuchter mit einer brennenden Kerze zu sehen, in der Mitte liegen auf dem Korporale Hostien, rechts steht eine Kanne für den eucharistischen Wein. Zwei Männer, von denen einer kein liturgisches Gewand trägt, denn Luther hat den Gebrauch der herkömmlichen Paramente frei gestellt, teilen die Eucharistie aus – und zwar getrennt: links den Kelch an eine stehende Frau, rechts das Brot an einen knienden Mann, vor dem zwei weitere Mitwirkende das Kommuniontuch halten. Das Altarbild zeigt Christus am Kreuz. Es veranschaulicht, dass Luther um der Einmaligkeit des Kreuzesopfers Christi willen die Messe als Opfer der Kirche und damit als „rechtfertigendes Werk" abgelehnt hat. Auf dem seitlichen Wandbild ist das Abendmahl dargestellt als Hinweis darauf, dass allein das Abendmahl als Testament maßgebliche Bedeutung für eine stiftungsgemäße Feier des Herrenmahles hat.

Überblickt man diese Messreform, kann man feststellen, dass Luther manche verdunkelten theologischen Aspekte der altkirchlichen Liturgie zweifellos wieder deutlicher hervorgehoben hat. Dabei sind zwar in den Strukturen massive Einschnitte vollzogen worden, man denke etwa an den Verlust des Eucharistiegebetes, aber die ursprüngliche Intention der Feier der versammelten Gemeinde zum Herrenmahl (Messtypus) blieb gewahrt.

Die Feier der Taufe

In ihrem äußeren Erscheinungsbild war die spätmittelalterliche Säuglingstaufe weitgehend ein Geschehen zwischen dem Taufpriester und den Paten. Im Mittelpunkt stand dabei vor allem die Sorge, die mit der Erbsünde belasteten Kinder so schnell wie möglich dem Zustand des Unheils und der Verdammnis zu entreißen. Dass die Taufe aber zugleich das Sakrament der Eingliederung in Christus und seine Kirche ist, spielte in der vorherrschenden Sicht jener Zeit kaum eine Rolle. Darum fanden Taufen zumeist ohne Beteiligung der Gemeinde statt, nicht selten erfolgten sie in der Sakristei, ohne Geläut und allenfalls unter Anwesenheit eines Kirchendieners.

Die Reformatoren stellen die Taufe der Kinder nun wieder in die Mitte der Gemeinde. Johannes Calvin sieht 1543 vor, die Taufe mit dem sonntäglichen Gemeindegottesdienst zu verbinden. Auf jeden Fall muss neben den Paten der Vater des Kindes anwesend sein. Nach der Wortverkündigung, der Frage nach dem Taufwillen, dem Vaterunser und dem Glaubensbekenntnis erfolgt der Wasserritus mit der trinitarischen Taufformel. Huldrych Zwingli reduziert die Feier deutlich, ihm kommt es vor allem darauf an, dass die Paten im Angesicht der Gemeinde ihre Bereitschaft erklären, das Kind im Glauben zu erziehen. Auch Luther stellt die Taufe in die Öffentlichkeit der Gemeinde und möchte dabei die Volkssprache gebraucht wissen, „damit die Paten und die Dabeistehenden desto mehr zum Glauben und ernstlicher Andacht angereitzt werden und die Priester, die da taufen, desto mehr Fleiß um der Zuhörer anwenden müssen“ (zit. nach *Luther deutsch* 6, 1966, 160).

In Luthers erstem Taufbüchlein von 1523 finden wir einen Ritus vor, der noch weitgehend an die mittelalterliche Gestalt der Taufe erinnert. Tatsächlich hat ihn Luther wohl aus einem spätmittelalterlichen Ritualbuch aus dem Köln-Trierer Raum entnommen und ins Deutsche übertragen. Allerdings stoßen sich viele protestantische Prediger an dieser „römisch“ wirkenden Taufordnung Luthers. Sie erscheint ihnen zu unbiblisch und zu „rituell“, also zu sehr angereichert mit „äußeren Zeremonien“. 1526 erstellt Luther daraufhin ein neues Taufbüchlein, das einen deutlich gekürzten und vereinfachten Ritus enthält. Die Anzahl der Exorzismen ist bis auf eine Ausnahme am Anfang der Feier gestrichen, ebenso fallen der Effata-Ritus, die Salbungen vor und nach der Taufe und die Übergabe der brennenden Taufkerze weg, ebenso der Taufkleidritus, auch wenn Luther den Hinweis gibt, der Priester solle dem Täufling das „Westerhembd“ anziehen. Zentrale Elemente vor dem Komplex der Taufhandlung sind das sogenannte Sintflutgebet, sodann die Verlesung des Kinderevangeliums (vgl. Mk 10,13–16) und das Gebet des Vaterunsers unter Handauflegung, mit der an das zuvor gehörte Evangelium angeknüpft wird. Am Taufbecken erfolgen die Fragen nach Absage an das Böse und Glaubensbekenntnis sowie nach dem Taufwillen, schließlich der Wasserritus durch dreimaliges Eintauchen und der Friedensgruß.

Das so entstandene Ritual lässt den reformatorischen Ansatz deutlich erkennen: Die Verkündigung des Evangeliums, die zum Bekenntnis des Glaubens führt, gilt als unabdingbare Voraussetzung für die Feier des Sakramentes. Auch das von Luther wohl aus einer jungen Tradition aufgenommene „Sintflutgebet", ein Gebet über dem Wasser, bringt zum Ausdruck, dass der Täufling im Wasserbad der Taufe mit Christus verbunden und durch ihn gerettet wird: errettet aus dem bedrohenden Wasser der Sintflut und gerettet im heilschaffenden Wasser des Jordan, in dem Christus getauft wurde.

Das Begräbnis

An Abendmahl und Taufe lässt sich erkennen, dass Luther sich bemühte, trotz aller massiven Einschnitte und Veränderungen Kontinuität zu wahren und den altkirchlichen Gehalt der Feiern wieder deutlicher zu machen. Aber in einem gottesdienstlichen Bereich kann es auch seitens Luthers nicht ohne tiefen Bruch abgehen: bei der spätmittelalterlichen Gestalt der Totenliturgie. Dass Gebete, Almosen, Ablässe und vor allem die ins massenhaft gesteigerten Messzelebrationen auf das postmortale Geschick der Verstorbenen Einfluss nehmen können, bestreiten die Reformatoren vehement und rufen ihre massive Kritik hervor. So stellt Luther an seinem Lebensabend rückblickend fest, man habe „die päpstlichen Gräuel wie Vigilien, Seelenmessen, Begängnis, Fegefeuer und alles andere Gaukelwerk, welches für die Toten getrieben wurde, abgetan und reinweg ausgefegt" (zit. nach *Luther deutsch* 6, 1966, 170 f.). Konsequenterweise hat er, im Gegensatz zu Abendmahl, Taufe und anderen gottesdienstlichen Feiern, keine ausformulierte liturgische Ordnung für das Begräbnis geschaffen. Allein die 1542 erschienene Sammlung von Begräbnisliedern bildet hier einen gewissen Ersatz.

Ausgesprochen rigoristisch reagiert der Calvinismus, indem er nur noch die Totenpredigt gestattet, das Begräbnis aber ohne Teilnahme des Geistlichen und irgendein Gebet vorsieht. Ein katholischer Beobachter, der 1556 ein Begräbnis in der Calvin-Stadt Genf miterlebt, gibt sich geradezu schockiert: „An Ort und Stelle warf man den Leichnam ins Grab, ohne daß jemand irgendein Wort sagt, noch eine Zeremonie vollzieht, noch ein Gebet spricht, nicht anders, als würde es sich um einen Hund oder ein Pferd handeln" (zit. nach *Bürki* 1969, 180, Anm. 8). Auch Zwingli schafft in Zürich die Begräbnisfeier kurzerhand ab und ersetzt sie durch einen Kanzelaufruf. Für diese rigorosen Entwicklungen sind sicher nicht allein theologische Gesichtspunkte verantwortlich, man muss hier wohl auch die neuplatonischen, leibfeindlichen Tendenzen, die in manchen Humanistenkreisen gepflegt wurden, berücksichtigen.

In der Folge dieses radikalen Sichtwechsels werden Beinhäuser ausgeräumt und Kirchhöfe vor die Städte verlegt. Alles, was an die Toten erinnert und fromme Formen des Totengedächtnisses fördern kann, wird abgeschafft oder zumindest verdrängt. Vor allem das Begräbnis selbst muss einschneidend verändert werden. Da man im Gegensatz zur Tauf- und Messliturgie die überlieferten, weil als theologisch unhaltbar indizierten Texte des spätmittelalterlichen Begräbnisrituals nicht einfach ins Deutsche übersetzen und nach evangelischem Verständnis modifizieren kann, regeln die Kirchenordnungen des 16. Jahrhunderts zumeist nur die äußeren Formen wie Geläut, Teilnahme und Prozession.

So bestimmt etwa die Kirchenordnung der Grafschaft Oldenburg 1573: „Zum andern sol man die verstorbenen oder entschlaffenen körper mit ehrlichem prozess, christlichen gesengen, tröstlichen predigten und aller erbarkeit zu ihren schlaffkemmerlein beleiten und bringen" (zit. nach *Sehling* 1980, 1108). Damit ist im Wesentlichen benannt, worum es nach reformatorischem Verständnis beim kirchlichen Begräbnis geht. Der Leichnam eines verstorbenen Christen wird „ehrlich", das heißt unter kirchlicher Beteiligung zu Grabe, dem „Ruhebett" getragen und beigesetzt, wo er angesichts der Erlösung durch das Kreuz Christi den „tiefen, starken, süßen Schlaf" des Todes schläft, bis ihn Gott am Tag der Auferstehung erweckt. Das Begräbnisritual kann für den Toten nichts mehr tun, es richtet sich deshalb ausschließlich an die Lebenden, die im Bekenntnis des Osterglaubens, wie er in Gesang, Schriftlesung und Predigt Ausdruck findet, gestärkt und getröstet, aber zugleich auch an die eigene Vergänglichkeit erinnert und zur Vorbereitung auf das Sterben gemahnt werden. Dabei spielen wiederum die volkssprachlichen Gesänge eine wichtige Rolle, die die reformatorische Tradition aus den biblischen Gesängen des mittelalterlichen lateinischen Totenoffiziums, ein der Tagzeitenliturgie nachgebildetes Totengebet, entnimmt, nun aber der Gemeinde selbst in den Mund legt, um ihr so eine aktive Mitwirkung zu ermöglichen.

Im Zeitalter der Konfessionalisierung war das „ehrliche Begräbnis“ der Reformatoren eine Feier für die Lebenden und verband das Bekenntnis der Auferstehung mit dem adligen und bürgerlichen Repräsentationsbedürfnis; der katholische Begräbnisritus hingegen diente fast ausschließlich dem Seelenheil des Verstorbenen und stellte der Sündenangst und dem Strafgericht die Hilfe der Kirche entgegen.

3. Der Predigtgottesdienst als Grundform des reformierten Gottesdienstes

Während Luther in seiner Gottesdienstreform an die Grundgestalt der Messliturgie anknüpft, geht die Schweizer Reformation einen anderen Weg. Sie greift auf die Form des Predigtgottesdienstes zurück, der sich vor allem in der Oberrheingegend ausgebreitet hat.

Dieser sogenannte *Pronaus* (pro = vor, naos = Tempel) entsteht bereits im Mittelalter und entwickelt sich im Wesentlichen aus zwei Gründen: Die in der Volkssprache gehaltene Predigt musste man schon rein akustisch als eine „Unterbrechung“ im Ablauf der lateinischen Messliturgie empfinden, zudem begünstigte ihre zeitliche Ausdehnung eine Ausgliederung der nicht selten ein bis zwei Stunden dauernden Predigt aus der Messe. Erschwerend kam hinzu, dass sich um die Predigt im engeren Sinne weitere volkssprachliche Elemente ansiedelten wie die volksprachliche Verlesung des Tagesevangeliums, das der Kirchenjahreszeit entsprechende Predigtlied als Vorbereitung und verschiedene umfangreiche Vermeldungen, Fest- und Eheankündigungen, das Allgemeine Gebet, das Schuldbekenntnis, Vaterunser, Glaubensbekenntnis, die Zehn Gebote sowie das namentliche Totengedenken und das Gebet für die Toten als Anhang an die eigentliche Predigt.

War diese umfangreiche Predigtliturgie ehedem in den Ablauf der Messe integriert, drängt sie nun unter dem Einfluss der Bettelorden, die sich besonders für die Volkspredigt engagieren, und der zunehmend von Bürgern gestifteten Predigerstellen immer mehr aus der Messe heraus und bildet bald ein eigenes gottesdienstliches Genre. Ihm entspricht auch eine Neuordnung im Kirchenraum. Zur Vielzahl der Altäre tritt nun ein im Kirchenschiff aufgestellter Predigtstuhl, schließlich auch eine hölzerne oder gar steinerne Kanzel, wie sie etwa für den bedeutendsten mittelalterlichen Prediger, Geiler von Kaysersberg (1445–1510), im Straßburger Münster errichtet wird. Weder die Aufwertung der Heiligen Schrift und der Predigt gegenüber der Messliturgie noch die Entstehung eines Predigtgottesdienstes sind also eine Neuentdeckung der Reformatoren. Äußerungen eines Bernhardin von Siena (1380–1444) empfehlen den Gläubigen, lieber die Messe zu versäumen als die Predigt, und der Eichstätter Fürstbischof Gabriel von Eyb (1455–1535) setzt anlässlich einer Prädikaturstiftung die Verkündigung des Evangeliums sogar mit dem Empfang des Leibes Christi gleich.

Nicht selten werden Inhaber von solchen gestifteten Predigerstellen, die humanistisch gebildet sind und an Universitäten studiert haben, zu Initiatoren und Trägern der Reformation. Auch Huldrych Zwingli gehört in diesen Kreis, der darum in Zürich ganz selbstverständlich auf den ihm geläufigen Predigtgottesdienst und eben nicht wie Luther auf die Form der Messe für die Neuordnung des Gottesdienstes zurückgreift. Die Zürcher Ordnung von 1535 umfasst Gruß, Allgemeines Gebet, Vaterunser, Schriftlesung mit der Predigt, darauf die Offene Schuld, die katechetischen Gebetselemente (Ave Maria, die Zehn Gebote, das Glaubensbekenntnis) und die Entlassung. Das Vorbild des mittelalterlichen Predigtgottesdienstes ist unverkennbar.

Allerdings erfolgt damit dennoch ein Paradigmenwechsel: Nun tritt der Predigtgottesdienst an die Stelle der Messe. „Wir können uns heute kaum mehr eine Vorstellung davon machen“, so der evangelische Theologe Eberhard Weismann, „was für ein gewaltiger Einschnitt in die Geschichte des christlichen Gottesdienstes dies war“ (*Weismann* 1956, 31). Denn nach 1500 Jahren bildet nunmehr die zentrale christliche Sonntagsfeier nicht mehr die eucharistische Versammlung, sondern die Heilige Schrift und die Predigt. Nicht mehr das Sakrament, sondern allein das Wort Gottes wird der Gemeinde als reguläre sonntägliche Speise dargeboten, wenngleich man freilich bedenken muss, dass um 1500 für die wenigsten Gläubigen der regelmäßige Kommunionempfang zur Sonntagsmesse gehört.

Die Auswirkungen dieser einschneidenden Entwicklungen reichen nicht zuletzt bis in den Kirchenraum und seine Ausstattung. Die Aufmerksamkeit gilt nun nicht mehr den vielen Altären, den zahlreichen Bildern und Ausschmückungen. Man schart sich jetzt um die Kanzel; statt zur Anbetung bei der Elevation zu knien und ehrfürchtig zu schauen, sitzt man nun, um aufmerksam zuzuhören. Etwas pointiert ausgedrückt: Der vielgestaltige Anbetungsraum wird zu einem Hörsaal. Dieser Wandel bleibt in der Folgezeit nicht nur auf die reformierten Gemeinden beschränkt, er setzt sich später auch in den Gemeinden lutherischer Tradition weitgehend durch. Bis in das 20. Jahrhundert bleibt damit der Predigtgottesdienst die Grundform der sonn- und festtäglichen Liturgie in der evangelischen Kirche, die Abendmahlsliturgie tritt demgegenüber zurück und wird nur noch zu bestimmten Anlässen, in Zürich etwa nur viermal im Jahr gefeiert. Erst in jüngerer Zeit setzt sich, vor allem in den lutherischen Kirchen und Gemeinden, durch den Rückgriff auf die altkirchliche Tradition eine Neuorientierung durch, die der eucharistischen Feier an Sonn- und Festtagen wieder mehr Gewicht verleiht.

Weiterführende Literatur

Gute, zusammenfassende Darstellungen zur Geschichte des reformatorischen Gottesdienstes finden sich in den evangelischen Handbüchern wie

- Leiturgia. Handbuch des evangelischen Gottesdienstes, 5 Bde., hg. von Ferdinand Müller und Walter Blankenburg, Kassel 1954–1970.
- Handbuch der Liturgik. Liturgiewissenschaft in Theologie und Praxis der Kirche, hg. von Hans-Christoph Schmidt-Lauber u. a., Göttingen [3]2003.
- Karl-Heinrich Bieritz, Liturgik, Berlin-New York 2004.
- Michael Meyer-Blanck, Gottesdienstlehre, Tübingen 2011.

Darüber hinaus sind zu nennen

- Irmgard Pahl, Die Feier des Abendmahls in den Kirchen der Reformation, in: Hans Bernhard Meyer, Eucharistie. Geschichte, Theologie, Pastoral (Gottesdienst der Kirche 4) Regensburg 1989, 393–440 *[bietet einen Überblick über die Theologie und Feier der eucharistischen Liturgie in den Reformationskirchen]*.
- Peter Cornehl, Zur Geschichte der evangelischen Taufe, in: Tausend Jahre Taufen in Mitteldeutschland, hg. von Bettina Seyderhelm, Regensburg 2006, 80–93 *[gut lesbare Darstellung zur Entwicklung der Taufpraxis in den evangelischen Kirchen und Gemeinden]*.
- Jürgen Bärsch, Ordo Exsequiarum und „ehrliches Begräbnis“. Eine vergleichende Analyse katholischer und protestantischer Begräbnisordnungen der frühen Neuzeit aus liturgiewissenschaftlicher Sicht, in: Liturgisches Handeln als soziale Praxis. Kirchliche Rituale in der Frühen Neuzeit, hg. von Jan Brademann und Kristina Thies (Symbolische Kommunikation und gesellschaftliche Wertesysteme 47), Münster 2014, 307–322 *[stellt die markanten konfessionellen Unterschiede heraus]*.

„… dass niemals etwas hinzugefügt, daraus weggenommen oder an ihm verändert werde“ Gottesdienst im Zeichen tridentinischer Reform und römischer Einheitlichkeit

1. Das Konzil von Trient (1545–1563) und die Reform der Liturgie

Die Reformation hatte einen Flächenbrand in politischer, gesellschaftlicher und natürlich in religiöser Hinsicht ausgelöst. Nach außen dokumentierte sich immer mehr die Spaltung der Kirche, nach innen bestand ein riesiger Reformstau. Hegte man anfangs noch die Erwartung, das 1545 erstmals nach Trient zusammengerufene, zwischenzeitlich in Bologna tagende Konzil könne vielleicht noch einmal ein Weg zur Einigung sein, war diese Hoffnung recht bald zerstört. Denn für eine ernsthafte Diskussion mit den Reformatoren kam das Konzil eine ganze Generation zu spät. Spätestens mit dem sogenannten Augsburger Religionsfrieden 1555 war klar, dass die Spaltung der Kirche nicht mehr aufzuhalten sein würde.

Damit bleibt das Konzil ein rein römisches, das im Wesentlichen zwei Anliegen verfolgt: Einerseits will es die katholische Glaubenslehre und Identität klären und verteidigen, andererseits die von den Reformatoren angeprangerten Missstände bekämpfen und das kirchliche Leben erneuern. Es geht nun also darum, die eigenen Kräfte neu zu sammeln, sich neu aufzustellen, um verlorenes Terrain wiederzugewinnen. Damit beschreitet das Konzil allerdings einen einseitigen Weg. Denn die Konfrontation mit den Lehrmeinungen der Reformatoren führt vornehmlich zur dogmatischen Sicherung der katholischen Identität und zu deren Profilierung durch theologische Abgrenzung. Und bei dem entschiedenen Willen, das kirchliche Leben zu erneuern, bleibt es letzten Endes doch häufig beim Status quo. Sieht man doch gerade in den überlieferten Formen des Gottesdienstes und der Frömmigkeit den authentischen katholischen Glauben besonders bewahrt.

Liturgie als Thema des Tridentinums

Trotz mancher Ansätze nimmt das Konzil von Trient keine umfassende Reform der Liturgie in Angriff. Das liegt auch an der zeitbedingten Schwäche in der theologischen Betrachtungsweise der Liturgie. Im Zentrum steht nämlich nicht die Feier der Kirche, das gottesdienstliche Geschehen selbst, sondern ein isolierter Blick auf die durch Zeichen und Formel gesicherte Wirksamkeit der Sakramente und ihre rechtliche Gültigkeit.

Besonders deutlich wird dies an der Eucharistielehre des Konzils. An drei völlig unverbundenen Stellen handelt es zunächst vom „Altarsakrament", betrachtet also die Eucharistie losgelöst von der Messe, bevor es sich mit der Feier der Messe befasst. Das *Dekret über das heiligste Sakrament der Eucharistie* (11. Oktober 1551) betont die durch die Transsubstantiation bewirkte reale, substantielle und bleibende Gegenwart Jesu Christi. Sie ist der Grund für den von den Reformatoren abgelehnten Kult und die Verehrung des Sakraments, wie es vor allem im Fronleichnamsfest und in den vielen Sakramentsprozessionen zum Ausdruck kommt. Erst am Ende des Dekrets und in den angefügten Kanones spricht das Konzil auch vom Empfang der Eucharistie. Dabei erscheint es aber völlig unerheblich, ob die eucharistische Speise innerhalb oder außerhalb der Messe gereicht wird. Tatsächlich hat sich nach dem Tridentinum die von der Messe losgelöste Kommunionspendung mit in einer früheren Feier konsekrierten Hostien aus dem Tabernakel durchgesetzt. Entsprechend sieht die Messordnung des nachtridentinischen römischen Missales die Gläubigenkommunion auch überhaupt nicht vor.

Erst ein Jahrzehnt später äußert sich das Konzil wieder zur Eucharistie, nämlich zu der von den Reformatoren so nachdrücklich geforderten Rückkehr zum Laienkelch. Im *Dekret über die Kommunion unter beiden Gestalten und die Kinderkommunion* (16. Juli 1562) beruft man sich auf die sogenannte Konkomitanzlehre, also die Überzeugung, man empfange auch unter einer der beiden eucharistischen Gestalten von Brot und Wein immer zugleich den Leib und das Blut Christi. Daraus zieht man den Schluss, dass die Gläubigen und die nicht zelebrierenden Priester auch nicht zur Kommunion unter beiden Gestalten verpflichtet seien. Zwar haben die Konzilsväter die Kelchkommunion für die Laien nicht strikt untersagt, aber sehen sie doch nicht als opportun an. Hinter dieser Entscheidung standen wohl weniger theologische Gründe als vielmehr die Gestalt des reformatorischen Gottesdienstes, für die die Kelchkommunion der Gläubigen längst charakteristisch geworden war. Wohl weil die Konzilsväter befürchten, es könne zu Missverständnissen und zu Vermischungen mit der Lehre und der Praxis des katholischen und evangelischen Gottesdienstes kommen, konnten sie sich nicht entschließen, in diesem Punkt Zugeständnisse zu machen. Wie angedeutet, hat das Konzil aber eine zukünftige Gewährung des Laienkelchs für bestimmte Gegenden nicht grundsätzlich ausgeschlossen.

Endlich kommt im *Dekret vom Messopfer* (17. September 1562) auch die Eucharistie als Feier zur Sprache. Hier weist das Konzil die Angriffe auf den Canon Romanus, das Eucharistiegebet der römischen Kirche, und auf die Praxis der sogenannten „Privatmesse" zurück. Auch die Verwendung der Volkssprache in der Messe wird diskutiert. Sie bildet zwar keine Glaubensfrage, gilt aber inzwischen ebenfalls als ein Kennzeichen des evangelischen Gottesdienstes, weshalb die Konzilsväter am Gebrauch der lateinischen Sprache festhalten. Allerdings weisen sie die Bischöfe und Seelsorger an, „während der Messfeier häufig in eigener Person oder durch andere etwas von dem, was in der Messe gelesen wird, zu erläutern und unter anderem das Mysterium des hochheiligen Opfers zu erklären, vor allem an Sonn- und Feiertagen" (Dekrete 2000, 735). Wie dieser Reformimpuls wird aber auch der Wunsch der Konzilsväter, die Gläubigen mögen möglichst in jeder Messe die sakramentale Kommunion empfangen, in der nachtridentinischen Zeit faktisch keine Resonanz finden.

Das angeschlossene *Dekret über das, was bei der Messfeier zu beachten und zu vermeiden ist*, vermittelt schließlich einen instruktiven Einblick in die damalige Messpraxis mit den eingerissenen Missbräuchen. Beklagt werden die Geldgier mancher Priester, der Mangel an Ehrfurcht und abergläubische Vorstellungen von den Wirkungen der Messe. Tatsächlich gelingt es in der nachtridentinischen Zeit allmählich, die gröbsten Mängel zu beseitigen.

Überblickt man allein für die Eucharistie Vorgehensweise und Aussagen des Tridentinums, fällt auf, dass die größte Sorge der lehramtlichen Verteidigung von Dogma und Praxis der Messliturgie gilt. Erschwerend kommt die zeitbedingte Sicht hinzu, Liturgie vor allem unter dem Aspekt ihrer Gültigkeit und das heißt ihrer verkürzten Zeichenhaftigkeit zu betrachten. Damit war per se der Blick für die Feiergestalt der Sakramente und Sakramentalien getrübt.

Liturgiereform als Konzilsauftrag an den Papst

Als weitaus bedeutsamer als die Reformanstöße im Einzelnen wird sich aber eine Grundsatzentscheidung herausstellen, die die Konzilsväter auf ihrer letzten Sitzung am 4. Dezember 1563 treffen. Weil das Konzil zum Abschluss kommen muss, können die Konzilsteilnehmer selbst nicht mehr die liturgischen Bücher überarbeiten und publizieren. Angesichts der geschwächten Ortskirchen und bedrängt vom Willen, wenigstens innerhalb der römischen Kirche Einheit zu wahren, kann es – und dieser Gedanke taucht bereits in der ersten Sitzungsperiode des Konzils auf – nur eine gesamtkirchliche und verbindliche Lösung geben. Also übertragen die Bischöfe das liturgische Reformwerk dem Papst. Damit sind die Weichen gestellt für das, was man später die römisch-tridentinische Einheitsliturgie nennen wird. Erstmals in der Geschichte wird damit eine zentralkirchliche Liturgiereform in Angriff genommen. Waren bislang die Diözesanbischöfe dafür verantwortlich, das liturgische Leben in ihren Ortskirchen zu regeln und zu überwachen, fällt nun die Zuständigkeit für den Gottesdienst in der katholischen Kirche dem Papst zu. Jetzt übernimmt der Apostolische Stuhl die Aufgabe, die Liturgie zu ordnen und die liturgischen Bücher herauszugeben; eine epochale Entscheidung des Tridentinums, die für die künftigen Jahrhunderte bis zur Gegenwart bestimmend bleiben wird.

2. Nachtridentinische Liturgiereform mittels römischer Liturgiebücher

Breviarium Romanum (1568) und Missale Romanum (1570)

Gut vier Jahre nach Abschluss des Konzils erscheint 1568 das erste der überarbeiteten, vom Papst approbierten römischen Liturgiebücher, das *Breviarium Romanum*, das die Ordnung der Stunden- oder Tagzeitenliturgie (lange Zeit verkürzt „Breviergebet" genannt) enthielt. Zwar hatte man sich bemüht, die biblischen Lesungen und die Lesungen aus den Schriften der Kirchenväter zu erweitern und zu verbessern und das Offizium insgesamt zu vereinfachen, dass aber eigentlich dem ganzen Volk Gottes als betende Kirche der tägliche Lobpreis aufgetragen ist, liegt außerhalb des Blickfeldes. Das Breviergebet sieht man wie selbstverständlich ausschließlich als

Missale Romanum
Ex Decreto Sacrosancti Concilij
Tridentini restitutum,
Pij V. Pont. Max.
iussu editum.

Cautum est priuilegijs Sanctissimi D. N. Pij V. Pont. Max. necnon Serenissimi
& Catholici Regis PHILIPPI, & Illustrissimi Senatus VENETI.

ROMAE, Apud heredes Bartholomei
Faletti, Ioannem Variscum, ⁊ Socios.

Titelblatt der Erstausgabe des Missale Romanum von 1570.

professionelle Standesaufgabe des Klerus und der Ordensleute an. Dies erklärt, warum das römische Brevier ausschließlich für die Hand der Kleriker konzipiert ist.

Zwei Jahre nach dem Brevier, im Jahre 1570, veröffentlicht Papst Pius V. (1566–1572) das *Missale Romanum*, das „tridentinische Messbuch". In seiner Promulgationsbulle *Quo primum tempore* unterstreicht der Papst, man habe das Missale gemäß der ursprünglichen Norm und dem Ritus der heiligen Väter wiederhergestellt. Es ist allerdings klar, dass dieses Ziel mit den damals zur Verfügung stehenden Mitteln und Kräften und der zeitgenössischen Kenntnis der Liturgiegeschichte gar nicht zu erreichen war. Darüber hinaus ist aber auch das genannte hermeneutische Kriterium nicht problemlos. Denn zu Recht kann man mit dem Liturgiewissenschaftler Angelus A. Häußling fragen, „welche Väter sind die heiligen, deren Norm gelten soll?" (*Häußling* 1997, 20). Wenngleich man sich bemüht, einen vorbildlichen Urzustand wiederherzustellen, orientieren sich die Bearbeiter doch letztlich an der hochmittelalterlichen Liturgie der römischen Kurie, die damit zur Einheitsgestalt der lateinischen Kirche avanciert. Konkret heißt das: Für die Messordnung übernimmt man den Ordo Missae des päpstlichen Zeremonienmeisters Johannes Burckhard von Straßburg (um 1450–1506). Damit aber wird die sogenannte „stille Messe" des einzelnen Priesters ohne Anwesenheit der Gemeinde *(missa solitaria)* zur einheitlichen Grundform der nachtridentinisch erneuerten römischen Messliturgie. Die Teilnahme des Volkes ist dabei in keiner Weise vorgesehen. So bleibt es bedauerlicherweise über Jahrhunderte bei einer allein auf den Priester fixierten Klerusliturgie.

Im Kreis der nachtridentinischen Liturgiebücher erscheinen nach Brevier und Missale sodann 1584 das *Martyrologium Romanum*, das kalendarisch angeordnete Heiligenverzeichnis; für die bischöfliche Liturgie kommen 1595/96 das *Pontificale Romanum* und 1600 das *Caeremoniale Episcoporum* heraus. Den Abschluss bildet, über fünfzig Jahre nach der Schlusssitzung des Konzils von Trient, das *Rituale Romanum* 1614 mit den Formularen, die der Priester in der Pfarrseelsorge benötigt, also für die Feier der Sakramente und Sakramentalien (Begräbnis, Segnungen), die Ordnungen für die Prozessionen und für den Exorzismus.

Namentlich Messbuch und Brevier werden vom Papst für die ganze lateinische Kirche obligatorisch eingeführt. Lediglich die Diözesen und

Ordensgemeinschaften, die eine wenigstens zweihundertjährige gottesdienstliche Eigentradition aufweisen können, sind davon ausgenommen. Sie dürfen auch weiterhin ihre Eigenliturgie beibehalten. Von dieser Regelung nicht betroffen sind hingegen das Martyrologium, das Pontificale und das Caeremoniale. Sie müssen unverzüglich weltweit übernommen werden. Anders sieht es beim Rituale aus. Denn im Gegensatz zu den genannten Büchern schreibt Papst Paul V. (1605–1621) das Rituale Romanum nicht verpflichtend vor, sondern empfiehlt lediglich seine Annahme. Das ist eine ebenso sinnvolle wie verständliche Regelung, denn zu unterschiedlich sind die Gewohnheiten bei der Feier von Taufe, Trauung und Begräbnis, bei Segnungen und Prozessionen. Bei diesen lebensnahen und landschaftsgebundenen Feiern hat es immer regionale Vielfalt und bistumsspezifische Eigenbräuche gegeben. Die von den Bischöfen für ihren Sprengel herausgegebenen Bistumsritualien berücksichtigen diese unterschiedlichen Traditionen und geben auch der Volkssprache bereits einen mehr oder weniger breiten Raum. Sie sollen nach Erscheinen des römischen Musterrituales weiterhin hin Gebrauch bleiben dürfen. Erst im 19. Jahrhundert, als Rom massiv auf die restlose Übernahme der römischen Liturgiebücher drängt und streng diözesane Eigenriten beschneidet, gleichen sich die Feierordnungen in den Bistumsritualien weitgehend dem Rituale Romanum an.

Das Promulgationsschreiben Pius' V. zum Missale Romanum macht unmissverständlich klar, „daß diesem Unseren jüngst herausgegebenen Meßbuch niemals etwas hinzugefügt, daraus etwas weggenommen oder an ihm verändert werde" (zit. nach *Klöckener* 2006, 46 f.). Dieses strenge Verbot erstreckt sich auf alle und jeden in der Kirche, nimmt aber die Päpste selbstredend davon aus. Denn die Nachfolger Pius' V. konnten selbstverständlich von diesem Verbot nicht betroffen sein und haben tatsächlich in die Gestalt des Missales eingegriffen. Insofern ist die Vorstellung, die nachtridentinisch reformierten und päpstlich promulgierten Liturgiebücher seien in den nachfolgenden Jahrhunderten unveränderlich geblieben, völlig unhistorisch und entspricht keineswegs der Entwicklung. Unbestreitbar haben sich in den folgenden Jahrhunderten immer wieder Änderungen ergeben. Man denke allein an die Ergänzungen und Modifizierungen im liturgischen Kalender durch die Einführung neuer Heiligengedenktage oder die Rangerhöhung von Festen. Bereits nach ihrer Erstauflage werden alle nachtridentinischen Liturgiebücher aus verschiedenen Gründen immer wieder überarbeitet, sogar die 1570 erschienenen Druckausgaben des Missale Romanum sind keineswegs in allem völlig identisch.

Dass die Päpste die Reform der liturgischen Bücher als eine Art „Dauerprogramm“ betrachten, lässt sich schließlich auch am Pontifikat Sixtus V. (1585–1590) erkennen. Denn er bildet mit der sogenannten Ritenkongregation *(Congregatio pro Sacris Ritibus et Caeremoniis)* nicht nur eine kuriale Einrichtung, die die römisch-tridentinische Einheitsliturgie weltweit fördern und die penible Einhaltung der Ordnungen überwachen soll, diese römische Behörde erhält bereits 1588 den Auftrag, eine Verbesserung der nachtridentinisch erneuerten Liturgiebücher auf der Basis der Erfahrungen und Wünsche der verschiedenen Ortskirchen vorzubereiten und so Brevier und Messbuch weiterzuentwickeln.

3. Die Rezeption der römisch-tridentinischen Liturgie am Beispiel des Bistums Eichstätt

Wie erwähnt hat Pius V. den Diözesen, die eine mindestens zweihundertjährige liturgische Eigentradition nachweisen können, erlaubt, ihre Eigenliturgie beizubehalten und ihre ortseigenen Liturgiebücher weiter zu benutzen. Dieses Privileg können viele Bistümer im Heiligen Römischen Reich deutscher Nation für sich in Anspruch nehmen. Deshalb werden hier die römischen Liturgiebücher und die damit verbundenen Formen des Gottesdienstes auch keineswegs umgehend und vollständig übernommen. Die Einführung der nachtridentinischen Ordnungen vollzieht sich vielmehr höchst unterschiedlich und in einem zeitlich weiten Rahmen. Während sich das eine Bistum recht schnell für die römische Liturgie öffnet, währt dieser Prozess in einem anderen Bistum über einen längeren Zeitraum. Ausschlaggebend sind oft sehr unterschiedliche Gründe wie bestimmte Persönlichkeiten, konfessionelle Gegebenheiten oder pastorale Ausrichtungen.

Exemplarisch sei hier das Beispiel des eher kleinen und in der Politik des Reiches weniger bedeutsamen Bistums Eichstätt genannt, das ebenfalls eine mehr als zweihundertjährige eigene Gottesdiensttradition aufweisen konnte und deshalb keineswegs gezwungen war, die vom Papst publizierten Liturgiebücher zu übernehmen. Wie andernorts hatten sich auch in Eichstätt bestimmte Eigenheiten in der Messordnung, dem Stundengebet und natürlich beim Heiligenkalender ausgeprägt, die nicht mit dem römischen Ritus übereinstimmten. Seit der Erfindung des Buchdrucks hat es noch drei Druckausgaben des Eichstätter Messbuchs, des *Missale secundum chorum et ritum Eystetensis ecclesie* (1486, 1494 und 1517), gegeben. Nach dem Trienter Konzil wurde allerdings kein eigenes Diözesanmessbuch mehr gedruckt. Anders verhielt es sich beim Brevier. 1504 erschien das Eichstätter Diözesanbrevier erstmals im Druck, aber noch nach Erscheinen des römischen Breviers 1568 entschloss man sich, eine neue Ausgabe des *Breviarium Eystettensis* in Druck zu geben, die 1589 in Ingolstadt erschien. Offenkundig fand der römische Ritus in Eichstätt nicht unmittelbar Anklang. Tatsächlich gab es ein langes und zähes Ringen um die allgemeine Einführung der römischen Liturgiebücher im Eichstätter Bistum, denn man war hier nicht gewillt, den alten Diözesanbrauch zugunsten des römischen Ritus aufzugeben. Zwar war das Missale Romanum schon 1612 in Eichstätt im Druck erschienen, aber natürlich nicht verpflichtend zum Gebrauch im Dom, in den Stiftskirchen und in den Pfarreien vorgeschrieben. Es blieb dem einzelnen Priester anheim gestellt, ob er weiterhin das Eichstätter Missale benutzen wollte, sofern er überhaupt ein solches besaß, denn der letzte Druck lag immerhin fast einhundert Jahre zurück, oder ob er sich nach dem römischen Buch richtete.

Mit Johann Christoph von Westerstetten (1556–1637) besetzt 1612 ein Mann den Eichstätter Bischofsstuhl, dem die tridentinische Reform am Herzen liegt. Wenige Jahre später macht er einen ersten Vorstoß, um das römische Missale verpflichtend einzuführen. Er wendet sich 1618 an das Domkapitel mit dem Wunsch, in der Kathedralkirche den römischen Ritus zu übernehmen. Die Domherren geben zwar zu, dass es betreffs des Gottesdienstes, wie er bislang im Dom gefeiert wird, manche Missstände gäbe, aber von einer generellen Einführung des römischen Ritus wollen sie nichts wissen. Sie sehen realistisch, dass es zur Einführung des römischen Ritus schon an kompetenten, im römischen Ritus unterwiesenen Personen fehlt und deshalb Konfusion bei der Feier der Liturgie nicht ausgeschlossen werden kann. Vor allem aber sei, so das Domkapitel in seiner Antwort an den Bischof, die Neuanschaffung der römischen Liturgiebücher mit erheblichen Kosten verbunden. Dem Argument des Bischofs, es solle doch durch den Gottesdienst auch die Einheit in der römischen Kirche zum Ausdruck kommen, kann sich das Domkapitel freilich nicht ganz verschließen, und so erklärt es sich bereit, zumindest „Vorschläge über die Einführung des römischen Ritus [...] zu vernehmen" (zit. nach *Daschner* 1995, 627). Wenn man den Schriftwechsel zwischen Bischof und Kapitel betrachtet, kann man sich des Eindrucks nicht ganz erwehren, dass die Eichstätter Domherren weniger echte Argumente gegen die Übernahme des römischen Ritus ins Feld zu führen vermochten, als in ihrem Zögern und Zurückhalten eher eine unterschwellige Abneigung gegen alles Neue erkennen lassen.

Als der Eichstätter Bischof am 30. August 1620 zur Einweihung der Kirche des Priesterseminars erstmals im römischen Bischofsgewand erscheint, dokumentiert er nachdrücklich seinen ungebrochenen Willen, den „Romanismus" in seiner Diözese einzuführen. Er lässt denn auch nicht locker, wiederholt 1621 seine Anfrage an das Domkapitel, erhält aber die gleiche Antwort wie drei Jahre zuvor. Also nimmt er sich die Domherren einzeln vor und versucht sie zu überzeugen. Ermutigt wird Bischof Johann Christoph durch den Osnabrücker Amtskollegen, Kardinal Eitel Friedrich von Hohenzollern († 1625), der ihn in seinem Anliegen unterstützt und durch den Papst selbst, der anlässlich eines Rombesuchs die Abgesandten des Eichstätter Bischofs auffordert, die Gleichförmigkeit mit Rom in Offizium und Messe herzustellen.

Daraufhin schreibt Johann Christoph am 11. April 1622 einen weiteren Brief an sein Domkapitel, in dem er sich mit dessen Argument gegen die Einführung des römischen Ritus auseinandersetzt, der Eichstätter Ritus bewahre *laudabiles et antiquas consuetudines* (lobenswerte und alte Gebräuche). Er, der Bischof, vernehme zwar gerne, dass seine Domherren „laudabiles consuetudines in acht nehmen wöllen", fährt aber dann fort: „daß oben angedeutete *laudabiles* seyen, kann ich nit sehen, *antiquas* will ich gerne zuegeben" (zit. nach *Daschner* 1995, 627). Daher fordert er sein Domkapitel auf, sich der Einführung des römischen Ritus nicht länger zu widersetzen. Nun endlich geht das Domkapitel darauf ein, „daß mit dem 1. Adventssonntag 1622 das *exercitium ritus Romani* (Abhaltung des römischen Ritus) seinen Anfang nehme" (zit. nach *Daschner* 1995, 628). Damit war in Eichstätt nach zähem Ringen der römische Ritus und das Missale Romanum eingeführt. Aber welche Auswirkungen waren damit verbunden?

Die Einführung geschieht nämlich nur durch ein Dekret des Bischofs. Ein römisches Messbuch für seine Diözese lässt er nicht drucken. Offenbar sollen sich die Priester bei einem der zahlreichen Buchdrucker in Nürnberg und Ingolstadt ein Exemplar besorgen. Wie lange es aber gedauert hat, bis sich faktisch der römische Messritus in der Eichstätter Diözese durchzusetzen vermochte, ist kaum auszumachen. Es steht vielmehr zu vermuten, dass dieser Prozess in Eichstätt wie in anderen Bistümern noch viele Jahrzehnte gedauert hat. Dies gilt vor allem für die alten Diözesen im Westen des Reichs, Münster, Köln und Trier. Sie haben noch lange an ihrer gottesdienstlichen Eigentradition bei der Feier der Messe und der Tagzeiten festgehalten. Zwar lässt sich im Laufe der Zeit eine immer stärkere Angleichung an den römischen Ritus erkennen, aber das Prinzip der ortskirchlichen Eigenverantwortung bleibt bestehen. So publizieren die Bistümer Trier 1610 und Köln 1756 zum letzten Mal ein eigenes Diözesanmessbuch, und der Bischof von Münster gibt sogar noch 1835 ein münstersches Messbuch für sein Bistum heraus.

Darüber hinaus darf freilich nicht übersehen werden, dass die Reform nicht allein auf ein Auswechseln der Bücher auf dem Altar zielt, vielmehr soll sich die innere Haltung von Priestern und Gläubigen wandeln, Ehrfurcht vor dem Heiligen, geordnetes und untadeliges Verhalten, Sauberkeit und Ernsthaftigkeit in der Kirche und beim Gottesdienst werden nun angestrebt. Dies verlangt eine umfassende Disziplinierung des Klerus und des Volkes, eine immense Herausforderung angesichts der gewachsenen Missstände in Liturgie und Seelsorge, die sich vielfach erst im Horizont der neuen gesellschaftlich-kulturellen Blüte in der Barockzeit realisieren lassen wird.

Wenngleich Bischof Johann Christoph auf die Beachtung des römischen Ritus in Messe und Stundenliturgie drängt, können sich dennoch Eichstätter Eigentraditionen im Bereich des Rituales behaupten. Mitten in seiner Auseinandersetzung mit dem Domkapitel gibt er, nachdem die 1539 erschienene Agende für die Sakramentenfeiern vergriffen ist, 1619 ein neu bearbeitetes Diözesanrituale heraus, den *Liber Rituum Ecclesiasticorum Episcopatus Eystettensis, ad normam Ritualis Romani accommodatus*. Im Vorwort betont der Bischof zwar die enge Anbindung an die römische Liturgie und beschwört nachdrücklich die Einheit mit Rom, dennoch enthält dieses Buch durchaus viele Teile, die der alten Eichstätter Ordnung entsprechen. Dies gilt für manche lokalkirchlichen Eigenheiten, vor allem bei den kirchenjahreszeitlichen Feiern, bei Segnungen und bei den Prozessionen, die als glanzvolle Demonstration des katholischen Glaubens der vom Bischof beförderten Rekatholisierung weiter Teile seines Sprengels entgegenkommen. Darüber hinaus öffnen sich die Sakramentenfeiern auch für volkssprachliche Partien, und der Trauungsritus ist weitaus entfalteter als die entsprechende Ordnung im römischen Buch.

Wenn man allerdings nach der Rezeption dieser ersten gesamtkirchlichen Liturgiereform fragt, darf nicht allein das Handeln des Papstes, der römischen Kurie und der Bischöfe betrachtet werden. Es ist schon angedeutet worden, dass der umfassende, mit der Einführung der tridentinisch-römischen Liturgie verbundene kirchliche Erneuerungs- und Reformprozess nur bedingt von der kirchlichen Obrigkeit bestimm- und steuerbar war. An der Rezeption der Reform wirkten sehr unterschiedliche Personen, Gruppen und Institutionen mit. Eine wichtige Rolle spielten vielfach die Jesuiten und Kapuziner, die in ihrer intensiven Bildungs- und Seelsorgsarbeit wichtige Akzente in der Ausrichtung von Gottesdienst und Frömmigkeit setzten. Ebenso sind die Maßnahmen der Synoden, Visitationen und der Sendgerichte zu beachten, die bis in das pfarrliche Leben vor Ort eingriffen. Zentral war natürlich die Mitwirkung des Klerus, der vielfach erst das tridentinische Ideal des Guten Hirten (Pastor) und des sakralen Mittlers internalisieren musste, um eine „tridentinische" Pfarrgemeinde zu formen. Dies alles war nur mit einem langen Atem erreichbar.

Überblickt man die Liturgiereform des Tridentinums und die nachtridentinische Erneuerung des Gottesdienstes, lässt sich festhalten: Nachdem die Kirchenspaltung nicht mehr überwunden werden konnte, wollte man wenigstens die innerkirchliche Uneinigkeit, die speziell in der Liturgie zutage trat, beseitigen. Das große doppelte Anliegen des Tridentinums, die katholische Lehre zu sichern und das kirchliche Leben zu erneuern, war im zeitgenössischen Verständnis offenbar nur über den Weg der Einheitlichkeit in Lehre und Praxis denkbar. Die mangelnde Bildung des Klerus, die allgemeine Verunsicherung im Glauben, die Differenzen im kirchlichen Leben, die Schwächung der Bistümer – Entwicklungen, die allesamt durch den Sturm der Reformation massiv offenbar wurden und sich nun als Herausforderung darstellten – ließen nur einen Schluss zu: unter der Führung des Papstes, gefestigt und diszipliniert am alten Glauben festzuhalten und diesen, nicht zuletzt gestärkt durch die Einheitlichkeit in der Feier der römischen Liturgie, gegen die Angriffe von außen zu verteidigen. Insofern muss dem aus diesen Motiven erneuerten Gottesdienst der lateinischen Kirche eine große Bedeutung für die Konfessionalisierung bis in die letzte Dorfkirche hinein zugesprochen werden.

Weiterführende Literatur

Die derzeit beste zusammenfassende Darstellung der tridentinischen Liturgiereform findet sich bei

- Winfried HAUNERLAND, Einheitlichkeit als Weg der Erneuerung. Das Konzil von Trient und die nachtridentinische Reform der Liturgie, in: Liturgiereformen. Historische Studien zu einem bleibenden Grundzug des christlichen Gottesdienstes 1. FS Angelus A. Häußling, hg. von Martin KLÖCKENER und Benedikt KRANEMANN (Liturgiewissenschaftliche Quellen und Forschungen 88), Münster 2002, 436–465.

Gute Einblicke in die komplexe Rezeptionsgeschichte der nachtridentinischen Liturgiereform geben

- Benedikt KRANEMANN, Nachtridentinische Liturgiereform am Beispiel des Bistums Münster, in: Liturgiereformen. Historische Studien zu einem bleibenden Grundzug des christlichen Gottesdienstes 1. FS Angelus A. Häußling, hg. von Martin KLÖCKENER und Benedikt KRANEMANN (Liturgiewissenschaftliche Quellen und Forschungen 88), Münster 2002, 466–495.
- Martin KLÖCKENER, Die Liturgiereform von Trient und ihre Umsetzung in der Schweiz. Mit einem vergleichenden Ausblick auf die Liturgiereform des Zweiten Vatikanischen Konzils, in: Karl Borromäus und die katholische Reform, hg. von Mariano DELGADO und Markus RIES (Studien zur christlichen Religions- und Kulturgeschichte 13), Fribourg – Stuttgart 2010, 244–271.
- Jürgen BÄRSCH, Die nachtridentinische Liturgiereform und ihre Rezeption in der Barockzeit. Beobachtungen zum Verhältnis von Gottesdienst, Reform und Kultur, in: Gottes Wort in der Geschichte, hg. von Wilhelm DAMBERG u. a. Freiburg – Basel – Wien 2015, 191–211.
- Benedikt KRANEMANN, Liturgiereform nach Trient. Dynamiken eines Erneuerungsprozesses, in: Das Konzil von Trient und die katholische Konfessionskultur (1563–2013). Wissenschaftliches Symposium aus Anlass des 450. Jahrestages des Abschlusses des Konzils von Trient, hg. von Peter WALTER und Günther WASSILOWSKY (Reformationsgeschichtliche Studien und Texte 163), Münster 2016, 303–333.

Zwei Sammelbände, die in vielen Beiträgen die Rezeptionsgeschichte berühren, sind

- Ländliche Frömmigkeit. Konfessionskulturen und Lebenswelten 1500–1850, hg. von Norbert HAAG u. a., Stuttgart 2002.
- Liturgie und Lebenswelt. Studien zur Gottesdienst- und Frömmigkeitsgeschichte zwischen Tridentinum und Vatikanum II. FS Andreas Heinz, hg. von Jürgen BÄRSCH und Bernhard SCHNEIDER (Liturgiewissenschaftliche Quellen und Forschungen 95), Münster 2006.

Zwischen „Auflösung“ und „Erneuerung“ Entwicklungen im Gottesdienst der protestantischen Kirchen vom 16. bis zum 20. Jahrhundert

1. Unterschiedliche Positionen im protestantischen Verständnis des Gottesdienstes

Mit der reformatorischen Neuausrichtung der Theologie und der Frömmigkeit und dem gewandelten Bild der Kirche geht ein tiefer Einschnitt im Verständnis und in der Feier des Gottesdienstes einher. Nicht mehr ein geweihter Kleriker ist für die Liturgie zuständig, in ihrem Mittelpunkt steht jetzt die Gemeinde der Getauften. Sie muss durch das Wort Gottes in ihrem Glauben gestärkt werden, denn allein der Glaube – so die Auffassung – vermag einen Menschen zu rechtfertigen, nicht aber fromme Werke und geistliche Leistungen. Da als einziger Maßstab die Heilige Schrift angesehen wird, lassen die protestantischen Theologen letztlich nur die Sakramente gelten, für die sie in den Evangelien einen ausdrücklichen Auftrag Christi finden: die Taufe und die Eucharistie, wegen ihres „biblischeren“ Ausdrucks nunmehr meist Abendmahl genannt. Zunächst rechnet man auch die Buße zu den Sakramenten. Seit dem Ende des16. Jahrhunderts lehnen die reformatorischen Theologen den Sakramentscharakter der Buße zunehmend ab.

Wie schon angedeutet, haben die Protagonisten der Reformation in unterschiedlicher Weise an den überkommenen Formen des Gottesdienstes angeknüpft, sie fortgeschrieben, aber auch tiefgreifend verändert. Dies geschieht vielfach in einem länger dauernden Prozess. So hat Luther seine 1523 entworfene Taufliturgie drei Jahre später noch einmal massiv von „katholischen“ Elementen gereinigt. Er wünscht zwar, die Tagzeitenliturgie in vereinfachter und der Gemeinde angepasster Form beizubehalten, doch kann sich dieser Impuls nicht durchsetzen, sodass in den lutherischen Kirchen – von wenigen Ausnahmen abgesehen – das Stundengebet als täglicher Gottesdienst verebbt oder sich zu belehrend-erbaulichen Andachten wandelt, die nun aber nicht mehr die Gemeinde feiert, sondern als familiäre Hausandachten fortbestehen. Zunehmend schärfer gehen die Reformatoren gegen die Feste des Kirchenjahres vor. Nach Martin Bucer (1491–1551) in Straßburg und Calvins Gefährten Guillaume Farel (1489–1565) in der Westschweiz solle allein der Sonntag gelten, der als Tag des Herrn zur Ehre Gottes für Gottesdienst und Ruhe bestimmt sei. Tatsächlich schafft Calvin 1555 alle Feste des Kirchenjahres ab, zugleich schwindet in der calvinistischen Tradition auch die Jahresordnung der sonntäglichen Schriftlesungen, sodass der Prediger schließlich in der Wahl des Predigttextes völlig frei ist. Bei all dem darf allerdings nicht übersehen werden, dass sich die Schaffung eines protestantischen Gottesdienstes und einer davon geprägten Frömmigkeit der Gemeinde keineswegs stringent und allerorts gleichmäßig vollzieht. In vielen reformierten Orten der Deutschschweiz etwa ziehen sich diese Entwicklungen bis ins 17. Jahrhundert hin, wobei das konkrete gottesdienstliche Leben sogar nicht selten eine „gewisse Kontinuität" (*Ehrensperger* 2010, 13) zum spätmittelalterlichen Erbe aufweist.

Die unterschiedlichen Ausgangspositionen und die sich wandelnden Auffassungen der Reformatoren wie die oft eigenständige Rezeption ihrer Vorstellungen wirken sich auf den Gottesdienst aus und führen zu einer großen Vielfalt evangelischer Liturgietraditionen, die sich in den nachfolgenden Jahrhunderten weiter entfalten. Dabei sind nicht nur die verschiedenen reformatorischen Prägungen der Kirchen und Gemeinden, die sich auf Luther, Zwingli oder Calvin berufen, zu berücksichtigen. Auch das infolge des Augsburger Religionsfriedens 1555 entstandene landesherrliche Kirchenregiment, wonach die Konfession des Landesherrn über die der Untertanen entscheidet, beeinflusst die weitere evangelische Gottesdienstgeschichte. Hier ist zu bedenken, dass die erlassenen Kirchenordnungen und Liturgiebücher (Agenden als Sammelwerke für liturgisches Handeln) zwar grundsätzliche Normen vorgeben, die aber keineswegs zwingend die gottesdienstliche Praxis bestimmen. Schließlich verläuft die weitere Entwicklung in der Kirchenorganisation äußerst komplex und führt später zu den Landeskirchen, die je nach Bekenntnis lutherisch, reformiert oder uniert (Vereinigung von Lutheranern und Reformierten) orientiert sind und in denen dem Gottesdienst eine je unterschiedliche Stellung zugemessen wird. Treten ergänzend weitere protestantische Gemeinschaften in den Blick, wie etwa die anglikanische Kirche oder die Vielzahl der freikirchlichen Bewegungen, wird das Bild des evangelischen Gottesdienstes noch einmal weitaus farbiger und vielfältiger.

Im Folgenden können deshalb nur einige Grundlinien der weiteren liturgischen Entwicklung verfolgt werden, wobei der Schwerpunkt auf den

Liturgiefamilien lutherischer und reformierter Prägung liegt. Zeitlich lassen sich drei größere Phasen erkennen, die freilich nicht streng voneinander abgrenzbar sind:

- die Zeit der sogenannten „altprotestantischen Orthodoxie" vom Ausgang der Reformationszeit bis ins 18. Jahrhundert,
- die Zeit der Aufklärungsliturgie mit dem Kernstadium von 1770 bis 1815 und der darauf antwortenden neulutherischen Liturgik des 19. Jahrhunderts,
- die Zeit der Liturgischen Bewegungen des 19. und 20. Jahrhunderts, die in der damit verbundenen Agendenarbeit zum Evangelischen Gottesdienstbuch von 1999 führen.

2. Liturgie und Frömmigkeit in der Zeit der konfessionellen Ausprägungen

Die Entwicklungen des 17. und 18. Jahrhunderts sind lange Zeit einseitig als eine „Geschichte der Auflösung der alten gottesdienstlichen Formen" (Paul Graff, 1937) betrachtet worden. Dies wird allerdings den hier zu beobachtenden Veränderungen nicht gerecht. Denn auch diese Epoche hat gottesdienstliche Elemente belebt und kraftvoll fortentwickelt. Man denke allein an die Kirchenlieder des 17. und 18. Jahrhunderts, die zu einem bedeutenden Teil das heutige „Evangelische Gesangbuch" (1993) prägen und von denen nicht wenige auch in das 2013 neu herausgegebene katholische „Gotteslob" aufgenommen wurden.

Wie zu anderen Zeiten sind auch in diesen beiden Jahrhunderten die politischen und gesellschaftlichen Wandlungen nicht spurlos am kirchlichen Leben vorbeigegangen. Zunächst prägt sich verstärkt ein konfessionelles Bewusstsein aus. Im Gegensatz zur katholischen Frömmigkeit mit ihrer Eucharistieverehrung, dem Marien- und Heiligenkult und dem Gebet für die Armen Seelen entwickelt sich eine eigene protestantische Frömmigkeit. In ihr stehen die Bibel, der Katechismus und das Kirchenlied im Mittelpunkt, Kindern gibt man anstelle von Heiligennamen, wie dies katholischerseits jetzt zunehmend erfolgt, die Namen biblischer Personen, und auf den Grabsteinen evangelischer Verstorbener sind statt Gebetsbitten nun tröstende Worte der Heiligen Schrift eingemeißelt. Die

Abgrenzung des lutherischen Gottesdienstes von dem der Katholiken und Reformierten lässt sich besonders gut auf den Bekenntnisbildern der *Confessio Augustana* erkennen, wofür das Gemälde von Andreas Herneisen (1538–1610) für den Rat der Stadt Windsheim 1601 ein schönes Beispiel ist. In genrehafter Manier sind hier nicht nur das Abendmahl, die Taufe und die Predigt nach lutherischer Ordnung abgebildet, es finden sich auch zahlreiche szenische Darstellungen der übrigen gottesdienstlichen Handlungen, die den Gläubigen demonstrativ ihre eigene konfessionelle Tradition vor Augen stellen.

So bilden die Konfessionen in dieser Epoche ihre je eigene Kultur aus, stehen sich damit aber auch vielfach schroff und nicht selten feindselig gegenüber. Konfessionelle Konflikte, oft mit politischen Interessen verknüpft, führen zu Kriegen und Auseinandersetzungen, die erst nach dem Dreißigjährigen Krieg und dem Westfälischen Frieden 1648 nachlassen. In der Folgezeit konsolidiert sich das Leben, der Handel blüht auf, Geld wird verdient, vor allem in den Städten, in denen landlose Bauern ihr Glück suchen. In der bürgerlichen Stadtkultur ist der Wohlstand zu Hause. Durch die Einheit von Kirche und Stadtgemeinde, von kirchlicher und städtischer Obrigkeit bilden die Gläubigen bis in die Sitzordnung der Kirche hinein ein Spiegelbild der Gesellschaft und ihrer ständischen und hierarchischen Ordnung.

Allerdings setzt in den Städten auch der Niedergang des kirchlichen Lebens ein. Die zahlreichen arbeitsfreien „katholischen" (Heiligen-)Feiertage gab es nicht mehr. Um dem Bedürfnis nach Entspannung und Freizeit nachzukommen, stand nur mehr der Sonntag zur Verfügung. Zunehmend klagen jetzt die Pastoren über den abnehmenden Gottesdienstbesuch und die Aushöhlung der Sonntagsheiligung. Kirche wie Obrigkeit reagieren darauf mit verstärktem Druck und Zwangsmaßnahmen. Zudem dehnt man mancherorts den Gottesdienst zeitlich aus. Dies ist zu einem guten Teil der mehr und mehr ausufernden Kirchenmusik geschuldet. Während in reformierten Gemeinden allenfalls Übertragungen der biblischen Psalmen, oftmals auch nur a cappella gesungen werden und Instrumentalmusik weithin verpönt ist – in Zürich setzt sich die Orgel erst wieder im 19. Jahrhundert durch –, sieht das in lutherischen Kirchen völlig anders aus. Bis zu Beginn der 1630er-Jahre hat sich der vierstimmige Kirchenliedsatz etabliert, die Orgelmusik weitet sich über ihre Funktion der Gemeindebegleitung umfangreich aus, und die Kantate als „kleiner Gottesdienst im Gottesdienst" korrespondiert mit der Predigt, wie das Kantantenwerk von Johann

Sebastian Bach (1685–1750) und anderer protestantischer Kirchenmusiker zeigt. So kann ein sonntäglicher Hauptgottesdienst zur Zeit Bachs mehr als drei Stunden dauern: eine Stunde Eingangsliturgie mit Kirchenmusik, über eine Stunde Predigt, die durch weitere Lieder und Gebete angereichert ist, sodann zahlreiche Ankündigungen, das Abendmahl und zusätzliche Amtshandlungen.

Erschwerend kommt hinzu, dass sich über diesen Weg – eigentlich völlig unprotestantisch – die Gemeinde von der Trägerin der Liturgie zum Publikum für den belehrenden Pfarrer wandelt. Die Gläubigen ertragen dies nicht rein passiv, sie „verkürzen" von sich aus den Gottesdienst: Sie kommen nun später, verlassen die Kirche früher, suchen während der Predigt das Gasthaus auf oder halten den berühmten „Kirchenschlaf". Die persönliche Andacht tritt so immer mehr neben den offiziellen Gottesdienst, die Frömmigkeit der Menschen trennt sich vom liturgischen Geschehen, eine Entwicklung, die ähnlich auch für den katholischen Gottesdienst jener Zeit zu beobachten ist.

Im Hintergrund steht die neue subjektive Wahrnehmung des eigenen „Ich", auf die der Pietismus zu reagieren versucht. Er will dem einzelnen Christen helfen, Wege zur eigenen, inneren Erfahrung des Wortes und der Gnade Gottes zu finden und damit auf die Wiedergeburt der Seele zu vertrauen. Theologen wie Philipp Jakob Spener (1635–1705) empfehlen die private Bibellektüre, das geistliche Gespräch im häuslichen Kreis oder einer kleinen Gruppe und vor allem die persönliche, fromme Betrachtung. Auch im Kirchenlied werden nun geistliche Erfahrungen poetisch-musikalisch zum Klingen gebracht. Die Lieder von Paul Gerhardt (1607–1676), Joachim Neander (1650–1680) oder Gerhard Tersteegen (1697–1769) sind ohne diese geistlich-theologische Erneuerungsbewegung nicht denkbar. Unter ihrem Einfluss erweitert sich auch in den reformierten Kirchen und Gemeinden der Kirchenliedschatz und dehnt sich über die bis dahin allein bevorzugten Psalmlieder aus.

Mit seinen stark subjektiven Formen der spirituellen Praxis verschärft der Pietismus allerdings das weitere Auseinanderdriften von persönlicher Frömmigkeit und gemeinschaftlichem Gottesdienst. Als Ausnahme ist hier Nikolaus Ludwig Graf von Zinzendorf (1700–1760) zu nennen. In der von ihm gegründeten Herrnhuter Brüdergemeine erhält der Gottesdienst eine wichtige Rolle. Dem sonntäglichen Predigtgottesdienst geht die „Litanei" voraus, bei der Chor, Liturge und Gemeinde im Wechsel biblische Texte und Katechismusstücke sprechen und singen. Neben das monatliche Abendmahl am

Samstagabend tritt vor allem die „Singstunde“, in der die Gemeinde durch die ausgewählten Kirchenlieder sich selbst das Wort Gottes auslegt. Die eigene spirituelle Prägung und die Gemeindenähe, die dem Gottesdienst hier ihr spezielles Gesicht geben, haben in der Folgezeit den evangelischen Gottesdienst insgesamt bereichert.

3. Gottesdienst unter dem Zeichen der Aufklärung

Angesichts der sich wandelnden Sicht vom Menschen, seines Bewusstseins als Individuum und seines Freiheitsanspruchs in der Welt können die überlieferten Formen des Glaubens, des Gottesdienstes und der Frömmigkeit aber bald nicht mehr überzeugen. Ihre bis dahin weitgehend fraglose Plausibilität schwindet, die wachsende Distanz vor allem gehobener bürgerlicher Kreise zur kirchlichen Liturgie lässt deren Krise offenbar werden. Diesen Entwicklungen sucht die Aufklärung zu begegnen und die Gottesdienstpraxis durch eine Orientierung am Menschen und seinen Bedürfnissen wieder mit neuem Leben zu füllen. Dabei schlägt sich das optimistische Menschenbild des aufklärerischen Protestantismus nieder, der die spekulativen, wunderbaren, den alltäglichen Erfahrungen entgegenstehenden religiösen Inhalte zurückweist, demgegenüber nun die natürliche Gotteserkenntnis betont und vor allem Christus als Lehrer und Vorbild in die Mitte rückt, sieht man doch in ihm und seinen Geboten die Grundlage für ein moralisches, verantwortungsbewusstes Leben. Angeregt von diesen Gedanken entwickelt die Aufklärungsliturgik – ähnlich wie dies im katholischen Bereich zu beobachten sein wird – grundlegende Prinzipien für eine Erneuerung des Gottesdienstes. Erst an einem verständlichen, einfachen, klaren und abwechslungsreichen Gottesdienst, so die Auffassung, könne der Mensch mit Verstand, Willen und Gefühl teilnehmen. Ein solcher Gottesdienst trage schließlich zur Erbauung und damit zu einer umfassenden Formung und Bildung des Menschen bei.

Eine Konsequenz aus dem umfassenden Bildungsanspruch der Aufklärung ist die zeitliche und gestalterische Entfaltung der Predigt. Der „Kanzelauftritt“ erhält, wie angedeutet, einen eigenen gottesdienstlichen Rahmen und wird zum Mittelpunkt der sonn- und festtäglichen Liturgie, wogegen das Abendmahl, vom Hauptprediger oft an Hilfsgeistliche delegiert, wie ein liturgisches Anhängsel erscheint. Die Predigt gilt unbestritten als wichtigster Teil des Gottesdienstes. Sie soll unterrichten und ermahnen, aber auch – gemäß dem Bildungsstand und den Interessen des Publikums – vernünftige Lehren über die Heilkunde, die Landwirtschaft oder die bürgerlichen Tugenden verbreiten, um zur Besserung der menschlichen Wohlfahrt beizutragen. Dem hat sich alles andere des Gottesdienstes unterzuordnen.

Diese bereits im 17. Jahrhundert einsetzende Tendenz verstärkt sich im Zuge der Aufklärung, sodass sich die „Zeremonien" und andere gottesdienstliche Elemente zugunsten der Predigt mehr und mehr verflüchtigen. Aber auch massive Eingriffe in die Gestalt des Gottesdienstes erfolgen. Die als altertümlich empfundene Sprache, die dem unmittelbaren geistigen Erfassen entgegensteht, wird aktualisiert, biblische Bilder werden in zeitgemäße Ausdrücke übertragen oder ganz zurückgedrängt. Die Anrufung des Satans in der Taufliturgie, weil auf abergläubischen Vorstellungen basierend, muss unterbleiben oder zumindest sprachlich verbessert werden. Unter dem Maßstab der Glaubwürdigkeit revidiert man Gebete und Gesänge, in denen mit Vorliebe bestimmte Lebenssituationen zur Sprache kommen und vielfach ein unverhohlen moralisierender Ton mitschwingt. Erst recht wirft man „unsinnige Bräuche" über Bord wie die im lutherischen Gottesdienst vielfach noch benutzten alten, „katholischen" Messgewänder.

Über die von den Landesherren für ihr Territorium verbindlich eingeführten Gottesdienstordnungen und die Initiativen von Theologen und Geistlichen dringen die Formen des aufgeklärten Gottesdienstes auf breiterer Ebene durch. Während in den Städten und bei den Eliten diese Reformen gerne aufgenommen werden, stoßen sie in vielen ländlichen Gemeinden auf Widerstand. Hier will man lieber die hergebrachten gottesdienstlichen Bräuche, die alten Agenden und Gesangbücher beibehalten. Exemplarisch für die aufgeklärten Ordnungen kann die von Jakob Adler (1756–1834) verfasste Schleswig-Holsteinische Kirchenagende von 1797 genannt werden, die den Gottesdienst ganz nach den Bedürfnissen der Gottesdienstbesucher zu gestalten sucht, dabei aber der Predigt mit den thematisch abgestimmten Predigtgebeten noch mehr Dominanz verleiht. Der evangelische Theologe Michael Meyer-Blanck hat deshalb von einer „Homiletisierung" der ganzen Liturgie gesprochen (*Meyer-Blanck*, 2011, 167), deren Folgen bis weit über das 19. Jahrhundert hinaus wirksam bleiben.

Die Orientierung an einer abwechslungsreichen, erbaulichen und vor allem auf die Situation des Menschen bezogenen Liturgie lenkt schließlich die Aufmerksamkeit verstärkt auf die Amtshandlungen, die mit dem Leben der Gläubigen eng verbunden sind. Die Taufe im Umkreis der Geburt, die Konfirmation als Übergang zum erwachsenen, mündigen Christen, die Trauung und das Begräbnis werden sprachlich und inszenatorisch neu geordnet und in die Agenden aufgenommen. Anlässlich einer bestimmten Lebenssituation gefeiert, verleihen sie den bedeutenden Knotenpunkten im Leben eine religiöse Bedeutung und werden vornehmlich als familienbezogene Feiern gesehen, die mit dem Gemeindegottesdienst kaum etwas zu tun haben. Das Bedürfnis nach einer intimeren Feier im Kreis der Verwandten und Freunde schlägt sich in der Bevorzugung der Säuglingstaufe im Privathaus oder der „stillen Beerdigung" bei Nacht im Fackelschein nieder. So kann es nicht verwundern, dass die sonntäglichen Gottesdienste als gemeindliche Versammlung an Bedeutung einbüßen, die Feste im Jahr und Leben aber als gottesdienstliche Angebote wahrgenommen werden.

4. Divergierende Entwicklungen im 19. Jahrhundert

Im Vergleich zum relativ geschlossenen katholischen Milieu stellt sich der Protestantismus im 19. Jahrhundert deutlich pluraler dar. Vertreter aufklärerischer, liberaler Theologie, die sich etwa historisch-kritisch mit der Bibel als einem Text von Menschen auseinandersetzen, stehen neben jenen, die konservativ an den alten lutherischen Traditionen festhalten und diese neu zu beleben versuchen. Wieder andere sind beheimatet im pietistischen Protestantismus, der die persönliche Berührtheit und das innere religiöse Erleben so stark betont und den Weg zur Erweckungsbewegung öffnet. Diese Positionen sind zwar keineswegs streng voneinander geschieden, es gibt verschiedentlich Berührungspunkte, vermittelnde Auffassungen und Strömungen in die eine wie in die andere Richtung, aber in ihrer reinen Form stehen sie nicht selten ebenso getrennt nebeneinander wie Katholiken und Protestanten. Hinzu kommt, dass diese Strömungen in regional unterschiedlicher Stärke auftreten und damit den protestantischen Landschaften ein spezifisches Gepräge verleihen. Entsprechend vielfältig präsentiert sich die Gestalt des evangelischen Gottesdienstes und seiner Frömmigkeitskultur im 19. Jahrhundert.

Weitreichende Auswirkungen auf den Gottesdienst haben darüber hinaus die Bestrebungen in Preußen, lutherische und reformierte Gemeinden zu einer konfessionellen Union zusammenzuführen und eine einheitliche evangelische Kirche zu schaffen, die als ihr wesentliches Kennzeichen eine gemeinsame Agende erhalten soll. Der preußische König Friedrich Wilhelm III. (1770–1840) vermutet in der prachtvoll-opulenten katholischen Liturgie den Grund, weshalb nicht wenige Protestanten, vor allem aus dem Milieu der Künstler und Literaten, ihrem eigenen nüchternen Gottesdienst den Rücken kehren und zum Katholizismus konvertieren. Kurzerhand greift er selbst zur Feder und entwirft eine neue Agende, die sich strikt von den Prinzipien der Aufklärungsliturgie verabschiedet und, angeregt von frühen protestantischen Vorlagen, einen Gottesdienst konzipiert, der nicht nur streng geordnet ist, sondern auch viele Elemente enthält, die bewusst an die katholische Liturgie erinnern sollen: Kruzifix, Lichter, Kreuzzeichen, Niederknien bei den Abendmahlsworten, Chorgesang, feste Gebetsformeln und Beschränkung der Predigt auf höchstens eine halbe Stunde. Die 1821/22 eingeführte und von oben oktroyierte Preußische Agende ruft allerdings den massiven Unwillen von beiden Seiten, Lutheranern wie Reformierten, hervor. Der heftig ausgetragene „Agendenstreit", in den auch der Theologe Friedrich Schleiermacher (1768–1834), ein scharfer Kritiker der königlichen Bestrebungen, eingreift, führt zu revidierten Fassungen des Gottesdienstbuches mit Zugeständnissen vor allem an die reformiert geprägten Provinzen. Letztendlich bleibt die Vorstellung einer einheitlichen Liturgie der evangelischen Kirche der Union utopisch, nicht zuletzt weil die Gemeinden und Geistlichen mehr und mehr die Zuständigkeit für ihren Gottesdienst reklamieren.

Hatte die Aufklärung versucht, durch eine an menschlicher Erfahrung und Vernunft orientierte Neuordnung des Gottesdienstes auf die gesellschaftlichen und ökonomischen Veränderungen zu reagieren, gehen nun die Vertreter des Neuluthertums einen anderen Weg. Angesichts der Verunsicherung durch die sozialen Umbrüche auf dem Weg zur modernen Industriegesellschaft erscheint es verlockend, an der alten kirchlichen Welt und ihrem Gottesdienst wieder anzuknüpfen. Durchaus motiviert von einer romantischen Sicht der Vergangenheit und der Sehnsucht nach subjektivem Gefühl und Erleben, wollen sie die alte Tradition des lutherischen

Gottesdienstes wieder zum Leben erwecken. Dass es ihnen dabei nicht einfach um eine unbesehene Übernahme der alten Formen geht, wird etwa an Wilhelm Löhe (1808–1872) sichtbar. Der Dorfpfarrer im mittelfränkischen Neuendettelsau nimmt zwar Maß am lutherischen Messordinarium, greift aber darüber hinaus auf das Gut anderer liturgischer Traditionen zurück und erneuert Tagzeitenliturgie, Privatbeichte und Krankensalbung. Vor allem weiß er intuitiv um die religionspsychologische Bedeutung des Kirchenraumes, der Geräte und Gewänder sowie der liturgischen Dramaturgie in Worten und Gesten. In seiner weitverbreiteten Agende 1844 (^{2}1853/59) versteht er das Abendmahl nicht nur als konstitutiv für den Sonntagsgottesdienst, er bezeichnet es sogar als den höchsten Zielpunkt der ganzen Feier, in der die Predigt freilich den ersten der beiden Gipfelpunkte bildet. Die Ideen der neulutherischen Liturgik, wie sie etwa bei Löhe konkrete Gestalt annehmen, haben schließlich den Weg in manche landeskirchlichen Agenden wie die von Bayern, Hannover, Sachsen oder Mecklenburg gefunden.

5. Liturgische Bewegungen im Protestantismus des 19. und 20. Jahrhunderts

Die schon angedeuteten politischen, sozialen und kulturellen Wandlungsprozesse beschleunigen sich in der zweiten Hälfte des 19. Jahrhunderts und müssen von den Kirchen jeglicher Konfession bewältigt werden. Diesen Herausforderungen stellt sich die sogenannte „ältere liturgische Bewegung“. Sie kommt aus der liberalen, wissenschaftlichen Theologie und nimmt den Gedanken des bereits genannten Friedrich Schleiermacher auf, der den Gottesdienst als ein „darstellend-dramatisches Handeln“ der Gemeinde versteht. Vor allem Julius Smend (1857–1930) und Friedrich Spitta (1852–1924), zeitweise gemeinsam Professoren in Straßburg, greifen darauf zurück und entwickeln psychologische, ästhetische und ethische Zugänge zum Gottesdienst, in denen sie Elemente der zeitgenössischen Kultur aufnehmen und eine Brücke zwischen dem Gottesdienst und dem Leben der Gläubigen zu schlagen versuchen.

Der Erste Weltkrieg macht dann dem allgemeinen Fortschritts- und Wachstumsoptimismus der wilhelminischen Kaiserzeit in Politik, Wirtschaft und Technik endgültig ein Ende. Die überkommene bürgerliche Kultur mit ihren Normen und Werten vermag nicht mehr zu überzeugen, sie geht im Bombenhagel des Krieges unter. Den notwendigen Neuaufbruch kann, so die Anschauung, nur eine neue Generation leisten. Die deutsche Jugendbewegung, ein Sammelbecken verschiedener lebensreformerischer Erneuerungsinitiativen, stellt den überkommenen Vorstellungen und Werten Selbstbestimmung, Gemeinschaft, Natürlichkeit und Einfachheit entgegen. Das damit verbundene Lebensgefühl korreliert mit zentralen Prinzipien und Formen der Liturgie, wie dies Romano Guardini (1885–1968) auf katholischer Seite mit seinem 1918 erschienenen Bändchen „Vom Geist der Liturgie" eindrucksvoll aufweist.

Auch im deutschen Protestantismus öffnen sich verschiedene Gruppierungen und Strömungen für eine neue Wahrnehmung des Gottesdienstes. Sie werden üblicherweise unter dem Begriff der „jüngeren liturgischen Bewegung" zusammengefasst. Dabei lassen sich vier Strömungen unterscheiden:

– Der Religionsphilosoph und Theologe *Rudolf Otto* (1869–1937) sieht in seinen religionsgeschichtlichen Vergleichen das Göttliche als eine Vertrauen und ehrfürchtige Schauer zugleich erweckende Macht, vor der letztlich nur „heiliges Schweigen" möglich sei. Deshalb soll der Gottesdienst mystische Erfahrungen des „Heiligen" ermöglichen.
– Die *hochkirchliche Bewegung* (seit 1947 Evangelisch-ökumenische Vereinigung), die sich 1918 gründet, sucht hingegen aus einer ökumenischen Perspektive die sakramentale Liturgie wiederzubeleben und knüpft dafür bei den Bestrebungen des Neuluthertums an. Demnach soll die Eucharistiefeier wieder die grundsätzliche Norm des sonn- und werktäglichen Gemeindegottesdienstes werden. Ebenso fördert die Bewegung das Tagzeitengebet, die Feier des Kirchenjahres mit der Verehrung evangelischer Heiliger und die Privatbeichte. Dafür schöpft sie aus dem reichen anglikanischen, altkatholischen und ostkirchlichen Liturgiegut. Die aus diesem Kreis stammenden liturgischen Texte wie das „Evangelisch-katholische Brevier" (1931) für die Tagzeiten und die „Deutsche Messe" (1939) finden weit über die Bewegung hinaus Beachtung.
– Der Beitrag der *Kirchlichen Arbeit von Alpirsbach*, 1933 aus einer Singwoche im Alpirsbacher Münster hervorgegangen, besteht vor allem in ihrem Bemühen um eine Neubelebung des gregorianischen Chorals im evangelischen Gottesdienst.

– Besondere Bedeutung kommt aber dem *Berneuchener Kreis* zu, da seine Protagonisten großen Einfluss auf die Neugestaltung der Liturgiebücher nach 1945 haben werden. Von 1923 bis 1927 findet sich in Berneuchen, einem Ort in der ehemaligen Neumark (heute polnisch Barnówko), ein eng mit der Jugendbewegung verbundener Kreis um die Theologen Wilhelm Stählin (1883–1975) und Karl Bernhard Ritter (1890–1968) zusammen, der sich für eine am Evangelium orientierte Neugestaltung der Kirche einsetzt. Im Mittelpunkt stehen Verkündigung, Gottesdienst und Diakonie. Für den Gottesdienst schaffen die Berneuchener neue Ordnungen, wobei sie an der Form der Messe Maß nehmen und die Abendmahlsfrömmigkeit fördern. Die in der Jugendbewegung geschätzte „natürliche Formgebung" und die Betonung der Leiblichkeit greifen sie für die Liturgie auf, indem sie den Gesten und Gebärden eine größere Aufmerksamkeit schenken. Vor allem die 1931 gegründete, aus dem Berneuchener Kreis hervorgegangene Evangelische Michaelsbruderschaft pflegt die erneuerten gottesdienstlichen Formen und legt Wert auf Bibellesung und gemeinsames Tagzeitengebet.

Obgleich diese vier Gruppierungen aus unterschiedlichen Motiven entstanden sind, verbindet sie der Gedanke, die geistig-kulturelle Situation nach 1918 produktiv aufzunehmen. In der Wendung zum „Objektiven", in den gegen Individualismus und Subjektivismus gerichteten Strömungen, in dem neuen Zug zur Mystik und im Erwachen eines neuen Lebensgefühls haben sie kulturelle Impulse wahrgenommen, Gottesdienst und Spiritualität zu erneuern.

Überlebenswichtige Bedeutung für beide großen Kirchen nimmt das gottesdienstliche Leben in der Zeit des „Dritten Reiches" an. Denn der zunehmend rigoristischere Kirchenkampf der NS-Schergen unterbindet jegliche öffentliche Wirksamkeit der Kirchen und Gemeinden und engt ihren Aktionsradius auf den Kirchenraum ein. Sich im Glauben zu stärken, ist damit fast nur noch im Gottesdienst möglich. Er muss darum so gestaltet sein, dass die Gläubigen hier die notwendige geistliche Kraft finden, dem Glauben treu zu bleiben und sich gegen die menschenverachtende Ideologie des Nationalsozialismus zu wappnen. Während die dem Regime verbundenen „Deutschen Christen" sich am nationalen Kult und seiner monströsen Gestaltung begeistern und diese Formen für ihre Feiern übernehmen, wenden sich die bekennenden Theologen und Gemeinden konsequent dem „klassischen" reformatorischen Gottesdienst zu. Die alten Choräle mit ihren Bildern von Kampf und Anfechtung, die altertümlich wirkenden Liturgien, die Ausrichtung auf die Heilige Schrift und die aktive Teilnahme der Gemeindemitglieder durch gemeinsames Beten und Singen tragen maßgeblich dazu bei, die eigene christliche Identität zu bewahren und sich von der umgebenden (Un-)Kultur abzugrenzen. Das Kirchenjahr erhält ein neues Gewicht, da sein Zeitrhythmus einen eigenen geistlichen Lebensraum formt, der den nationalen und bürgerlichen Festfeiern entgegensteht. Neue geistliche Lieder werden geschaffen, die in Sprache und Melodie einen unüberhörbaren Kontrapunkt zur schrill tönenden Marschmusik ihrer Zeit bilden. Spiegeln sich in Jochen Kleppers (1903–1942) Gesängen die Zweifel und Anfechtungen jener Zeit ebenso wie das unbedingte Vertrauen auf einen rettenden Gott, rufen die Lieder von Otto Riethmüller (1889–1938) kämpferisch-herausfordernd zum Glaubenszeugnis auf und greifen dabei auf das Liedgut der Evangelischen Jugendbewegung zurück. Schließlich erhält auch die Feier des Abendmahls ein neues Gewicht, denn die Teilnahme an der eucharistischen Mahlgemeinschaft vermittelt in besonderer Weise das Erlebnis der gemeinsamen Stärkung und Tröstung im Bekenntnis des Glaubens.

Die Erfahrung, dass der Gottesdienst mit seiner traditionellen Ausrichtung in einer bedrängenden Zeit Kraft, Schutz und Identität verleiht, beeinflusst die Entwicklung der protestantischen Liturgie nach 1945 stark. Der zunächst noch hohe Gottesdienstbesuch in den ersten Nachkriegsjahren erweckt den Eindruck, man könne nahtlos an der Praxis der zurückliegenden Zeit anknüpfen. Als im aufkommenden „Wirtschaftswunder" der zunehmende Wohlstand ein ausgedehntes Wochenende mit einem veränderten Freizeitverhalten ermöglicht, schrumpft aber zusehends und immer rascher die Zahl der Gemeindemitglieder, die regelmäßig am Sonntagsgottesdienst teilnehmen. Dennoch hält man an der überkommenen Ordnung des Gottesdienstes fest. Gilt sie doch als Garant für eine geschlossene kirchliche Lebenswelt, die sich gegen die rasanten gesellschaftlichen und kulturellen Umbrüche stemmt. Hinzu kommt, dass nun die Generation von Theologen tätig wird, die wesentlich von den liturgischen Aufbrüchen nach 1918 geprägt ist und die jetzt ihre Vorstellungen in die Arbeit an einer neuen, für die unierten und lutherischen Kirchen gemeinsam zu erstellenden Agende einbringen. Das 1955/59 publizierte Agendenwerk für die Vereinigte Evangelisch-Lutherische Kirche Deutschlands (VELKD) und für die Evangelische Kirche der Union (EKU) wie schon das 1950 erschienene Evangelische Kirchengesangbuch präsentieren eine Gottesdienstordnung, die sich vor allem an den liturgischen Prinzipien des Neuluthertums im 19. Jahrhundert orientiert. Sie gilt, nach den Worten des evangelischen Theologen Peter Cornehl, als die „umfassendste liturgische Restauration, die es in der Geschichte des evangelischen Gottesdienstes je gegeben hat" (*Cornehl*, 1985, 77), und entspricht damit der gesellschaftlichen restaurativen Tendenz, wie sie in Staat und Kirche nach der Katastrophe des Nationalsozialismus insgesamt zu beobachten ist.

Schon kurz nach Einführung der neuen Agende regt sich denn auch Widerstand gegen die einheitlichen, von oben diktierten und festgefügten Ordnungen; dies schon deshalb, weil die evangelischen Gemeinden keineswegs mehr eine geschlossene kirchliche Sozialgestalt bilden, sondern längst in unterschiedlichen Milieus beheimatet sind. Bereits zu Beginn der 1960er-Jahre sucht man nach neuen Formen des Gottesdienstes, die sich an der zeitgenössischen Lebenspraxis der Gemeindemitglieder orientieren. Kirchentage und ökumenische Großveranstaltungen bieten Gelegenheiten zu liturgischen Experimenten und vermitteln Formen des Gottesdienstes, die den gesellschaftlich-kulturellen Entwicklungen entsprechen, in die Kirchengemeinden. So entstehen altersgemäße Kinder-, Jugend- und Familiengottesdienste, die sich für neue Musik (Jazz, Beat, Pop) und für aktionsbetonte Elemente („Aktion Gottesdienst") öffnen. Die zunehmende politische Sensibilisierung vor allem in Kreisen der Studierenden, Künstler und Intellektuellen, herausgefordert durch den sich zuspitzenden Ost-West-Konflikt und die weltpolitischen Krisen wie den Vietnamkrieg (1968), lässt den Ökumenischen Arbeitskreis in Köln, zu dem neben anderen Dorothee Sölle (1929–2003), Fulbert Steffensky (geb. 1933) und Heinrich Böll (1917–1985) gehören, zum „Politischen Nachtgebet" aufrufen. Angeregt durch die ökumenische Brüdergemeinschaft von Taizé finden auch meditative Formen von Gebet und Gesang Eingang in die gottesdienstliche Praxis („Liturgische Nacht"). Das „Feierabendmahl", ebenfalls aus ökumenischen Impulsen entstanden, leitet eine Erneuerung des Abendmahls ein. Das Spektrum des gottesdienstlichen Lebens in den evangelischen Gemeinden weitet sich in jener Zeit beträchtlich aus. Dabei korrespondiert es mit den zunehmend pluraler und individueller sich gestaltenden Lebensbedingungen und -entwürfen. Auch die nach dem Zweiten Vatikanischen Konzil (1962–1965) verstärkte ökumenische Zusammenarbeit der beiden großen Kirchen in Deutschland hat sich auf die Entwicklung der Liturgie ausgewirkt. Ökumenische Gottesdienste bilden längst keine Ausnahmeerscheinungen mehr, sie gehören heute in vielen evangelischen und katholischen Gemeinden zum regulären liturgischen Programm. Überdies haben die liturgischen Bewegungen in beiden Kirchen Impulse aus den je anderen Traditionen aufgenommen und für die gottesdienstliche Praxis fruchtbar gemacht.

Die wachsende Kritik an der Agende 1955/59 und die veränderten Gegebenheiten in Kirche und Gesellschaft zeigt den Mitgliedern der „Lutherischen Liturgischen Konferenz", die die Agendenarbeit verantwortet, unmissverständlich, dass ein bestimmtes liturgisches Modell, festgefügt in eine verbindliche Ordnung, für die weitere Zukunft nicht handlungsleitend sein kann. Der Gottesdienst darf, so die Erkenntnis, bei aller Wahrung der Substanz, die gesellschaftlichen Veränderungen nicht ignorieren. Entsprechend sucht man die Erneuerung der Agende weiterzuentwickeln. Unter der maßgeblichen Federführung des bedeutenden Heidelberger Liturgikers Frieder Schulz (1917–2005) entsteht eine Grundform des Gottesdienstes, die von zwei Prinzipien bestimmt ist:

- Sie soll einerseits eine gleichbleibende Grundstruktur haben,
- andererseits aber zugleich für variable Ausformungsvarianten offen sein.

Damit ist der Boden bereitet für das „Evangelische Gottesdienstbuch", das 1999 als gemeinsame unierte und lutherische Agende herauskommt. Dabei ist daran zu erinnern, dass dieses Liturgiebuch keineswegs einen verpflichtenden Charakter besitzt und es insofern den Gemeinden und Geistlichen freisteht, dieses Buch als Grundlage für die Gestaltung des Gottesdienstes zu verwenden.

Das Gottesdienstbuch enthält nun zwei Grundmodelle, an denen sich Feiern mit und ohne Abendmahl orientieren können:

Form I	Form II
Eröffnung und Anrufung	Eröffnung und Anrufung
Verkündigung und Bekenntnis	Verkündigung und
Bekenntnis	
Abendmahl	[Abendmahl]
Segen und Sendung	Fürbitte und Sendung

Darüber hinaus legen die Bearbeiter dem Konzept Kriterien zugrunde, die zentrale Aspekte einer „Theologie des Gottesdienstes" berühren:

- Gottesdienst ist nicht ein Geschehen zwischen dem aktiven Geistlichen und der passiven Gemeinde. Weil alle Getauften Träger der Liturgie sind, muss der Gottesdienst unter Beteiligung der ganzen Gemeinde gefeiert werden.
- Gottesdienst lebt zwar von den Traditionen in Bibel, Gesang und Gebet, aber er muss zugleich offen sein für die Anliegen und Ausdrucksweisen der Menschen heute. Deshalb sind bewährte Traditionen zu pflegen, ohne die Situation der Gegenwart aus dem Blick zu verlieren.
- Gottesdienst als Feier der christlichen Gemeinde steht in Verbindung mit Israel, dem erstbundlichen Gottesvolk, und mit den christlichen Kirchen der ganzen Ökumene. Aus dem Schatz dieser Traditionen muss auch der Gottesdienst heute schöpfen.
- Gottesdienst braucht eine Sprache, in der sich alle Gruppierungen in der Kirche, Männer und Frauen, Jugendliche und Kinder, gleichermaßen wiederfinden können und die niemanden ausschließt.
- Gottesdienst zielt nicht allein auf den Verstand und das Denken. Er lebt auch davon, dass wir Menschen leiblich-sinnliche Wesen sind. Deshalb gehören Gesten, Zeichen und Symbole zum gottesdienstlichen Feiern.

In vielen dieser Kriterien lassen sich durchaus Entwicklungen und Positionen finden, die – mit unterschiedlicher Gewichtung – auch für die Liturgiereform in der katholischen Kirche nach dem Zweiten Vatikanischen Konzil bedeutsam geworden sind. Wenn man zudem bedenkt, dass das Evangelische Gottesdienstbuch in kreativer Aneignung reichlich aus den liturgischen Traditionen des Ostens wie des Westens schöpft, werden – bei aller konfessioneller Eigenständigkeit – Konvergenzen im Verständnis und in der Praxis des Gottesdienstes deutlich.

Die gottesdienstliche Praxis der vergangenen Jahre hat dabei allerdings auch die Grenzen des Buches mit seinem Grundkonzept aufgezeigt. Denn angesichts einer sich weiter verändernden kirchlichen und gesellschaftlichen Landschaft und in einer Zeit, in der auf der Grundlage der ökumenischen Zusammenarbeit die konfessionellen Traditionen wieder stärker profiliert werden, wird sich auch die gottesdienstliche Praxis wie ein Gottesdienstbuch fortentwickeln.

Weiterführende Literatur

Übersichten mit weiteren Literaturhinweisen zur Geschichte des reformatorischen Gottesdienstes finden sich vor allem in den Handbüchern und Lexikonartikeln

- Leiturgia. Handbuch des evangelischen Gottesdienstes, 5 Bde., hg. von Karl Ferdinand MÜLLER und Walter BLANKENBURG, Kassel 1954–1970 *[ein neueres Werk in Anlage und Umfang gibt es nicht; bietet gerade auch viele Informationen zur Liturgiegeschichte, wenngleich in manchen Punkten überholt].*
- Handbuch der Liturgik. Liturgiewissenschaft in Theologie und Praxis der Kirche, hg. von Hans-Christoph SCHMIDT-LAUBER, Michael MEYER-BLANCK und Karl-Heinrich BIERITZ, Göttingen ^{3}2003.
- Michael MEYER-BLANCK, Gottesdienstlehre, Tübingen 2011, 162–183 *[kurzgefasster Überblick mit kulturwissenschaftlichen Hinweisen].*
- Peter CORNEHL, Art. Gottesdienst. VIII. Evangelischer Gottesdienst von der Reformation bis zur Gegenwart, in: Theologische Realenzyklopädie 14 (1985) 54–85 *[trotz der komprimierten Darstellung eine gute Übersicht].*

Eine Quellensammlung mit wichtigen Texten aus Agenden, Kirchenordnungen und theologischen Beiträgen aus der Zeit von 1522 bis 1990 bietet

- Evangelischer Gottesdienst. Quellen zu seiner Geschichte, hg. von Wolfgang HERBST, Göttingen 1992.

Zu einzelnen Phasen der reformatorischen Liturgiegeschichte finden sich gut lesbare Darstellungen in

- Liturgiereformen. Historische Studien zu einem bleibenden Grundzug des christlichen Gottesdienstes. FS Angelus A. Häußling, hg. von Martin KLÖCKENER und Benedikt KRANEMANN (Liturgiewissenschaftliche Quellen und Forschungen 88), Münster 2002: Bd. 1: zur reformierten Liturgiereform in Neuchâtel (Bruno BÜRKI) und zur protestantischen Aufklärungsliturgie (Alfred EHRENSPERGER); Bd. 2: zu den Liturgischen Bewegungen im deutschen Protestantismus (Karl-Heinrich BIERITZ) und zur Agendenreform in den evangelischen Kirchen (Frieder SCHULZ).

Viel zu sehen und zu hören … Gottesdienst und konfessionelle Frömmigkeit im Barockzeitalter

1. „Muße und Verschwendung" – Gesellschaft und Kultur im „katholischen" Barock

In seinem großen Werk über die europäische Gesellschaft und Kultur im Barockzeitalter charakterisiert der Historiker Peter Hersche die Epoche zwischen 1600 und 1750/1770 als ein – im Gegensatz zur protestantischen Kultur – höchst katholisches Phänomen und als eine Zeit der „Muße und Verschwendung": „Es wird, abgesehen von der Kunst, nur so viel gearbeitet, wie es für die Befriedigung der unmittelbaren Lebensbedürfnisse des Individuums und die demonstrative Verschwendung der verschiedenen Gemeinschaften und Gruppen notwendig ist. Arbeit ist nicht Selbstzweck, sondern eher (nach Gen 3,19) notwendiges Übel. Mußepräferenz ist ein Leitwert aller sozialen Schichten" (*Hersche* 2011, 33). Zumindest für die großen katholischen Regionen Europas – mit Ausnahme Frankreichs, wo sich ein eher „klassizistischer Katholizismus" ausprägt – kann man tatsächlich eine von der Frömmigkeit bestimmte soziale und kulturelle Formierung beobachten. Gegenüber Politik, Recht und Militär, Ökonomie, Wissenschaft und technischem Fortschritt dominiert hier das Kulturell-Religiöse – und dies in allen Ständen der Gesellschaft, angefangen beim Adel über den Klerus als Vermittler bis zum Bauerntum und zum gewöhnlichen Volk. In dieser Epoche steht die Kirche im Mittelpunkt aller Lebensbereiche. Sie beherrscht auch personell das Bild, denn nicht zuletzt wegen der gestiegenen Nachfrage nach geistlichen Leistungen verdoppelt, ja verdreifacht sich die Zahl der Priester und Ordensleute im Laufe des Barockzeitalters.

Ähnlich wie in der spätmittelalterlichen Frömmigkeit ist die barocke Religiosität nicht auf Verstand und Erkenntnis ausgerichtet, hier werden alle Sinne des Menschen angesprochen, gibt es viel zu sehen, zu hören und zu erleben. Dabei verbleibt die barockzeitliche Frömmigkeit inhaltlich weitgehend im Traditionellen. Sie führt spätmittelalterliche Frömmigkeitsformen und -motive weiter, wird aber nun vor allem gemeinschaftlich ausgeübt und trägt nach außen den Charakter einer konfessionellen Demonstration. Sie prägt den Alltag des Individuums wie der Gemeinschaft. Trotz aller Nöte, Gefahren und des Bewusstseins der Vergänglichkeit sind Genuss, Daseinsfreude, das Leben im Augenblick charakteristisch für das Lebensgefühl wie für die Glaubenspraxis im Barock. Alltag und Fest durchdringen sich gegenseitig, Sakrales und Profanes, Glauben und Leben sind bis zur Untrennbarkeit vermischt.

Auf diesem Hintergrund spielen „Muße und Verschwendung" eine zentrale Rolle: Hunderttausende Kirchen werden neu gebaut oder barockisiert. Selbst wo alte Kirchen noch brauchbar sind, werden sie niedergerissen, um eine schmucke Barockkirche hinzustellen. Religiöse Kleindenkmäler entstehen in großer Zahl: Kapellen, Kreuzwege, Kalvarienberge, Heiligenstatuen, Weg- und Feldkreuze bilden eine regelrechte Sakrallandschaft aus. Musik in Spitzenqualität erklingt nicht nur an den Höfen großer und kleiner Herrscher, sondern vor allem in den Kirchen und Klöstern, wo sie jedermann zugänglich ist. Der liturgische Kalender mit seinen zahlreichen Festen gibt reichlich Gelegenheit, mehr oder weniger ausgiebig zu feiern. Außerordentliche Anlässe wie Heiligsprechungen, Jubiläen, Reliquientranslationen und Marienkrönungen werden von Heerscharen von Menschen vorbereitet und ausgestaltet. Nicht allein sündhaft teures Feuerwerk, auch vergängliche Kunst, die nur für eine Festfeier geschaffen wird, gehört zum Bild dieser Zeit. Selbst das Begräbnis soll mit möglichst großem Pomp vor sich gehen, weshalb man für die dramatische Ausgestaltung und die zahlreichen Seelenmessen tief in die Tasche greift.

Viele Studien belegen, dass die Neuorientierungen und Reformbeschlüsse des Konzils von Trient (1545–1563) keineswegs unverzüglich und konsequent durchgeführt wurden. Zu Recht hat man festgestellt, „dass die groß geplante Reform auf halbem Wege stecken blieb, in vielen Teilen Südeuropas gar nicht einmal ansatzweise durchgeführt wurde" (*Hersche* 2011, 37 f.). Vielfach erst im Zuge der katholischen Aufklärung seit der zweiten Hälfte des 18. Jahrhunderts versucht die kirchliche Obrigkeit, die Trienter Beschlüsse in die Praxis umzusetzen. Deshalb gilt die Barockzeit auf weite Strecken als eine Zeit der auflockernden Reaktion auf die tridentinisch-gegenreformatorische Strenge. Allerdings trägt diese Epoche in sich aber auch bereits eine Keimzelle für ein neues, ernsthaftes und von der konfessionellen Kultur geprägtes Verständnis von Glauben, Kirche und Seelsorge. Es lässt sich leicht denken, dass all diese, zum Teil durchaus divergierenden Entwicklungen sich umfangreich auf den Gottesdienst und die Frömmigkeit jener Zeit auswirken.

2. Zur Eigenart barockzeitlicher Liturgie

Im Gegensatz zur Annahme, die Liturgie sei nach dem Konzil von Trient und dem Erscheinen der nachtridentinisch-römischen Liturgiebücher eine Epoche vereinheitlichender Normierung und rubrizistischer Erstarrung gewesen, darf gerade die Barockzeit als ein exponiertes Beispiel für eine höchst innovative Entwicklungsphase des katholischen Gottesdienstes gelten. Denn die Feiergestalt der Barockliturgie ist in starkem Maße von den kulturellen Wandlungen und Kräften jener Zeit geprägt und geht eine äußerst enge wie fruchtbare Symbiose mit den großen künstlerischen Leistungen in Architektur und Malerei, in Raumausstattung (Skulptur, Goldschmiede- und Textilkunst) und Musik ein. Indem diese Künste auf die Liturgie einwirken, geben sie ihr ein ganz eigenes Gesicht, von dem die amtlichen Liturgiebücher mit ihren normierenden Vorschriften freilich keine Notiz nehmen.

Zwar bleibt die seit dem Mittelalter beobachtete Kluft zwischen dem Universalismus einer nun römisch verordneten und verbindlich geregelten, „offiziellen“ Liturgie und dem Partikularismus verschiedenster Spielarten der lokal blühenden „Volksfrömmigkeit“ weiterhin bestehen. Diese Zweigleisigkeit verstärkt sich sogar noch, da die Liturgie im Dienst einer Klerus und Laien disziplinierenden „tridentinischen Frömmigkeit“ stehen soll und darum einen betont reglementierenden, ja rubrizistisch-jurisdiktionellen Charakter erhält, sodass die Barockliturgie vor allem als „Zeremoniell“ wahrgenommen wird. Dies allerdings entspricht wiederum der zeitgenössischen Kultur, in der Repräsentation und Etikette eine große Rolle spielen.

Hatten bis dahin nicht wenige Priester den Gottesdienst in den Stadt- und Landkirchen oft nachlässig und träge persolviert, legt man nun Wert auf eine feierliche Liturgie mit ästhetischen Bewegungen und Gebärden. Kelche und Monstranzen aus Zinn oder Kupfer genügen nicht mehr, man schafft vergoldete Gefäße an und sorgt sich um saubere Gewänder in allen liturgischen Farben. Ein ansprechender und die Menschen beeindruckender Gottesdienst soll, so die Intention, im Zuge der sich ausprägenden konfessionellen Kultur zur Glaubwürdigkeit der tridentinischen Glaubenslehre und zur Stärkung der eigenen katholischen Identität beitragen. Mit ihrer sinnenreichen, choreografisch inszenierten Feiergestalt dürfte die Barockliturgie eine wahrnehmungsgeschichtliche Dimension erreicht haben, deren Strahlkraft selbst in einer einfachen Dorfkirche erst vor dem Hintergrund des kargen Alltagslebens aufleuchtete. So urteilt der Historiker Bernd Roeck: „Die Rekonstruktion frühneuzeitlicher Lebensverhältnisse erst vermag eine Vorstellung davon zu vermitteln, wie das Erlebnis eines katholischen Gottesdienstes in der Zeit der Gegenreformation oder der Eindruck eines barocken Kirchenraumes gewirkt haben müssen – auf Menschen eben, deren Alltagswelt alles andere als groß, weiträumig, vergoldet oder von Weihrauch … erfüllt war“ (zit. nach *Holzem* 1998, 376).

Allerdings ist auch nicht zu übersehen, dass sich die Teilnahme der Gläubigen bei dieser Form einer hoch artifiziellen Liturgie weithin auf das ruhige Zuschauen (Hochaltar, Licht, Gewandung, Bewegung) und Zuhören (Musik, Gesang, Orgel) beschränkt, die allerdings zu einer inneren Berührung und visuellen Ergriffenheit führen sollen. Auf das Schauen und Hören ist denn auch die Gesamtkonzeption der Barockkirche ausgerichtet. Sie bildet als Ganzes einen himmlischen Festsaal auf Erden und lässt dem Betrachter durch die illusionierend gestaltete Deckenausmalung geradezu einen Blick in den Himmel Gottes mit seinen Heiligen tun. Franz-Heinrich Beyer resümiert denn auch zu Recht: „In diesem gleichsam auf die Erde herabgestiegenen Himmel feierten die Gläubigen im Triumphgefühl über die Abwehr der neuen Irrlehre wie die wiedererlangte Sicherheit durch die Reformen des Konzils von Trient ihren Gottesdienst, der als Fest angesehen wurde. Nicht mehr der einstimmige Choral, sondern die polyphone Musik, aufgeführt durch einen Sängerchor, gestaltete selbst in einem Dorfe das heilige Messopfer zu einem großen Ereignis“ (*Beyer* 2008, 129).

Im Mittelpunkt der Barockkirche steht der nun von allen Seiten frei sichtbare, nicht mehr durch einen Lettner verstellte Hochaltar. Dessen Zentrum wiederum bildet der Tabernakel mit dem Expositorium für das Altarsakrament, der „Thron“ für das Allerheiligste. Die vielfältigen Formen zur Verehrung der Eucharistie durch Anbetung, Prozessionen und Segen mit der Monstranz entsprechen durchaus den Erwartungen der Gläubigen, sie werden allerdings auch obrigkeitlich massiv gefördert, lässt sich doch so die katholische Lehre von der bleibenden Realpräsenz Christi in der

Eucharistie bei den Gläubigen stärken. Die architektonische Zentrierung der ganzen Kirche auf den Hochaltar mit dem Tabernakel veranschaulicht die Glaubenslehre und hält zu einer entsprechenden Frömmigkeitspraxis an. Zugleich stellt der Hochaltar mit seiner architektonischen Rahmung, seinem Altarbild und seiner Bekrönung als visuelles Tor die Verbindung zum himmlischen Heilsgeschehen her. Die Gemeinde verharrt dabei weitgehend in den inzwischen üblich gewordenen Kirchenbänken, ausgestattet mit Kniebänken, um bei der Anbetung der Eucharistie niederzuknien. Wenn man überhaupt kommuniziert, was in der Regel außerhalb der Messe geschieht, empfangen die Gläubigen die konsekrierte Hostie ebenfalls kniend und zwar an der Kommunionbank, die zugleich den Chorraum, den allein der Klerus betreten darf, vom Raum der Laien abgrenzt. Auch die breiten Prozessionswege dienen nicht den Umgängen des Volkes, sondern sind für die Prozessionen der zahlreichen Kleriker gedacht, deren große Aufzüge ebenfalls auf das Sehen und Hören, durch Weihrauch und Wachslichter auch auf den Geruchssinn ausgerichtet sind. Weitere Ausstattungselemente, die der tridentinischen Pastoral dienen, prägen den barocken Kirchenraum. So wird die Kanzel nun zu einer von Heiligen und Engeln umgebenen Bühne für die Verkündigung des rechten Glaubens, und der sich seit dem 18. Jahrhundert endgültig durchsetzende, obligatorische Beichtstuhl sorgt nicht nur für die räumlich-körperliche Trennung zwischen Beichtvater und Pönitenten, zugleich erinnert er die Gläubigen schon durch seine Aufstellung im Kirchenraum ständig an die hohe Bedeutung, die man dem Bußsakrament in der Seelsorge jener Zeit zumisst.

Für ihre eigene gefühlsbetonte Frömmigkeitspraxis müssen sich die Laien freilich eigene Wege und Formen suchen. Dem dienen die zahlreichen Wallfahrten, Flur- und Stadtumgänge, Sakraments- und Bittprozessionen, Volks- und Gemeinschaftsandachten, Vierzigstündiges Gebet, Kreuzweg, Salve-Andachten, religiöse Spiele, Ablassfeste – um nur einen kleinen Ausschnitt zu nennen. So geht vielfach die Stiftung von Flurkapellen, Wegekreuzen und Heiligenstatuen auf die Initiative von Gläubigen zurück, die sich dabei nicht selten auch gegen den Willen des Klerus durchsetzen und sich damit eine eigene, ihnen zugängliche Sakralwelt außerhalb des Kirchengebäudes schaffen, die zugleich dem reichen Prozessions- und Wallfahrtswesen dient.

Zugleich finden sich die Laien in den nun wieder aufblühenden Bruderschaften zusammen, in denen die zeittypischen Frömmigkeitsmotive gepflegt werden und denen über die geistliche Bedeutung hinaus auch soziale Funktionen wie Fest und Geselligkeit zukommen. Auf diese Weise erreichen die – auch kirchlicherseits geförderten – Frömmigkeitsstile wie die Eucharistieverehrung, die Marien- und Heiligendevotion, das Rosenkranzgebet oder das Gebet für die Armen Seelen weite Kreise und tragen zu ihrer Popularität bei. Viele dieser Bruderschaften werden bei den Volksmissionen der Jesuiten und anderer Orden gegründet, um den neu entfachten Eifer für den Glauben nachhaltig zu sichern. Sie entwickeln ein eigenes, reiches Frömmigkeitsleben, das neben den Pfarrgottesdienst tritt und besondere Akzente aufweist. So hält die 1741 errichtete Corpus-Christi-Bruderschaft in der mittelfränkischen Stadt Dinkelsbühl an ihrem Monatssonntag eine große Sakramentsprozession vor der Sonntagsmesse: Der Priester hält die Monstranz in den Händen, stimmt den Hymnus *Pange lingua* (Preise Zunge) an und gibt den Segen, worauf sich die Prozession um die Pfarrkirche in Bewegung setzt. Dabei singt man, begleitet von Pauken und Zinken das *Lauda, Sion, Salvatorem* (Lobe, Zion, deinen Hirten; Sequenz der Fronleichnamsmesse). In der anschließenden Messe erteilt der Priester nach der Lesung und anstelle des Schluss-Segens erneut den eucharistischen Segen, worauf alle das Kirchenlied „Verlass uns nimmermehr, Jesus, du Süßester" singen. Nach dem Gottesdienst finden sich die Bruderschaftsmitglieder zu einer geselligen Runde im Wirtshaus zusammen. So greifen Frömmigkeit und Lebensfreude eng ineinander. Diese für die Zeit typische Verflechtung von Alltag und Frömmigkeit, von Lebenswelt und Glaubenspraxis bekundet sich auch in den zahlreichen Formen privater Devotion wie Kreuzzeichen, Andachts- und Gebetsübungen, dem Gebrauch von Weihwasser und gesegneten Andachtsgegenständen wie Bilder, Reliquien, Wettersegen, Breverl, Medaillen, Amulette, aber auch Andachtsbildchen und Andachtsliteratur, die eine eigene, vielfältige Sachkultur der Barockfrömmigkeit hervorbringen.

3. Kirchenjahreszeitliche Akzente im barockzeitlichen Pfarrgottesdienst

Aus der genannten Pfarrei in Dinkelsbühl ist eine Gottesdienstordnung aus dem Jahre 1769 erhalten, die exemplarisch einen Einblick in die Feier des Kirchenjahres mit seinen barockspezifischen Eigenheiten vermittelt.

Das Kirchenjahr beginnt in Dinkelsbühl nicht wie die römischen Liturgiebücher mit dem 1. Advent, sondern mit dem Fest Mariä Reinigung (volkstümlich auch Mariä Lichtmess) am 2. Februar. Bereits am Vorabend beten nach der mit Figuralmusik gestalteten Vesper Klerus und Volk vor dem Altar der schmerzhaften Muttergottes den Rosenkranz. Am Festtag findet ein feierlicher Gottesdienst mit Kerzenweihe, Lichterprozession und Hochamt mit anschließender Predigt statt, währenddessen an den übrigen Altären weitere stille Messen gelesen werden. Nachmittags finden sich die Gläubigen abermals in der Kirche zur Vesper vor dem ausgesetzten Allerheiligsten ein. Wie der Pfarrer bemerkt, würden die Pfarrkinder durch die Aussetzung der konsekrierten Hostie in der Monstranz mehr zum Besuch der Pfarrkirche angehalten. Ohne dieses eucharistische Element bliebe die Kirche bei der Vesper leer und verlassen, da viele auf die Kirchen der Karmeliter und Kapuziner ausweichen, die zur Komplet die Monstranz zur Anbetung ausstellen. Obwohl das Augsburger Rituale von 1764 die Aussetzung nur zu seltenen Anlässen gestattet, will der Pfarrer, offenbar auch aus pastoralen Gründen, den alten Ortsbrauch weiter gepflegt wissen. Der Hinweis gibt zu erkennen, welche Bedeutung die Gläubigen der Schau des Altarsakraments und dem eucharistischen Segen zumessen.

An jedem Donnerstag in der Fastenzeit findet um 16 Uhr nach der Komplet und der Fastenpredigt die beeindruckende Ölbergandacht statt. In einer dramatischen Feier stellen Schauspieler auf einer Bühne, die als Ölberg gestaltet ist, den angstleidenden Christus dar, zu dem der ihn stärkende Engel mit einem Kelch herabschwebt. So verknüpfen sich fromme Andacht, Gebet und geistliches Schauspiel miteinander und führen den Gläubigen das Ölbergleiden Jesu sinnenhaft vor Augen.

Am Palmsonntag ist um 6 Uhr Kommunikantenmesse vor dem ausgesetzten Allerheiligsten, an deren Ende die Gläubigen die pflichtgemäße Osterkommunion empfangen. Um 8 Uhr versammelt man sich zur Palmweihe und zur Prozession, bei der eine holzgeschnitzte, lebensgroße, auf einem hölzernen Esel reitende Christusfigur mitgeführt wird. Der sogenannte „Palmesel“ bleibt dann noch bis zum Abend in der Kirche ausgestellt und zieht Kinder und Erwachsene an, führt aber wohl auch zu manchem Unsinn und Schabernack. Der Palmeselbrauch wird deshalb von der Aufklärung argwöhnisch betrachtet und schließlich auch beseitigt.

Im Mittelpunkt des Gründonnerstags steht für die Gläubigen nicht die Abendmahlsmesse, die bereits am frühen Morgen gefeiert wird, sondern die Abendandacht, die am Ölberg und am Abendmahl stattfindet. Dabei handelt es sich um lebensgroße Darstellungen, die an der Außenwand der Dinkelsbühler Pfarrkirche angebracht und festlich beleuchtet sind.

Auch der Karfreitag bietet eine Besonderheit. Während morgens früh bei der Karfreitagsliturgie nur wenige Gläubige zugegen sind, findet die anschließende große Passionspredigt und die Übertragung der Eucharistie zum „Heiligen Grab“, verbunden mit festlicher Passionsmusik weit größere Aufmerksamkeit. Den Höhepunkt bildet allerdings der 1624 von den Kapuzinern begründete Brauch der Karfreitagsprozession. Dabei ziehen verkleidete und vermummte Personen durch die Straßen, die Szenen aus dem Alten und Neuen Testament, vor allem der Passion Jesu lebendig darstellen. Dazwischen reihen sich verschiedene Gruppen von Büßern und Geißlern ein. Das Ende des langen Zuges bildet das geschmückte Heilige Grab, dem sich eine große Schar von Andächtigen anschließt.

Bereits am Karsamstagmorgen finden die langen Zeremonien der Ostervigil statt, wozu sich ebenfalls nur wenige Fromme einfinden, vor allem um das frisch geweihte Osterwasser mit nach Hause zu nehmen. Abends versammeln sich die Gläubigen in der Kirche zur Grabmusik und zum schmerzhaften Rosenkranz vor dem Heiligen Grab. Dann beginnt gegen 20 Uhr die Auferstehungsfeier, bei der der Priester aus dem Grab das Allerheiligste erhebt und es am Kreuzaltar den Gläubigen mit dem dreifach erhöht gesungenen „Christ ist erstanden“ zeigt, worauf das Volk das Osterlied fortsetzt und seine Osterfreude zum Ausdruck bringt. Mit einer Prozession durch die Kirche und dem eucharistischen Segen endet die Feier.

Am Fest Christi Himmelfahrt findet um 8 Uhr das Hochamt mit Predigt statt. Besonderen Zulauf hat aber die Predigt um 12 Uhr mittags, denn danach erfolgt die szenische Darstellung der Himmelfahrt. Vor dem Schnitzbild des auffahrenden Christus, das auf dem Kreuzaltar steht, kniet der Priester mit den Ministranten nieder. Nach beendeter Musik inzensiert er es, nimmt es in die Hände und singt dreimal in aufsteigender Tonhöhe „Ascendo ad Patrem meum et Patrem vestrum, alleluja, alleluja.“ (Ich steige auf zu meinem Vater und zu eurem Vater). Langsam, unter mächtiger

Triumphmusik ziehen die Küster, die sich auf dem Dachboden der Kirche befinden, das Bild an einem Seil in die Höhe. Ehe es den Blicken im Gewölbeloch entschwindet, inzensiert der Priester es noch einmal und singt „Dominus in coelo“ (Der Herr ist im Himmel), worauf der Chor antwortet „Paravit sedem suam, alleluja“ (Dort hat er seinen Platz bereitet).

Eine ähnliche szenische Feier kennt der Pfingstsonntag. Mittags um 12 Uhr betet man die Terz (3. Gebetsstunde der Tagzeitenliturgie) mit Orgelbegleitung und der Pfarrer hält die feierliche Pfingstpredigt. Dann schreitet er im roten Rauchmantel mit Ministranten zum Kreuzaltar und stimmt das „Veni, sancte Spiritus“ (Komm, Heiliger Geist) an. Sofort muss der Küster aus dem „Himmelloch“ im Gewölbe der Kirche eine Heilig-Geist-Taube herablassen, die unter schallender Musik langsam niederschwebt. Sobald der Priester die Taubenfigur sieht, inzensiert er das Bild, schließlich ein zweites Mal, sobald es am Altar angelangt ist. Dann nimmt er die Taube in die Hand und singt in aufsteigender Tonhöhe „Accipite Spiritum sanctum“ (Empfangt den Heiligen Geist), worauf der Chor die Antiphon fortsetzt und der Priester mit einem Gebet diese dramatische Pfingstfeier beendet.

Die Barockzeit ist eine Zeit zahlreicher Prozessionen und Wallfahrten. Als ein Beispiel sei die Wallfahrt der Dinkelsbühler Pfarrei am Pfingstmontag zur wundertätigen Muttergottes auf dem etwa vier Stunden entfernten Schönenberg bei Ellwangen genannt. Morgens um 3 Uhr brechen die Wallfahrer auf, von einem Geistlichen begleitet und angeführt von Kreuz und Fahnen. Während des Weges betet man laut im Wechsel, vielfach den Rosenkranz, dazwischen werden geistliche Lieder angestimmt. Sobald die Pilger die Türme der Wallfahrtskirche erblicken, knien sie nieder und beten den Marienhymnus *Salve Regina* (Sei gegrüßt, o Königin). Nach dem feierlichen Amt und der Wallfahrtspredigt bleibt noch reichlich Zeit für Geselligkeit und Erholung. Insofern vermischt sich auch bei den Wallfahrten Geistliches und Weltliches, sie sind frommes Beten und Singen, aber auch lustbetonter Ausflug und religiöses Freizeitvergnügen. Auf dem Rückweg hält man nicht mehr die strenge Prozessionsordnung ein, es bilden sich kleinere Grüppchen, man lacht und schwatzt und gelegentlich führt der reichlich genossene Alkohol auch zu Streitigkeiten und Schlägereien. Erst der Einzug in die Stadt gestaltet sich dann wieder in liturgischer Weise. Am Stadttor werden die Wallfahrer empfangen und in feierlicher Prozession in die Kirche geleitet, wo zum Schluss das festliche *Te Deum* (Gott, dich loben wir) den Wallfahrtstag beendet.

Besonders herausragend ist die Fronleichnamsprozession gestaltet. Nach dem Hochamt vor ausgesetztem Allerheiligsten zieht die Prozession mit Pauken und Trompeten durch die festlich geschmückte Stadt. Alle Straßen sind mit Gras und Binsen bestreut, die Häuser mit Fahnen und Bildern herausgeputzt. Großen Aufwand treibt man an den vier Altarstationen, an denen die Evangelienanfänge gelesen und der Wettersegen wie der eucharistische Segen erteilt werden. Nach Rückkehr in die Kirche betet der Priester abermals den Wettersegen, das Volk stimmt das Dreimalheilig an und mit dem Schluss-Segen geht der Festzug zu Ende. Aus der Anschauung, der in der konsekrierten Hostie durch die Straßen getragene Heiland habe die am Prozessionsweg aufgestellten Birken mit seinem besonderen Segen versehen, nehmen viele Mütter nach dem Zug Birkenzweige mit, um sie als Schutz den Kindern in die Wiege zu legen.

Auch die Heiligenverehrung spielt eine große Rolle im gottesdienstlichen Leben der Pfarrei. Am Sebastiansfest (20. Januar) etwa finden nicht nur Hochamt und Predigt statt, auch eine eucharistische Prozession zieht durch die Kirche. In der Vesper am Nachmittag reicht man den Gläubigen eine Sebastiansreliquie zum Kuss und gibt mit der silbernen Sebastiansstatue den Segen. Geradezu als ein „Modeheiliger“ der Barockzeit steigt der hl. Johannes Nepomuk (16. Mai) auf, der als Märtyrer das Beichtgeheimnis bewahrt hatte. Sein Kult wird – nicht zuletzt um das Bußsakrament unter den Gläubigen populär zu machen – von den Jesuiten stark gefördert. In Dinkelsbühl besteht seit 1741 eine Johannes-Nepomuk-Bruderschaft, die den Festtag des Heiligen mit größter Feierlichkeit gestaltet. Nach Predigt und Hochamt zieht eine feierliche Prozession mit der Figur des Heiligen durch die Stadt, an der sich die Bevölkerung einschließlich des Stadtrats beteiligt und die in der Pfarrkirche endet, wo unter Pauken und Trompetenklang die Litanei vom Heiligen gesungen wird.

Die knappen Beispiele zeigen, dass sich der barockzeitliche Pfarrgottesdienst nicht auf die in Brevier und Missale fixierte Liturgie beschränkt. Darüber hinaus gibt es eine Fülle unterschiedlicher gottesdienstlicher Formen, die oft mehr die Aufmerksamkeit der Gläubigen finden und ihren geistlichen Bedürfnissen entgegen kommen, als die in den Büchern geordneten und vom Klerus zu vollziehenden Riten. Die Aussetzung und der eucharistische Segen, denen besondere Schutz- und Segensmacht zugesprochen wird, die szenischen Feiern, die das Festgeheimnis dramatisch darstellen und vor Augen führen, die vielen Prozessionen und Wallfahrten, an denen sich das Volk unmittelbar beteiligen kann, sind durchaus typisch für die Barockfrömmigkeit. Bemerkenswert ist auch, wie häufig Chor- und Instrumentalmusik erklingt, die für das Erlebnis des festlichen Gottesdienstes von großer Bedeutung ist und die Feiern im Kirchenjahr akustisch auszeichnet.

4. Private und gemeinschaftliche Frömmigkeitspraxis im Horizont barockzeitlicher Liturgie

Wie schon angedeutet, gehört in der Barockzeit der Gebrauch heiliger Dinge zum allgemeinen religiösen Leben im Haus, im Stall und auf dem Feld. Die Vielzahl der zeitgenössischen Andachtsliteratur gewährt einen bemerkenswerten Einblick in diese Frömmigkeitskultur und ihre materiellen Formen. Ein weitverbreitetes Werk dieser Art stammt aus der Feder des österreichischen Jesuiten Hermenegildus Adam (1692–1740) und trägt den programmatischen Titel „Leichter und sicherer Weeg zum Himmel". Dabei klingt schon ein aus mittelalterlichem Erbe schöpfendes Grundmotiv barocker Frömmigkeit an: Weil die Seele auf ihrem Weg zum Himmel durch fortwährende Angriffe des Bösen gefährdet ist, muss sie sich wappnen, unter anderem durch die Einbindung heiliger Dinge in den Alltag.

Neben dem allfälligen Gebrauch von Weihwasser gehört deshalb zur Grundausstattung eines frommen Hauses im 18. Jahrhundert ein gesegnetes Kruzifix. Vor diesem wichtigsten Andachtsbild verrichten die Bewohner kniend ihre Gebete, zugleich dient es aber auch als ein beständiges Heilszeichen, das man, wie Hermenegildus Adam betont, „bey sich tragen/ und im Ein- und Ausgehen/ oder sonst öfter mit einem andächtigen Kuß verehren" solle. Seine dämonenabwehrende Kraft bezieht das Kreuz nicht allein aus der Abbildung des Heilsgeschehens, sondern vor allem durch seine Segnung. Diese erfolgt entweder durch den Pfarrer bei einem Hausbesuch, oder man erwirbt es bei einer Wallfahrt, wo am Ende alle Andachtsgegenstände gesegnet werden; Ähnliches gilt für die zahlreichen Marien- und Heiligendarstellungen. Sie sind für eine Hausgemeinschaft unabdingbare heilige Zeichen, mit denen sich, wie Pater Adam in seinem „Weeg zum Himmel" bestimmt, über den Tag verteilte Andachten und

Gebete verbinden sollen. Dass diese Bildnisse wohl nicht selten auch in abergläubischer und magischer Weise gebraucht werden, zeigt das entsprechende Formular für Segnungen von solchen Andachtsbildern, wie es etwa im Rituale des Bistums Eichstätt von 1730 verzeichnet ist. Dort wird der Priester eigens ermahnt, er solle vor der Segnung das Volk im rechten Gebrauch der geweihten Bilder und Gegenstände unterrichten, damit sie es nicht in abergläubischer Manier, also gegen die Bestimmungen der Kirche benutzen.

Pater Adams „Leichter und sicherer Weeg zum Himmel" rät auch, sich einen Hausschatz an heiligen Dingen zuzulegen, der in konkreten Notfällen, bei Krankheit, Unwetter oder bei Verhexung zu helfen vermag. Eine solche „Geistliche Hausapotheke" enthält eine Fülle von gesegneten Gegenständen wie Andachts- und Wallfahrtsbildchen, Breverln, Skapuliere, Agnus Dei, Agathazettel, Sebastianspfeile und Nepomukzungen, die an den Wallfahrtsorten angeboten werden und die man segnen lässt. Besonders empfiehlt Pater Adam den Gebrauch des nach dem Gründer seines Ordens benannten Ignatiuswassers. Die tägliche Besprengung des Hauses und verschiedener Gegenstände wie die Verabreichung an die Tiere verspreche, so Pater Adam, das Eindringen dämonischer Mächte zu verhindern.

Es ließe sich noch eine Fülle solcher sogenannten Sachsakramentalien nennen. Sie bilden gewissermaßen ein „Scharnier" zwischen der Liturgie und der privat-gemeinschaftlichen Frömmigkeit im Haus und in der Nachbarschaft. Dabei gibt es eine Vielzahl spiritueller Formen der Christus-, Marien- und Heiligenverehrung, die kirchlicherseits sanktioniert sind und deren Brauch man im Volk verankern will. Das greift darauf auch gerne zurück, denn die von den Gläubigen praktizierte Religiosität und die damit verbundenen Erwartungen entsprechen in weiten Teilen dem Ideal der tridentinischen Glaubenslehre und Pastoral. Gerade über die kirchliche Segnung der frommen Dinge treten der Gottesdienst der Kirche und deren Gebrauch in der persönlichen Glaubenspraxis der Menschen zusammen. Die gesegneten Gegenstände schaffen trotz der lateinischen Sprache der Segensformulare und dem unabdingbaren Handeln des priesterlichen Liturgen eine gewisse Nähe zwischen dem kirchlichen Ritus und dem individuellen frommen Leben im Alltag.

Weiterführende Literatur

Neben dem genannten Standardwerk zum Barockzeitalter und der kurzen Einführung von Peter Hersche (Muße und Verschwendung. Europäische Gesellschaft und Kultur im Barockzeitalter, 2 Bde., Freiburg – Basel – Wien 2006; Gelassenheit und Lebensfreude. Was wir vom Barock lernen können, Freiburg – Basel – Wien 2011) geben gute Überblicke zur Liturgie- und Frömmigkeitsgeschichte der Barockzeit

– Ludwig Andreas Veit, Ludwig Lenhart, Kirche und Volksfrömmigkeit im Barock, Freiburg 1956 *[trotz seines Alters immer noch ein Standardwerk, das einen guten Überblick gibt und in dieser Form bisher nicht eingeholt wurde]*.
– Albert Gerhards, Die liturgische Entwicklung zwischen 1600 und 1800, in: Hirt und Herde. Religiosität und Frömmigkeit im Rheinland des 18. Jahrhunderts, hg. von Frank Günter Zehnder (Der Riss im Himmel. Clemens August und seine Epoche 5), Köln 2000, 19–36 *[knappe, aber instruktive Darstellung]*.
– Andreas Heinz, Das liturgische Leben zwischen Reformation und Säkularisation, in: Geschichte des Bistums Trier 3. Kirchenreform und Konfessionsstaat 1500–1801, hg. von Bernhard Schneider (Veröff. des Bistumsarchivs Trier 37), Trier 2010, 267–322 *[erläutert am Beispiel des Bistums Trier die Gestalt der gottesdienstlichen Feiern in der Barockzeit]*.

Zum barocken Kirchenraum und seiner liturgischen Ausstattung sei verwiesen auf

– Wolfgang Schneider, Aspectus populi. Kirchenräume der katholischen Reform und ihre Bildordnungen im Bistum Würzburg, Regensburg 1999 *[eingehende Studie zur Neugestaltung der barocken Kirchenräume]*.
– Ursula Brossette, Die Inszenierung des Sakralen. Das theatralische Raum- und Ausstattungsprogramm süddeutscher Barockkirchen in seinem liturgischen und zeremoniellen Kontext, 2 Bde. (Marburger Studien zur Kunst- und Kulturgeschichte 4), Weimar 2002 *[hervorragende Darstellung der „liturgischen Funktion" einer Barockkirche]*.

Die privat-gemeinschaftliche Frömmigkeitspraxis und ihren gottesdienstlichen Horizont beleuchten

– Christoph Kürzeder, Als die Dinge heilig waren. Gelebte Frömmigkeit im Zeitalter des Barock, Regensburg 2005 *[eine kulturwissenschaftlich-theologisch angelegte Arbeit, die die materielle Kultur der Barockfrömmigkeit betrachtet und das spannungsvolle Verhältnis zwischen kirchlicher Liturgie und gelebter Frömmigkeit erläutert]*.
– Bernhard Schneider, Heilige Zeiten und Frömmigkeitsformen im Spannungsfeld von Norm und Praxis, Wandel und Beharrung, in: Geschichte des Bistums Trier 3. Kirchenreform und Konfessionsstaat 1500–1801, hg. von Dems. (Veröff. des Bistumsarchivs Trier 37), Trier 2010, 323–387 *[informiert bestens über die kirchlichen Bemühungen, die Frömmigkeitspraxis der Gläubigen in jener Zeit zu prägen]*.
– Jürgen Bärsch, Barockzeitliche Liturgie außerhalb des Kirchenraumes. Gebet und Gottesdienst in Haus und Hof, in Dorf und Flur, in: Liturgisches Jahrbuch 63 (2013) 102–125 *[stellt die enge Verflechtung von kirchlichem Gottesdienst und dem Frömmigkeitsleben der Gläubigen heraus]*.

Eine erbauliche, verständliche und zweckmäßige Liturgie
Gottesdienstliche Reformansätze im Zeitalter der Aufklärung und restaurative Gegenströmungen

1. Neuorientierungen in Gesellschaft und Kirche im Geist der Aufklärung

Der Kirchenhistoriker Eduard Hegel (1911–2005) konstatiert für die Übergangszeit vom Barockzeitalter zur Aufklärung:

> „Bis in die 70er-Jahre des 18. Jahrhunderts blieb der Gottesdienst in den barocken Formen unangetastet. Dann setzten, wenn auch zögernd, Auflösungserscheinungen ein. Gottesdienstliche Reformbestrebungen der Aufklärungszeit machten sich geltend. Die politischen und kirchlichen Veränderungen und die Säkularisation um die Wende zum 19. Jahrhundert nahmen den Stiftungen ihr wirtschaftliches Fundament. Ein Merkmal aufklärerischer Reform war nicht nur im Rheinland die Reduzierung der kirchlichen Feiertage. 1770 wurden aus wirtschaftlichen und sozialen Gründen seitens des Kölner Erzbischofs Max Friedrich (1761–1784) von den 37 Feiertagen des Jahres 18 aufgehoben. Sodann wurde auf dem Emser Kongress der deutschen Erzbischöfe (1786) außer den kirchenpolitischen Punktationen ein Reformdekret beschlossen, das sich u. a. auch auf den Pfarrgottesdienst bezog und den Forderungen der kirchlichen Aufklärung nachgab" (*Hegel* 1986, 155).

Was Hegel hier für Köln und das Rheinland beschreibt, gilt, mit gewissen zeitlichen und räumlichen Unterschieden, auch für die übrigen Sprengel im Reich.

Hinter den genannten Neuorientierungen in Kirche, Seelsorge und Gottesdienst sind bedeutende geistesgeschichtliche Entwicklungen erkennbar, die am Ende des 17. Jahrhunderts einsetzen, sich im 18. Jahrhundert aber dann entfalten und ein radikal verändertes Welt- und Menschenbild etablieren. Im Mittelpunkt steht nun der mit Vernunft begabte Mensch, seine Natur, seine Bedürfnisse. Nicht mehr die Theologie gilt als Leitwissenschaft, bedeutsamer werden jetzt die Naturwissenschaften und die Medizin, die das Leben des Menschen in allen Bereichen erleichtern und zugleich einen nicht zu übersehenden Fortschrittsoptimismus begründen. Die Forderung nach Bildung und Erziehung wird allenthalben erhoben, um den Menschen zu einer selbstbestimmten, sittlich handelnden Persönlichkeit zu formen, der in Verantwortung sich seiner selbst und seiner Bestimmung bewusst werden soll. Damit einher geht eine kritische Haltung zu überkommenen Autoritäten und Lebensformen, die auch den religiösen Bereich erfasst.

Die autonome Vernunft, die das Wesentliche erkennen will und das geschichtlich Gewordene nur nach kritischer Sichtung übernimmt, legt darum die prüfende Sonde auch an den Gottesdienst. Angesichts der massiven Wandlungen in Gesellschaft, Kultur und Wissenschaft kann die überkommene spätbarocke Liturgie in ihrer erstarrten Gestalt nicht mehr genügen. Zwischen der alten, überlieferten, inzwischen nicht selten belächelten Praxis von Gebet, Gottesdienst und Frömmigkeit und dem erneuerten Denken der Menschen, die nach Einfachheit, Nützlichkeit und zurückhaltenden Empfindungen streben, liegt eine immer tiefer werdende Kluft. Hinzu kommt, dass einerseits die fast ausschließlich vom Klerus vollzogene Liturgie praktisch keine Teilnahme des Volkes zulässt und andererseits der Gottesdienst mit seinen überkommenen, gar als magisch verstandenen Formen den Menschen, gerade auch den Gebildeten, immer fremder erscheint. Dies findet seinen Ausdruck in der aufklärerischen Kritik am gottesdienstlichen Leben jener Zeit.

2. „Bildergalerie katholischer Misbräuche“ – Aufklärerische Kritik am gottesdienstlichen Leben

Im Jahre 1784, vier Jahre nach dem Regierungsantritt des österreichischen Kaisers Joseph II. (1780–1790), erscheint unter dem Pseudonym „Obermayr“ eine Schrift mit dem Titel „Bildergalerie katholischer Misbräuche“. In zwanzig Kapiteln schildert der Autor, allgemein vermutet man den Wiener Schriftsteller Joseph Richter (1749–1813) als Verfasser, überkommene Bräuche des barocken Gottesdienstes und der Volksfrömmigkeit in satirischer Form, die überdies mit karikierenden Kupferstichen illustriert werden. Von den Armenseelen-Andachten über die Begräbnisse, Wallfahrten, das Glockengeläut bis zu den Bruderschaften, der Palmenweihe und der Fronleichnamsprozession werden genau die Themen aufgespießt, die in aufgeklärten Kreisen als nicht mehr hinnehmbar gelten, weil sie den auszumerzenden Aberglauben befördern oder zu ausuferndem Festgelage und unsittlichem Unfug Anlass bieten. Damit widersprechen sie einer aufgeklärten, an der Vernunft orientierten und zu sittlichem Handeln führenden Religionsausübung, wie sie nun allgemein angestrebt wird. Die genannten Formen des Gottesdienstes und der Frömmigkeitspraxis hatten denn auch bereits Kaiserin Maria Theresia (1740–1780) und ihr Sohn Joseph II. (1765–1790) in ihrem kirchlichen Reformprogramm aufgegriffen, das Joseph Richter uneingeschränkt unterstützt:

> „Der lebende ächte Katholik", so in seiner Vorrede, „wird mit Abscheu auf die Misbräuche voriger Zeiten zurücksehen, und sich freuen in seinem Herzen, daß unsere heilige Religion sich nun endlich wieder ihrer ersten Einfalt nähert […], daß er in Zeiten lebt, wo man diese abergläubische, Gott und die Vernunft entehrende Gebräuche, als blosse Denkmäler barbarischer Jahrhunderte zu betrachten pflegt. […] Der ächte Katholik weis zu gut die Religion von den Misbräuchen zu unterscheiden; ja er weis, daß der Religion ein wahrer Dienst geschieht, wenn man lächerlich zu machen sucht, was nicht zu ihr gehört, und ihr die Lappen vom Leibe nimmt, die Aberglauben und Gleißnerey ihr umgehangen haben. Gewisse schwarze und braune Herren, denen zu sehr an Beybehaltung dieser für sie so einträglichen Misbräuche gelegen seyn muß, werden freilich diese Schrift zu verschreyen trachten – aber ihr Geschrey wird die Stimme der Wahrheit nicht unterdrücken können" (Bildergalerie katholischer Misbräuche 1784, 1 f.).

Richter nimmt damit bereits die allgemein geäußerte aufklärerische Kritik an der bestehenden gottesdienstlichen Praxis auf. Ihr wirft man vor, sie trüge zu einer veräußerlichten Frömmigkeit bei, fördere unwürdige, der Vernunft widersprechende Praktiken und zementiere den verbreiteten Aberglauben im Volk. Nicht minder heftig werden Missbräuche bei der Heiligenverehrung und den Wallfahrten beklagt, und in der hohen Zahl der Feiertage sieht man vornehmlich Anlass zu Müßiggang und Ausschweifungen. Schließlich richten sich die Anschuldigungen gegen Ordensleute und Kleriker, die sich geistliche Leistungen bezahlen lassen und denen man deshalb Geldgier vorwirft. Es geht Richter und anderen Aufklärern also nicht um die Reform des in den liturgischen Büchern geordneten

Gottesdienstes, sondern um die Art und Weise, wie er in Verbindung mit dem barockzeitlichen Brauchtum und der Frömmigkeit praktiziert wird.

Nur zwei Beispiele, die den Tenor des Werkes erkennen lassen: So handelt das Kapitel 9 „Von den Abendandachten überhaupt – vorzüglich von den Hausandachten zum H. Johann von Nepomuck, und den Hausmüttern. Sie geben Anlaß zu ärgerlichen Ausschweifungen, und dienen größtentheils den Verliebten zum Rendés-vous“ (Bildergalerie katholischer Misbräuche 1784, 5). Und im Kapitel 18 schreibt Richter „Ueber Weihung der Palmbuschen und andrer lebloser Dinge. Etwas vom Eselritt, der in den vorigen Zeiten in den Kirchen gehalten wurde. Aberglaube, der mit den Palmbuschen getrieben wird. Palmkätzchen werden als Präservativmittel wider das Fieber eingenommen. Die Fleischweihe am Ostertag – dadurch entstehen durch übermässigen Genuß Indigestionen und öfters der Tod. Meynung, daß durch eine Reformation der Fasten diese Misbräuche von selbst aufhören werden“ (Bildergalerie katholischer Misbräuche 1784, 7).

Seine Kriterien zur Bewertung der „Misbräuche“ entnimmt der Autor dem Vergleich mit neutestamentlichen und frühkirchlichen Zuständen, aus der Kirchengeschichte und den aufgeklärten Vorstellungen von Gottesdienst und Frömmigkeit sowie den beobachteten Auswirkungen auf die Gläubigen. Dabei spielen vor allem der Einfluss auf die Moral und Gesundheit des Volkes und die Abwendung des finanziellen Ruins armer Leute durch hohe Kosten, etwa beim Begräbnis, eine wesentliche Rolle. Damit sind bereits wichtige Aspekte der Motive und Anliegen benannt, unter denen die Aufklärung das gottesdienstliche Leben beurteilt und dessen Reform propagiert.

3. Prinzipien und Leitideen der Liturgiereform in der katholischen Aufklärung

An der Wende vom 18. zum 19. Jahrhundert verstärken sich auch in den katholischen Ländern die pastoralen Bemühungen, der offensichtlichen Krise des Gottesdienstes zu begegnen. Es sind vielfach Priester in den Pfarreien, gelegentlich gebildete Laien, aber auch geistliche Landesherren, die von den Anliegen der Aufklärung überzeugt sind und aus einem seelsorglichen Antrieb heraus eine Reform des Gottesdienstes anstreben. Dabei gelten „Belehrung, Erbauung und Zweckmäßigkeit“ als gemeinsame Prinzipien oder Leitideen.

Durchsichtigkeit der Liturgie

Die Liturgie soll einfach, klar und vernünftig sein. Diese Forderung entspricht ganz dem zeitgenössischen Kunstideal des Klassizismus, weshalb alle barocke und volkstümliche Verschwendung bei den kirchlichen Festen, die überbordende Heiligenverehrung, das umfängliche Wallfahrts- und Bruderschaftswesen sowie die als abergläubisch betrachteten Frömmigkeitspraktiken bekämpft werden. Richters „Bildergalerie der katholischen Misbräuche“ spiegelt dieses Verständnis deutlich wider. Entsprechend hat sich der Gottesdienst an den einfachen und ursprünglichen Formen des Urchristentums und der Heiligen Schrift zu orientieren. Denn zweckmäßig ist die Liturgie, wenn sie auf Christus und die Apostel zurückgeführt werden kann. Darin sieht die Aufklärung das Ideal des Gottesdienstes verwirklicht. Diese Orientierung am biblischen Ursprung führt dazu, in den verschiedenen sakramentlichen Feiern wie Taufe, Trauung und Begräbnis der Lesung aus der Heiligen Schrift ein neues Gewicht zu geben. Entsprechend sehen manche aus dem Geist der Aufklärung entstandenen Ritualbücher biblische Lesungen als selbstständiges Element oder zumindest als Zitat in den zahlreichen Ansprachen und Erklärungen vor. Dies ist insofern bemerkenswert, da – im Gegensatz zu den protestantischen Ordnungen – in den katholischen Ritualien für die Feier der Sakramente Schriftlesungen vielfach gar nicht vorgesehen waren.

Gemeinschaftliche Feier

Als weitere Forderung gilt, die Liturgie solle wieder als gemeinschaftliche Feier erfahrbar sein. Dies betrifft zunächst den sonn- und feiertäglichen Pfarrgottesdienst. Weil die Gottesdienste in den vielen Kloster- und Wallfahrtskirchen oft deutlich attraktiver, weil erlebnisreicher erscheinen, da hier aufwändige Musik, geistliche Spiele und mitreißende Prediger geboten werden, bleiben die Gemeindemitglieder vielfach dem Gottesdienst in ihrer eigenen Pfarrei fern. Das sogenannte „Auslaufen“, also die Teilnahme am Gottesdienst außerhalb der eigenen Pfarrkirche, wird stets beklagt, und die Klöster und Wallfahrtsorte sind deshalb oft ein Dorn im Auge der aufgeklärten Seelsorger, die den Pfarrgottesdienst in den Mittelpunkt ihrer pastoralliturgischen Bemühungen stellen.

Aber auch innerhalb der Liturgie widerspricht das unverbundene Nebeneinander von Priester, Chor und Volk dem Wunsch nach einer direkten Teilnahme der Anwesenden an der Liturgie. Dies aber ist die Voraussetzung, dass der Gottesdienst selbst erbaulich sein kann. Er soll Verstand und Herz einschließen und durch seine Bilder und Zeichen, durch Musik und Ansprache auf die Menschen einwirken, um sie zum Tun des sittlich Guten anzuhalten. Eines der wenigen Mittel, das Volk mit dem Handeln des Priesters am Altar zu verbinden, besteht im volkssprachlichen Gemeindegesang, der eine gewisse Teilnahme der Gläubigen an der Messfeier ermöglicht.

Tatsächlich gehört die Einführung des deutschen Messgesangs zur pastoral überaus wichtigen und bleibenden Errungenschaft der innerkirchlichen Reformbestrebungen der Aufklärungszeit. Denn die lateinische Messfeier ist bis dahin von der Entwicklung des volkssprachlichen Kirchenliedes ausgenommen. Um die Kluft zwischen Priestern und Gläubigen zu überbrücken und bei den Messteilnehmern Belehrung und Erbauung zu fördern, verlangen schon die vier Erzbischöfe des Reichs auf dem Emser Kongress für das Hochamt die Einführung des „deutschen Kirchengesangs, so das Volk versteht". Damit entsteht der Gedanke der deutschen Messlieder. Erstmals begegnet uns im einflussreichen Landshuter Gesangbuch von 1777 eine Reihe von deutschen Liedern, die den Verlauf der Messe begleiten und auf den jeweiligen Teil der Feier abgestimmt sind. So beginnt die Messe mit dem leise rezitierten, lateinischen Stufengebet des Priesters, zu dem die Gemeinde parallel das Lied „Hier liegt vor deiner Majestät im Staub die Christenschaar" singt, ähnlich paraphrasieren die weiteren Lieder die einzelnen Teile des lateinischen Hochamts. Mit ihren gefälligen, „verschnörkelten" Melodien des Herrenchiemseer Augustinerchorherrn Norbert Hauner (1743–1827) finden die Messlieder über die Schulen und die von den Bistümern im 19. Jahrhundert in vielen Auflagen gedruckten Diözesangesangbücher ihren Weg in den Pfarrgottesdienst.

Verständlicher Gottesdienst

In engem Zusammenhang mit der gemeinschaftlichen Feier der Liturgie steht schließlich die Forderung nach Verständlichkeit. Nur wenn das Volk die Liturgie unmittelbar verstehen kann, sind die Anliegen von Belehrung,

Erbauung und Zweckmäßigkeit zu erreichen. Deshalb setzt sich die Aufklärung nachdrücklich für die Volkssprache im Gottesdienst ein. Hinsichtlich der Messe und des weiterhin als reine Klerusangelegenheit betrachteten Stundengebets ist der Rahmen den „aufgeklärten" Pfarrern eng gesteckt, denn hier besteht weitgehend das Monopol der lateinischen Sprache. Deshalb richten sie wie auch manche Vertreter der kirchlichen Hierarchie, zu den bekanntesten zählt der Konstanzer Generalvikar und Bistumsverweser Ignatz Heinrich Freiherr von Wessenberg (1774–1860), ihre Bemühungen vor allem auf die Feiern der Sakramente und Sakramentalien. Denn bei der Kindertaufe, der Eheschließung, der Krankensalbung oder dem Begräbnis wie den vielfältigen Segnungen kommen die Gläubigen ja ganz persönlich und unmittelbar mit dem gottesdienstlichen Geschehen in Berührung. Gerade hier soll die Liturgie im Sinne der Aufklärung direkt die Menschen ansprechen und sie mit Verstand und Herz erreichen. Dazu erstellen manche Pfarrseelsorger und Theologen eigenständig Neuausgaben von Ritualien, in denen sie die lateinischen Ordnungen größtenteils in die Volkssprache übertragen und so die Sakramentenfeiern in deutscher Sprache vollziehen. Neben solchen aus privater Feder stammenden Liturgiebüchern sind durchaus auch einige offizielle von den Bistumsleitungen herausgegebene Agenden von den Anliegen einer „aufgeklärt-deutschen" Liturgie bestimmt. Dazu zählen etwa die Ritualien von Freiburg (1835), Limburg (1838) und Rottenburg (1856). In den übersetzten, aber auch vielfach völlig frei ins Deutsche übertragenen Formularen für Taufe, Buße, Kommunionspendung, Trauung, Krankenliturgie und Begräbnis, für Segnungen und Prozessionen kommen vor allem den Ansprachen und den erklärenden Worten zu den Zeichenhandlungen ein großes Gewicht zu. So will man mittels der Volkssprache den Gläubigen einen direkten Zugang zu den Riten der Sakramentenfeiern eröffnen und ihnen den Verlauf und Sinn der Feiern verständlich machen. Auf diese Weise dienen die „aufgeklärten Ritualien" ihrerseits wiederum dem Bemühen um eine erbauliche und zweckmäßige Feier der Sakramente.

4. „Aufgeklärte Liturgie“ – „Reformprojekte“ in Frankreich und Italien

Revision der Liturgiebücher in Frankreich

Aber nicht nur im Heiligen Römischen Reich deutscher Nation beeinflusst aufgeklärtes Denken das kirchliche Leben. Auch in den Nachbarländern Frankreich und Italien sind gottesdienstliche Reformbemühungen sichtbar, die aus dem Geist der Aufklärung erwachsen.

Vom ausgehenden 17. Jahrhundert an und das ganze 18. Jahrhundert hindurch kommt in Frankreich eine rege liturgische Reformtätigkeit in Gang. Weil die meisten französischen Diözesen eine mehr als zweihundertjährige gottesdienstliche Eigentradition aufweisen, sind sie nicht verpflichtet, die tridentinisch-römischen Liturgiebücher zu übernehmen, sie können an ihren bistumseigenen Ausgaben festhalten. Diese sollen aber nicht unverändert immer neu nachgedruckt werden, sondern man beginnt, sie inhaltlich zu reformieren und fortzuschreiben. So entstehen in allen französischen Bistümern neue Missalien, Breviere und Ritualien. Dabei orientieren sich die Bearbeiter, dem Anliegen der Aufklärung verpflichtet, an den Texten und Mustern der frühen Kirche, allerdings bestimmen auch die zeitgenössischen moralisierend-pädagogischen Tendenzen die Arbeit an den diözesanen Liturgiebüchern. Diese Reformarbeit kann sich im geistig-geistlichen Klima des sogenannten „klassizistischen Katholizismus“ Frankreichs besonders gut entfalten. Denn hier zeigt man sich dem Barockkatholizismus der Nachbarländer gegenüber deutlich nüchterner und ist für eine „wissenschaftlich-historische“ Betrachtung der Liturgie weitaus aufgeschlossener. Diese Reformbewegung, lange Zeit mit dem abwertenden Begriff „neogallikanische Liturgie“ bezeichnet, versucht, aus dem Geist der Heiligen Schrift, der Kirchenväter und der alten liturgischen Quellen die gottesdienstlichen Texte zu erneuern. Aus diesem Erbe stammt etwa eine eigene Präfation für die Totenmessen, die es 1919 sogar schafft, in das Missale Romanum aufgenommen zu werden und die auch im heutigen, nachkonziliaren Messbuch zu finden ist. Neben dem Verdikt des „Ungehorsams gegenüber Rom“ erweisen sich auch die zeitgleichen Erscheinungen des Jansenismus und des in Frankreich stark erwachten Nationalbewusstseins als belastend für eine angemessene Würdigung der berechtigten Anliegen dieser „aufgeklärten“ Liturgiereform, die schließlich im 19. Jahrhundert unter die Räder der Restauration und neuen Romorientierung geraten wird.

Reformanliegen der Diözesansynode von Pistoia

Ein bemerkenswertes Beispiel für eine Liturgiereform im Geiste der Aufklärung stellt schließlich die Diözesansynode von Pistoia 1786 dar, die auf eine umfassende Reform des kirchlichen Lebens zielt. Unter ihrem Bischof Scipione de' Ricci (1741–1810) fordert die Synode: Die Kirche soll einfach ausgestattet sein und nur einen Altar haben. Die Eucharistiefeier soll als gemeinschaftliches Handeln von Priestern und Gläubigen verstanden werden, und den Gläubigen soll jedes Mal ein Teil der Feier erklärt werden. Wünschenswert ist die Kommunion der Gläubigen bei jeder Messfeier. Schließlich wird eine Forderung aufgestellt, die das Zweite Vatikanische Konzil wieder aufgreifen wird und die bis heute in der Praxis längst nicht überall erfüllt ist: Die in der Kommunion ausgeteilten Hostien sollen aus derselben Messfeier stammen.

Insgesamt geht es dem Reformprogramm von Pistoia im Gegenzug zu barockem Überschwang um eine Konzentration auf das Wesentliche, womit es bereits voraus weist auf die liturgische Erneuerung des 20. Jahrhunderts. Aus biografischen und geschichtlichen Gründen führen die an sich richtigen Reformansätze nicht zum Erfolg. Es sind wohl einfach die falschen Protagonisten, und es ist die falsche Zeit, die für eine so umfassende Reform des Gottesdienstes noch nicht reif ist.

5. Im Gegenwind der Aufklärung – Prozessionen, Wallfahrten, Begräbnisfeiern

Wie schon ausgeführt, bilden Prozessionen und Wallfahrten einen wesentlichen Bestandteil des gottesdienstlichen Lebens in der Barockzeit, werden aber von den aufgeklärten Seelsorgern und den Bistumsleitungen zunehmend argwöhnisch bis ablehnend betrachtet. Sehr unterschiedlich reagiert die reformfreudige Obrigkeit seit dem Ende des 18. Jahrhunderts auf die zum Teil ausufernden Prozessionsbräuche. Zwar tastet man die in der Liturgie der Orts- und Gesamtkirche verankerten Prozessionen nicht an, aber man beschneidet ihre Auswüchse durch zahlreiche Verfügungen und Anordnungen. So sollen sich Prozessionen mit dem Allerheiligsten nicht mehr als eine Wegstunde von der Pfarrkirche entfernen; der Missbrauch, beim Zusammentreffen mehrerer Pfarrprozessionen die mitgebrachten

Monstranzen nebeneinander auf einen Altar zu stellen, wird eingedämmt; überhaupt dürfen Sakramentsprozessionen nur noch an bestimmten Tagen wie an Fronleichnam, am Pfarrpatronatsfest und an Bruderschaftsfesten stattfinden.

Wie bei den ausufernden Prozessionen geht man energisch gegen das Wallfahrtsbrauchtum vor. Die tiefsitzende Abneigung der Aufklärung gegen das volksbeliebte Wallfahren stützt sich auf verschiedene Gründe. Allein das schon genannte „Auslaufen“ ist dem regulären, die Gemeinde versammelnden Pfarrgottesdienst abträglich, dem doch alle Priorität zukommen soll. Darüber hinaus vermuten die Aufklärer bei den Gläubigen oft eine nicht hinnehmbare abergläubische Wundersucht und erkennen in den Wallfahrten eine im rein Äußerlichen steckenbleibende Form der Gottesverehrung. Hinzu kommt die moralische Gefährdung, wenn männliche und weibliche Pilger gemeinsam übernachten. Schließlich werden auch wirtschaftliche Nachteile ins Feld geführt. Der Trierer und Augsburger Erzbischof Clemens Wenzeslaus (1768–1801/12) findet es etwa unerträglich, dass Familienväter wegen einer Wallfahrt ihre Häuser „acht oder mehrere Tage ohne Verstand verließen“, dass sie unterwegs unnütz Geld ausgäben, indem sie „müßig und schwärmend umherwanderten“ (zit. nach *Heinz* 1988, 214). Entsprechend versucht man vor allem die Wallfahrten zu weit entfernten Zielorten einzudämmen und nur noch Tageswallfahrten zu erlauben.

Auch die szenischen Ausgestaltungen in der Liturgie fallen der Kritik der Aufklärung zum Opfer. Der Palmesel, die figurierten Karfreitagsprozessionen, aufwändige Heilig-Grab-Aufbauten und die lebhaft ausgestalteten barocken Himmelfahrts- und Pfingstdarstellungen erscheinen des Gottesdienstes nicht nur unwürdig, sie geben auch Anlass für manchen Tumult und für ungehöriges Benehmen, sodass auch darin ein Grund liegt, diese Formen zu beseitigen oder zumindest zu bereinigen.

Desgleichen schränkt man den Brauch des Wetterläutens ein. Damit verband sich die volksfromme Vorstellung, der Klang der geweihten Glocke vermöge das Unheil eines von den Dämonen verursachten Gewitters abzuwenden. Im Fürstbistum Eichstätt soll deshalb nur mehr beim Heranziehen und Abziehen eines Gewitters ein kurzes Glockenzeichen als Impuls zum Gebet der Pfarrangehörigen gegeben werden. Das Misstrauen in der Bevölkerung, das Unterlassen des beständigen Läutens während des Unwetters könne nicht wirksam vor einem Blitzschlag schützen, führt dazu, vielerorts trotzdem am althergebrachten Läutebrauch festzuhalten.

Auf Widerstand stoßen allenthalben die reduzierten Feiertage. So galt grundsätzlich die 1642 von Papst Urban VIII. (1623–1644) erlassene Feiertagsordnung, die außer den auf einen Sonntag fallenden Festen die stattliche Anzahl von 35 Feiertagen mit verpflichtendem Kirchgang und gebotener Arbeitsruhe vorschrieb. Weil man nun aber den ökonomischen Rückstand der katholischen Regionen im Reich vor allem der enormen Anzahl von kirchlichen Feiertagen zuschreibt, die überdies noch zu Müßiggang und Ausschweifung verleiten, erlässt der Eichstätter Fürstbischof 1786 wie viele seiner Amtskollegen auch eine Feiertagsordnung, die massiv die Festtage reduziert und nur noch sieben Feiertage außerhalb des Sonntags vorsieht. Diese massive Einschränkung nimmt die zumeist ländliche Bevölkerung allerdings nicht hin. Da man einerseits den Zorn der Heiligen fürchtet, wenn ihre althergebrachten Festtage nicht mehr beachtet werden, andererseits aber auch die sozialen Faktoren der Feiertage wie dörflicher Zusammenhalt, Kontaktpflege und Erholung schwinden sieht, ignorieren die Gläubigen die obrigkeitlichen Eingriffe in ihre Frömmigkeitspraxis.

Noch drastischer fallen die überall erlassenen Trauerordnungen aus. Der an sich richtige Gedanke, den oft überbordenden und prunkvollen Aufwand bei den Begräbnissen, der vor allem die ärmere Bevölkerung in Schulden stürzt, einzuschränken, zieht allerdings zumeist übereifrige Maßnahmen nach sich. Die Bürger werden jetzt in Klassen eingeteilt, für die jeweils genau die Einzelheiten für das Begräbnis vorgeschrieben sind, so die Begleitung des Leichenzuges, die Beschaffenheit des Sarges – mancherorts gebraucht man sogar wiederverwendbare Särge (Klappsarg) –, die Einschränkung der Trauerzeit und die Teilnahme der Geistlichen. Anstelle der traditionellen Trauerkleidung ist nur noch ein schwarzes Band am Arm und am Hut gestattet. Selbst die vom Toten hinterlassene Armenspende darf nicht mehr von den Angehörigen vor dem Sterbehaus oder der Kirche ausgeteilt werden, sie ist nun der Verwaltung zu übergeben, die für eine gerechte Zuweisung sorgen will. Diese Maßnahmen zielen allesamt darauf ab, den Tod und die Trauer aus der Öffentlichkeit zu verdrängen. Dahinter steht, so wird man wohl vermuten dürfen, auch die allzu optimistische Fortschrittsgläubigkeit der Aufklärung, die den Tod als peinlichen Störfaktor betrachtet. Dies empfinden offenbar auch Zeitgenossen, wie aus einer Äußerung des Würzburger Weihbischofs Gregor Zirkel (1762–1817) hervorgeht:

> „Es ward verboten, ein Kreuz auf das Grab zu stecken, Freunde und Verwandte durften die Leiche nicht mehr begleiten, Kinder und Ehegatten

> sahen sich gehindert, erst am Grabe sich von dem Gegenstand ihrer Liebe und ihres Dankes zu trennen […] ich kann nicht sagen, wie peinlich schmerzhaft es dem Volk gefallen ist, bei dem Tode seiner Angehörigen kein Zeichen mit der Glocke mehr geben zu dürfen, damit für sie gebetet würde, als wenn man der Menschheit verbergen könnte, daß sie sterblich sei" (zit. nach *Heinz* 1983, 103).

Die Bevölkerung lässt sich jedenfalls ihre überkommenen und seit jeher gepflegten Sterbe- und Trauerbräuche nicht nehmen, denn hier geht es schließlich um nichts Geringeres als um das Seelenheil ihrer Verstorbenen. Gerade im Angesicht des Todes wehren sich die Gläubigen darum gegen behördliche Eingriffe. In diesem Punkt stehen vielfach die Dorfpfarrer und die Pfarrangehörigen zusammen, weshalb die restriktiven Maßnahmen sang- und klanglos wieder in der Schublade verschwinden.

Am Beispiel des sensiblen Bereichs von Sterben, Tod und Begräbnis wird das Dilemma der aufklärerischen Reformen besonders sichtbar. Weil sie nicht selten instinktlos und allzu beflissen die menschlichen Bedürfnisse und die emotionalen Dimensionen der Frömmigkeit ignorieren, gehen sie gegen volkstümliche Riten und Praktiken vor, wodurch sie schließlich die durchaus berechtigten Anliegen in ihr Gegenteil verkehren.

6. Restaurative Strömungen und römische Einheitsliturgie

„Romantische" Frömmigkeit

In der Gegenbewegung zur Aufklärung schlägt darum in der Zeit der Romantik das Pendel gewissermaßen wieder zur anderen Seite zurück. In der katholischen Restauration stehen nun nicht mehr Vernunft und Sittlichkeit im Zentrum, sondern eine neue Hinwendung zum Subjektiven, zur Emotionalität und zum Ästhetischen. Man sehnt sich – verklärt und unrealistisch – zurück zu einer vermeintlich heilen und ungebrochenen Epoche, zum Mittelalter und seiner Weltordnung. Klassisch drückt sich diese neue Geisteshaltung in der Vollendung des gotischen Doms in Köln 1880 durch den protestantischen (!) Kaiser aus. In der Folge entstehen im Geist des Historismus – vor allem durch die wachsende Bevölkerung bedingt – überall neue Kirchen, die vorrangig dem romanischen oder gotischen Stil nachempfunden werden.

Die aufgeklärte Skepsis gegenüber der Volksreligiosität weicht einer neuen Wertschätzung. Vor allem die Marienverehrung als Spezifikum der katholischen Frömmigkeit nimmt jetzt einen großen Aufschwung. Dazu tragen die neuen marianischen Wunderorte wie Lourdes und Fatima bei, die durch das ausgebaute Eisenbahnnetz jetzt für viele erreichbar sind und zu denen Massen von Gläubigen pilgern.

Darüber hinaus versucht man, den traditionellen, volksnahen Ausdrucksformen der Religiosität zugleich eine neue Gestalt und Ausrichtung zu geben. Die herkömmliche Volksfrömmigkeit soll sogar noch stärker intensiviert und verankert werden. Dem dienen systematisch organisierte Volksmissionen. Die Missionare machen in den Pfarrgemeinden die eucharistische Anbetung, die Herz-Jesu-Verehrung, die Marien- und Heiligendevotion durch eine Vielzahl neuer Andachten wie etwa die Marien-Maiandacht populär. Sodalitäten und Kongregationen eines neuen Stils werden gegründet und deren Leitung dem Pfarrklerus übertragen. Damit sollen die intensiven Missionsanstrengungen langfristig gesichert werden. Die Wirkung dieser Volksmissionen beruhte darauf, wie der Kirchenhistoriker Wilhelm Damberg vermutet, „daß hier inmitten einer Phase der gesellschaftlichen Unsicherheit eine kollektive Selbstvergewisserung der Katholiken gelang, die speziell auf die Mittel- und Unterschichten der Pfarreien zugeschnitten war“ (*Damberg* 1998, 91).

Liturgie im Horizont des Ultramontanismus

Die zunehmende Distanz zum preußisch-protestantisch geprägten Reich, wenigstens aber die Skepsis der Katholiken gegenüber den staatlichen Organen verschärfen sich nach den Kölner Wirren 1837, die durch die Internierung des Kölner Erzbischofs Clemens-August von Droste-Vischering (1773–1845) wegen seiner Haltung in der Mischehenfrage ausgelöst werden, und angesichts der Revolution von 1848. Zur Sicherung ihres Glaubens und ihrer konfessionellen Kultur in der sie umgebenden Gesellschaft richtet die katholische Bevölkerung daraufhin verstärkt ihren Blick „jenseits der Alpen“, nach Rom. Im Papst sieht sie den Garanten des Glaubens und ihrer Identität. Diese neue ultramontane Haltung ergreift Klerus wie Laien vor allem im Zuge des Kulturkampfes. Sie sorgt für eine ganz neue Wertschätzung des Papsttums. „Römisch“ wird nun ein Markenzeichen des Katholischen überhaupt. Während also die Katholiken im Deutschen Reich dankbar nach Rom schauen, nehmen hier die Bestrebungen zu, das religiöse Leben der Kirche ganz auf den Papst und die Kurie zu konzentrieren. Die Dogmatisierung der Unfehlbarkeit des Papstes auf dem Ersten Vatikanischen Konzil (1869/70) bildet gewissermaßen die Spitze der hier sichtbaren neuen Zentralisierung, die sich auch massiv auf den Gottesdienst ausdehnt. Gefordert wird jetzt, endgültig die römischen Liturgiebücher zu übernehmen, um so die Einheit der römischen Kirche unter der Führung des Papstes zu dokumentieren. Zugleich verweigern die römischen Stellen den Diözesanbischöfen, in eigener Autorität Diözesanritualien herauszugeben. Nur noch als Anhänge zum vom Apostolischen Stuhl approbierten römischen Rituale können sich in einem schmalen Bereich bistumseigene Riten erhalten. Es war wohl der Eichstätter Dompropst und Liturgiewissenschaftler Valentin Thalhofer (1825–1891), der nicht nur maßgeblich das letzte große Eichstätter Bistumsrituale 1880 erarbeitet hatte, sondern auch Bischof Franz Leopold Freiherr von Leonrod (1827–1905) ermutigte, es ausschließlich „iussu et auctoritate Episcopi Eystettensis", also in eigener bischöflicher Autorität herauszugeben. Dieses Rituale ist damit wohl eines der letzten, das kraft bischöflicher Autorität – unabhängig von einer römischen Approbation – publiziert wird.

Der Impetus der Aufklärung ist weitgehend verflogen. Angesichts der sich deutlich verändernden Welt des 19. Jahrhunderts, in der durch die Industrialisierung, das Anwachsen der Städte und die Entwurzelung vieler Menschen mitsamt den daraus entstehenden sozialen Missständen und Problemen ein umfassender Wandel in Politik, Gesellschaft und Kultur ausgelöst wird, sucht man in bewusster Anknüpfung an die überlieferten Formen von Gottesdienst und Frömmigkeitspraxis katholische Identität und Glaubenssicherheit zu schaffen. Dafür steht das römische Papsttum, das über die nach den römisch-tridentinischen Büchern gefeierte Liturgie letztlich bis in die heimische Pfarrkirche reicht.

Weiterführende Literatur

Über Anliegen und Wege gottesdienstlicher Erneuerung in der Aufklärungszeit informieren

- Hans HOLLERWEGER, Die Reform des Gottesdienstes zur Zeit des Josephinismus in Österreich (Studien zur Pastoralliturgie 1), Regensburg 1976 *[umfassende, aus den Quellen erarbeitete Studie]*.
- Franz KOHLSCHEIN, Liturgiereform und deutscher Aufklärungskatholizismus, in: Liturgiereformen. Historische Studien zu einem bleibenden Grundzug des christlichen Gottesdienstes 1. FS Angelus A. Häußling, hg. von Martin KLÖCKENER und Benedikt KRANEMANN (Liturgiewissenschaftliche Quellen und Forschungen 88), Münster 2002, 511–533 *[gute Überblicksdarstellung]*.
- Benedikt KRANEMANN, Zwischen Tradition und Zeitgeist. Programm und Durchführung der Liturgiereform in der deutschen katholischen Aufklärung, in: Jaarboek voor Liturgie-onderzoek 20 (2004) 25–47 *[erläutert die theologisch-pastoralen Leitlinien und die Realisierungswege der Reformbemühungen]*.
- Albert GERHARDS, Die Synode von Pistoia 1786 und ihre Reform des Gottesdienstes, in: DERS., Erneuerung des kirchlichen Lebens aus dem Gottesdienst. Beiträge zur Reform der Liturgie (Praktische Theologie heute 120), Stuttgart 2012, 30–40 *[stellt das gottesdienstliche Reformprogramm der Synode vor und macht deutlich, weshalb es scheiterte]*.

Die Spannung zwischen Aufklärung und überlieferter Frömmigkeitspraxis beschreiben

- Barbara GOY, Aufklärung und Volksfrömmigkeit in den Bistümern Würzburg und Bamberg (Quellen und Forschungen zur Geschichte des Bistums und Hochstifts Würzburg 21), Würzburg 1969 *[analysiert systematisch die aufklärerischen Maßnahmen]*.
- Andreas HEINZ, Liturgie und Volksfrömmigkeit, in: Aufklärung und Tradition. Kurfürstentum und Stadt Trier im 18. Jahrhundert. Ausstellungskatalog und Dokumentation, hg. von Günther FRANZ, Trier 1988, 195–222 *[macht am Beispiel der Erzdiözese Trier die Entwicklungen exemplarisch deutlich]*.

Zu den Entwicklungen von Gottesdienst und Frömmigkeit im 19. Jahrhundert sei hingewiesen auf

- Norbert TRIPPEN, Gottesdienst und Volksfrömmigkeit im Kölner Dom während des 19. Jahrhunderts, in: Der Kölner Dom im Jahrhundert seiner Vollendung 2. Essays, hg. von Hugo BORGER, Köln 1980, 182–198.
- Hans Georg BECKERS, Karl Joseph Lelotte – ein Pfarrer in der Zeit des politischen und sozialen Umbruchs. Gottesdienst in Gladbach von 1864 bis 1892 (Beiträge zur Geschichte der Stadt Mönchengladbach 34), Mönchengladbach 1995 *[exemplarische Einzelstudie, die ausführlich auf die Gestalt des Pfarrgottesdienstes in der zweiten Hälfte des 19. Jahrhunderts eingeht]*.
- Andreas HEINZ, Das gottesdienstliche Leben, in: Geschichte des Bistums Trier 4. Auf dem Weg in die Moderne 1802–1880, hg. von Martin PERSCH und Bernhard SCHNEIDER (Veröff. des Bistumsarchivs Trier 38), Trier 2000, 247–274.
- Bernhard SCHNEIDER, „Ora et labora". Der Umbruch der Arbeitswelt und die Liturgie im langen 19. Jahrhundert, in: Liturgie und Lebenswelt. Studien zur Gottesdienst- und Frömmigkeitsgeschichte zwischen Tridentinum und Vatikanum II. FS Andreas Heinz, hg. von Jürgen BÄRSCH und Bernhard SCHNEIDER (Liturgiewissenschaftliche Quellen und Forschungen 95), Münster 2006, 141–183 *[der Band enthält darüber hinaus weitere Beiträge zur Geschichte des Gottesdienstes im 19. Jahrhundert]*.

„… wie ein Durchbruch des Heiligen Geistes" Von der Liturgischen Bewegung des 20. Jahrhunderts zur Liturgiereform des Zweiten Vatikanischen Konzils

Wenn im Folgenden von der „Liturgischen Bewegung" gesprochen wird, könnte dies zu dem Missverständnis verleiten, es habe sich dabei um eine von bestimmten Personen und Kreisen initiierte Bewegung gehandelt, die eine kluge, raffinierte Strategie entwickelte, um den Gottesdienst der Kirche zu verändern. Diese Vorstellung ist ein Irrtum. Vielmehr ist das, was man später „Liturgische Bewegung" nennen wird, an verschiedenen Orten und aus den Initiativen unterschiedlicher Personen und Gruppen in einer ganz bestimmten gesellschaftlichen, kulturellen und kirchlichen Zeitsituation herausgewachsen, um im Laufe der Zeit mehr und mehr Kreise in der Kirche zu erfassen. Theologisch hat es Papst Pius XII. (1939–1958) – gewissermaßen im Rückblick auf über fünfzig Jahre liturgische Erneuerung – 1956 in einer Ansprache formuliert: „Die liturgische Bewegung ist also gleichsam wie ein Zeichen der göttlichen Vorsehung für die gegenwärtige Zeit aufgeleuchtet, sie war wie ein Durchbruch des Heiligen Geistes in seiner Kirche, um die Menschen den Geheimnissen des Glaubens und den Reichtümern der Gnade näherzubringen, welche aus der tätigen Teilnahme der Gläubigen am liturgischen Leben strömen" (zit. nach *Wagner* 1957, 344). Tatsächlich kann man von einem immer deutlicher sich abzeichnenden Aufbruch zur Liturgie als Mitte des kirchlichen Lebens und des christlichen Glaubens sprechen. Dieser komplexe Vorgang, der sich in vielen europäischen Ländern zwar mit unterschiedlichen Reichweiten und Akzenten weitgehend zeitgleich abspielte, wird zumeist in drei Phasen gegliedert: in eine Phase der Vorbereitung, in die pastorale Phase und in die Phase der Erneuerung der Liturgie im Sinne einer Reform des Gottesdienstes.

1. Wiederentdeckung des Gottesdienstes als Feier der Kirche

Monastische Neuorientierung

Die frühen Wurzeln der Liturgischen Bewegung liegen bemerkenswerterweise in der Zeit der Restauration des 19. Jahrhunderts. 1833 besiedelt der Benediktiner Prosper Guéranger (1805–1875) mit einigen Mitbrüdern die alte, im Nordosten Frankreichs gelegene Abtei Solesmes wieder. Hier will er ein Mönchtum reaktivieren, das nunmehr ganz aus den alten Wurzeln der kirchlichen Tradition, vor allem der Kirchenväter und des Mittelalters lebt und in dessen Mitte die Feier der „klassischen" Gestalt der römischen Liturgie stehen soll. Dieses Anliegen des Abtes entspringt wesentlich seiner romantisch-restaurativen Einstellung. Nach der überwundenen Aufklärung, dem Nationalkirchenbewusstsein und der Revolution soll sein Kloster wie die Kirche in Frankreich insgesamt wieder zu den alten, authentischen Quellen des Glaubens zurückkehren und sich klar und unmissverständlich an den Nachfolger Petri in Rom binden. So widmet er sich mit seinen Mönchen der Pflege des Gregorianischen Chorals und versucht, durch zahlreiche Schriften bei Priestern und Laien das Verständnis für die römische Liturgie zu wecken wie auch das liturgische Handeln der Kirche nach den authentischen Quellen, also nach den vom Apostolischen Stuhl herausgegebenen liturgischen Büchern, zu erschließen. Vor allem sein 16 Bände umfassendes Hauptwerk über das Kirchenjahr wird in fast alle europäischen Sprachen übersetzt, in Hunderttausenden von Exemplaren verbreitet und weckt bei unzähligen Menschen das Interesse für die Liturgie. Auch wenn Guéranger selbst letztlich bei der spätmittelalterlichen Gestalt der Liturgie stehen bleibt, gibt er dennoch den entscheidenden Anstoß, die Liturgie wieder ins Zentrum der Kirche und des Glaubens zu stellen und den Gottesdienst auf seine Ursprünge zurückzuführen. Fortan sollen gerade die Benediktinermönche entscheidende Träger und Gestalten für die weitere Entwicklung der Liturgischen Bewegung werden.

Mit den Brüdern Maurus (1825–1890) und Placidus Wolter (1828–1908) geht der Geist von Solesmes in das von ihnen gegründete Benediktinerkloster Beuron im Schwarzwald über, dessen Mönche die Liturgie ganz in den Mittelpunkt ihres gemeinschaftlichen wie persönlichen Lebens stellen. Aber die Abtei wirkt auch nach außen. Hier ist etwa Pater Anselm Schott (1843–1896) zu nennen, der in Beuron 1884 eine deutsche Übersetzung des römischen Messbuchs herausbringt, die in unzähligen Auflagen bis in die 1960er-Jahre erscheint. Sein Name ist gewissermaßen zu einem Markenzeichen für die handlichen Volksmessbücher geworden, die damals durch ihre Übersetzung ins Deutsche, heute als Vorbereitung auf die Mitfeier der Messe helfen wollen, die Schätze der Liturgie zugänglich zu machen. Die besondere Konzentration auf den Gottesdienst der Kirche zeichnet das benediktinische Leben in Beuron aus. Mit der von dort wiederbesiedelten Abtei Maria Laach in der Eifel (1892) werden diese beiden Klöster, neben anderen Neugründungen, zu den herausragenden Zentren der liturgischen Erneuerung in Deutschland gehören.

Erste Erneuerungsschritte in Rom

Inzwischen hat mit dem Pontifikat Papst Pius X. (1903–1914) eine vorsichtige Erneuerung der Liturgie „von oben“ eingesetzt. Der im Grunde konservativ eingestellte Papst ist – sicher stark geprägt durch seine langjährige Seelsorgsarbeit als Kaplan und Pfarrer – äußerst pastoral gesinnt. Entgegen der jahrhundertealten Praxis der Katholiken, nur sehr selten, vielfach nur einmal jährlich zu Ostern die Kommunion zu empfangen, fördert Pius X. die häufige, ja möglichst sogar tägliche Kommunion der Gläubigen und regt, ganz Teil der kindervernarrten italienischen Gesellschaft, die frühzeitige Kommunion der Kinder ab dem Unterscheidungsalter von etwa sieben Jahren an. Die heute in den Pfarrgemeinden bekannte gemeinsame Erstkommunion der Jungen und Mädchen im Grundschulalter geht auf die Initiative dieses Papstes zurück. Mit solchen Maßnahmen führt er allerdings keineswegs unerhörte Neuerungen ein, vielmehr greift er lediglich bisher unerfüllte Anregungen des Konzils von Trient (1545–1563) auf und richtet die Perspektive vom enggeführten eucharistischen Anbetungskult auf eine von der Kommunion bestimmte Frömmigkeit. Das ist ein wichtiger, freilich aber auch nur ein erster Schritt, denn mit der Förderung der Gläubigenkommunion verbindet der Papst fast ausschließlich den Gedanken eines individuellen, vom Geschehen der Messe aber letztlich unabhängigen Gnadenempfangs.

Vermutlich weitreichender als diese Schritte wird für die Liturgiegeschichte aber ein Begriff, den Pius X. in seinem Schreiben über die Erneuerung der Kirchenmusik (*Tra le sollecitudini*, 22. November 1903) prägt, in dem er fordert, die Gläubigen sollen aus der ersten und unentbehrlichen Quelle des Glaubens schöpfen, nämlich: „aus der tätigen Teilnahme *(participatio actuosa)* an den hochheiligen Mysterien und am öffentlichen feierlichen Gebet der Kirche" (zit. nach *Meyer / Pacik* 1981, 25). Sicher ohne es zu ahnen, liefert der Papst mit diesem Wort von der „tätigen Teilnahme" aller Gläubigen am Gottesdienst der Kirche das Schlüsselwort für die ganze Liturgische Bewegung und formuliert zugleich das Programm für das gottesdienstliche Erneuerungswerk, das die Konzilsväter des Zweiten Vatikanischen Konzils (1962–1965) in ihrer Liturgiekonstitution in die Wege leiten werden.

„Die Liturgie muss demokratisiert werden"

Ihren Durchbruch in der größeren kirchlichen Öffentlichkeit erlebt die Liturgische Bewegung dann auf dem Katholikentag 1909 in Mecheln (Belgien). Hier hält der Benediktiner Lambert Beauduin (1873–1960) eine vielbeachtete Rede, die wie eine Initialzündung wirkt. Die Liturgie sei keineswegs, wie es über Jahrhunderte gesehen wurde, eine reine Angelegenheit des Klerus, so der Benediktiner, sondern vor allem und in erster Linie gemeinsames Handeln der Gläubigen. Der Gottesdienst dürfe nicht als erbauliche Zeremonie missverstanden werden, vielmehr müsse er wieder als Quelle für das geistliche Leben aller Getauften erfahrbar sein. Seine Forderung gipfelt in dem Wort: „Il faudrait démocratiser la liturgie" (zit. nach *Rousseau* 1959, 208) – die Liturgie müsse „demokratisiert", also ein Vollzug des ganzen Volkes Gottes werden.

Diese Forderung ist jetzt in der Welt und erzielt eine ungeheure Breitenwirkung, nicht nur in Belgien, sondern auch in Deutschland und anderen Ländern. Erstmals klopfen 1913 fünf katholische Laien, unter ihnen der französische Staatsmann und Förderer der europäischen Einigung, Robert Schuman (1886–1963), an die Pforte der Abtei Maria Laach, um – für die damalige Zeit etwas völlig Unerhörtes – gemeinsam mit den Mönchen die Karwoche zu feiern. Die Liturgie ist Feier des ganzen Volkes Gottes, dieser Gedanke erfasst in jenen Jahren immer mehr Menschen.

2. Mönche, Jugendliche, Pfarrer – die Liturgische Bewegung findet Resonanz

Aufbrüche nach den Ersten Weltkrieg

Die europäische Katastrophe des Ersten Weltkriegs (1914–1918) hemmte verständlicherweise zunächst die weitere Entwicklung. Ab 1918 aber trat die bis dahin eher aristokratisch und akademisch geprägte, noch kaum über die Mauern der Benediktinerabteien und kleine Zirkel von katholischen Intellektuellen hinausgedrungene Liturgische Bewegung in ihre pastorale Phase. Dies hat auch mit den politisch-gesellschaftlichen Entwicklungen jener Jahre zu tun.

Der Erste Weltkrieg mit seinem Trauma des massenhaften Hinmetzelns der Soldaten auf den Schlachtfeldern verschärft die Krisenstimmung, die Deutschland bereits seit dem Ende des 19. Jahrhunderts erfasst. Der Mensch, der stolz und optimistisch auf seine Leistungen in Wissenschaft und Technik blickt, dem alles machbar erscheint und der schließlich vermessen seine Existenz selbst in die Hand zu nehmen glaubt, sieht sich mehr und mehr in einer Sackgasse. Der allgemeine Fortschrittsoptimismus bricht wie ein Kartenhaus zusammen und geht gewissermaßen mit der als unsinkbar geltenden „Titanic“ 1912 unter. Schon um die Jahrhundertwende machen sich Gegenbewegungen bemerkbar, die dann nach 1918 umfänglicher Gehör finden. Die Jugendbewegung bricht auf und schafft ein neues Bewusstsein und Gespür für gemeinschaftliches Leben, ungekünstelte Einfachheit und naturverbundene Körperlichkeit. Auch viele katholische Jugendliche finden sich in diesem Lebensgefühl wieder.

Parallel entstehen in Theologie und Kirche neue Perspektiven. Der „Reformkatholizismus“ drängt aus dem Getto der katholischen Stände- und Verbandsseelsorge heraus und sucht Anschluss an die geistes- und kulturgeschichtlichen Kräfte der Zeit. Ein neues Kirchenbewusstsein entwickelt sich. In Maria Laach versteht es Abt Ildefons Herwegen (1874–1946), den Mönchskonvent und mit ihm verbundene Persönlichkeiten und Gruppierungen für die Anliegen eines liturgisch geprägten Lebens zu gewinnen. Hier entwickelt der Mönch Odo Casel (1886–1948) mit der sogenannten „Mysterientheologie“ eine von der Liturgie herkommende Theologie, die er vor allem in dem von 1921 bis in die Zeit des Zweiten Weltkriegs publizierten „Jahrbuch für Liturgiewissenschaft“ darlegt. Zeitgleich entste-

Gemeinschaftsmesse in der Krypta des Trierer Doms, 1921

hen zahlreiche wissenschaftliche Werke zur Geschichte und Theologie des Gottesdienstes und vertiefen so die Kenntnis um die Entstehung und den Sinngehalt der Liturgie.

Interesse an liturgischer Bildung

Das große Interesse am Gottesdienst der Kirche, das Verlangen, ihn immer besser kennen und verstehen zu lernen, beschränkt sich aber nicht auf die Wissenschaft. Über die Jugendlichen und die aus der Jugendbewegung hervorgegangenen Priester werden die Gedanken der Liturgischen Bewegung allmählich auch in den Pfarrgemeinden heimisch. Einzelne Pfarrer gehen mutig voran und gestalten die Seelsorge ganz von der Mitte des Gottesdienstes her. Pfarrer wie Heinrich Georg Hörle (1889–1942) in Frankfurt am Main, Josef Schrallhamer (1881–1950) in München oder Konrad Jakobs (1874–1931) in Mülheim an der Ruhr etablieren die Gedanken der gottesdienstlichen Erneuerung in ihren Pfarreien und legen sie ihrer seelsorglichen Arbeit zugrunde. Weitreichende Anstöße für die Liturgie als Mitte einer lebendigen Gemeinde geben die Priester des Oratoriums in Leipzig.

An vielen Orten wächst der Wunsch nach liturgischer Bildung und nach Hilfen für eine bewusste und vertiefte Mitfeier des Gottesdienstes. Der österreichische Chorherr von Klosterneuburg bei Wien Pius Parsch

(1884–1954) bringt in seinem Volksliturgischen Apostolat in hohen Auflagen eine Fülle von Heften, Jahrbüchern und Zeitschriften zum Verständnis von Bibel und Liturgie heraus, die speziell für die Hand der Gläubigen gedacht sind. Ein „Klassiker" wird seine Erklärung des Kirchenjahres „Das Jahr des Heiles", und mit den „Klosterneuburger Messtexten", die in vielen Pfarreien ausliegen, erreicht er gar ein Millionenpublikum. Nicht nur in Klosterneuburg, auch an vielen anderen Orten erscheinen nun Laien-Liturgiken, liturgische Haus- und Sachbücher wie etwa in Maria Laach das liturgische Volksbuch „Die betende Kirche" und weiteres Material zur Liturgiekatechese.

In diesen Jahren nach dem Ersten Weltkrieg ist die Zeit offenbar „reif" für die Sicht der Liturgie als Feier der Kirche. Die Zeitsituation bringt der Religionsphilosoph und Theologe Romano Guardini (1885–1968) auf den Punkt: „Ein religiöser Vorgang von unabsehbarer Tragweite hat eingesetzt: die Kirche erwacht in den Seelen" (*Guardini* 1922, 19). Die Bedeutung der kirchlichen Gemeinschaft für alle Getauften als Glieder der Kirche wird nun wiederentdeckt und damit zugleich die geistliche Quelle, aus der sie lebt, die Liturgie. „Die Kirche ist es", so schreibt Guardini, „die in der Liturgischen Bewegung mit Ehrfurcht und Freude neu entdeckt wurde. Nachdem lange Zeit hindurch das religiöse Leben vor allem im individuellen Bereich gesehen worden war, wurde man der Weite und des Reichtums inne, die sich im Mitvollzug des *actus ecclesiae* [der kirchlichen Handlung; JB] erschließen" (*Guardini* 1956, 129). Wer sich selbst als Glied am mystischen Leib der Kirche zu sehen gelernt hat, musste in sich den Wunsch verspüren, in lebendiger Altargemeinschaft die Liturgie der Kirche aktiv mitzutragen. Es waren also gesellschaftlich-kulturelle Neuorientierungen, die hier glücklich zusammentrafen mit dem theologischen Gehalt und den anthropologisch-psychologischen Bedingungen der kirchlichen Liturgie. Sie haben gewissermaßen einen Kairos bewirkt, der maßgeblich die Ausbreitung der Liturgischen Bewegung beförderte.

„Vom Geist der Liturgie"

Bereits 1918 veröffentlicht Guardini, bis dahin ein weithin unbekannter Mainzer Priester, das äußerlich unscheinbare, schmale Bändchen „Vom Geist der Liturgie". Diese Schrift avanciert im deutschen Sprachraum innerhalb kürzester Zeit zu einem Bestseller. Darin öffnet er seinen vielen Lesern in kleinen, essayistisch verfassten Beiträgen den Blick für die

Grundformen der Liturgie: das liturgische Beten, die liturgische Gemeinschaft, die Symbolik und – bis dahin unerhört – die Liturgie als ein heiliges Spiel. Immer wieder ist Guardinis Bändchen neu aufgelegt worden, heute bereits in der 23. Auflage (2013) greifbar, sodass tatsächlich von einer „Jahrhundertschrift" (Arno Schilson) gesprochen werden kann. Guardini trifft in Anlage, Stil und inhaltlicher Durchführung den Nerv der Zeit und erreicht damit vor allem breite Kreise der katholischen Jugend. Als geistlicher Leiter der Jugendvereinigung „Quickborn" mit deren Zentrum Burg Rothenfels am Main trägt Guardini wesentlich dazu bei, dass Liturgische Bewegung und Jugendbewegung zusammenfinden und eine fruchtbare Symbiose eingehen. Von hier strahlen die Gedanken der Liturgischen Bewegung bis in die Pfarreien hinein.

Vor allem die sogenannte „Gemeinschaftsmesse", die 1921 ungefähr zeitgleich in der Krypta von Maria Laach, auf Burg Rothenfels und in Augsburg aufkommt, findet schnell Nachahmer, wenngleich jenseits der Legalität: Erstmals darf die Gemeinde nun die Volksantworten bei der Messe geben, deren lateinische Texte ein Vorleser aus dem Volksmessbuch „übersetzt", während der Priester am frei stehenden Altar, in seiner Hinwendung zu den Gläubigen das liturgische Handeln transparent macht.

Überlebensnotwendig – Liturgie unter der NS-Diktatur

Noch einmal in einer ganz anderen politisch-gesellschaftlichen Situation und durch Druck von außerhalb der Kirche wird die Liturgie zu einem Zentrum der Verkündigung und Pastoral, nämlich in der Zeit der nationalsozialistischen Diktatur und des Kirchenkampfes. Mehr und mehr unterdrückt das Regime das Wirken der Kirche in den Verbänden und Vereinigungen und verbietet es schließlich ganz. In dieser schwierigen pastoralen Lage, in der die Kirche ganz auf den Kirchenraum beschränkt ist, erscheint es geradezu zwingend, die gesamte Seelsorge vom Altar her aufzubauen und den Gottesdienst in seiner formenden und weltverändernden Dynamik in die Mitte aller Seelsorge zu rücken.

Was für die Pfarrseelsorge allgemein gilt, spielt insbesondere für die Jugendseelsorge eine zentrale Rolle. Als die katholischen Jugendverbände und ihre Außenwirkung restlos unterbunden werden, verwandelt sich der staatlich verordnete Rückzug in den Innenraum der Kirche – der Intention der braunen Machthaber völlig zuwider – zu einer bewussten Rückkehr zur eigentlichen Mitte des Christseins. Die deutschen Bischöfe fordern jetzt vor allem für die Jugendseelsorge die Feier der Gemeinschaftsmesse, für die sie 1936 eigene Richtlinien erlassen; so soll die Messe den gemeinschaftlichen Zusammenhalt der Jugendlichen im Glauben erfahrbar machen. Die Kreise der katholischen Jugend pflegen zudem das „Kirchliche Abendgebet". Die „Komplet der Jugend", die allwöchentlich am Freitag- oder Samstagabend gefeiert wird und zu der – so etwa in Trier – regelmäßig über 200 Jugendliche zusammenkommen, bildet ein weiteres Zentrum der kirchlichen Jugendarbeit. Der deutsche Gesang, die Einführung in die Messe des kommenden Sonntags und das gemeinsame Zusammensein bestärken die jungen Christen in ihrem Glauben.

Weil in diesen Jahren fast allein die Liturgie die ganze Seelsorge tragen muss, nutzen viele Diözesen die anstehende Neubearbeitung ihres Diözesanrituales Ende der 1920er-, Anfang der 1930er-Jahre, um wenigstens bei den sakramentlichen Feiern die Volkssprache umfassender zu verwenden. Besonders Bischof Franz Rudolf Bornewasser (1866–1951) von Trier und sein Generalvikar Heinrich von Meurers (1888–1953) sehen die drängende Notwendigkeit, angesichts der damaligen Zeitlage entsprechende Ordnungen für die Sakramentengottesdienste zu schaffen. 1939 erscheint ein neues Ritualbuch für die Taufliturgie. Es favorisiert die Taufe als Gemeindegottesdienst. Die bereits Getauften sollen bei der Mitfeier der Taufe sich ihrer eigenen Taufe erinnern und so im Glauben gestärkt werden. In ähnlicher Form erscheint 1941 ein neuer, fast ausschließlich volkssprachlicher Begräbnisritus. Weil die Zeit drängt und Handlungsbedarf besteht, legt die Trierer Bistumsleitung die neuen Ausgaben noch nicht in Rom zur Genehmigung (Approbation) vor. Einen ähnlichen Weg gehen auch die Diözesen Aachen, Hildesheim, Innsbruck-Feldkirch und Danzig.

Den Makel der fehlenden römischen Approbation spießen manche Priester auf, die Rom drängen, sofort und streng gegen die betroffenen Bischöfe vorzugehen. So werden auch die Trierer Ritualien in Rom angezeigt. Dabei beabsichtigen die Bischöfe keineswegs einen Affront gegen Rom. Sie wollen vielmehr den Eigenmächtigkeiten mancher Priester wehren, die ihrerseits aus Sorge um die Gläubigen zur Selbsthilfe greifen und eigenständig Ritualien verfassen. Um die bistumsweite Einheitlichkeit in den sakramentlichen Feiern wiederherzustellen, geben die Bischöfe darum von sich aus zeitgemäße, eben weitgehend volkssprachliche Ordnungen für ihre Sprengel heraus. Vor allem geht es in dieser Zeit einer glaubens- und kirchenfeindlichen Staatspropaganda und fortschreitenden Säkularisierung darum, so der Liturgiewissenschaftler Andreas Heinz, „dem Anliegen Rechnung zu tragen, die Liturgie der Kirche den Gläubigen näher zu bringen, deren tätige Teilnahme zu fördern und so den Gottesdienst noch wirkungsvoller zur Kraftquelle gelebten Glaubens im Alltag zu machen. Das aber war nur durch weitgehende Verwendung der Muttersprache zu erreichen" (*Heinz* 2008, 369).

Tatsächlich stellt Papst Pius XII. 1942 in einem Brief an die beiden zu Referenten für liturgische Fragen bestellten Bischöfe Albert Stohr (Mainz, 1890–1961) und Simon Konrad Landersdorfer (Passau, 1880–1971) eine großzügige Verwendung der Volkssprache bei den Feiern der Sakramente wie sogar der Messfeier in Aussicht. Für die Sakramentengottesdienste geschieht das schließlich auch, als 1950 das deutsche Einheitsrituale, die *Collectio Rituum*, erscheint, in deren Ordnungen viele Anregungen aus den zuvor indizierten Trierer Ritualien eingegangen sind. Sie erfahren auf diesem Wege schließlich eine späte Anerkennung. Aber damit sind wir schon in der dritten Phase der Liturgischen Bewegung, der Phase der konkreten Reform der Liturgie.

3. Erste Reformschritte – die Liturgische Bewegung setzt sich durch

Krise der Liturgischen Bewegung

Der angedeutete Konflikt um die Trierer Diözesanritualien ist Teil einer größeren Auseinandersetzung um die „liturgische Frage", die sich in den Jahren zwischen 1939 und 1944 zuspitzt. Denn längst nicht alle Bischöfe, Priester und Laien stehen den Anliegen der Liturgischen Bewegung positiv gegenüber, die Linien gehen quer durch den deutschen Episkopat, durch den Klerus und die Gläubigen. Vor allem extreme Vertreter der „Liturgisten" rufen ihrerseits verschärfte reaktionäre Gegner auf den Plan, ein mittlerer Weg, den die genannten „Liturgiebischöfe" Stohr und Landersdorfer wie die meisten in der Liturgischen Bewegung tätigen Priester und Laien suchen, hat es da schwer. Sie finden aber schließlich Unterstützung in Rom. Hier ist man offenbar bestens über die Situation in Deutschland informiert und weiß die Lage gut einzuschätzen. In seinem Brief an den Vorsitzenden der Fuldaer Bischofskonferenz, Adolf Kardinal Bertram (Breslau, 1859–

1945), vom 24. Dezember 1943 lobt Kardinalstaatssekretär Luigi Maglione (1877–1944) die segensreichen Wirkungen der Liturgischen Bewegung, hält aber zugleich die Bischöfe an, die weitere Entwicklung sorgfältig im Auge zu behalten und keine willkürlichen Neuerungen zuzulassen.

Unter römischer Führung

Schließlich nimmt Rom selbst das Heft des Agierens in die Hand. Wie wir heute wissen, plante Papst Pius XII. die unter seinem Vorgänger Pius X. noch zaghaft begonnene Liturgiereform umfassend fortzusetzen. Eine vom Papst einberufene Arbeitsgruppe, über deren Existenz absolutes Stillschweigen gewahrt wird, soll die Möglichkeiten einer generellen Liturgiereform prüfen. Das später „Pius-Kommission“ genannte Gremium erarbeitet ein umfassendes Reformkonzept, das den nachfolgenden Reformschritten zugrunde liegt.

Um der beabsichtigten Liturgiereform ein theologisches Fundament zu geben, veröffentlicht Pius XII. am 20. November 1947 seine bedeutende Liturgie-Enzyklika *Mediator Dei*. Darin versteht der Papst die Liturgie als Vollzug des Priesteramtes Christi, als gemeinsames Handeln Christi, des Hauptes und seiner Glieder, der Kirche. Von daher kann er auch die tätige und persönliche Teilnahme der Gläubigen am Gottesdienst der Kirche als dem Wesen der Liturgie gemäß herausstellen, denn mit dem gemeinsamen Priestertum nehmen alle Getauften teil am Priestertum Christi. Wenn man dieses päpstliche Dokument liest, hört man in dessen Aussagen zu Recht schon viel von dem vorweggenommen, was 16 Jahre später die Väter des Zweiten Vatikanischen Konzils zum Wesen der Liturgie ausführen werden. Und es ist kein Zufall, dass die Liturgie-Enzyklika Pius' XII. zu den am meisten zitierten Texten der Liturgiekonstitution des Konzils gehört. *Mediator Dei* gilt darum zu Recht als „Magna Charta der liturgischen Erneuerung der Kirche“, wie der Mailänder Erzbischof Giovanni Battista Montini (1897–1978), der spätere Papst Paul VI. (1963–1978), das päpstliche Schreiben wertet. Unter ihrem unmittelbaren Eindruck gründen die Mitglieder der Liturgischen Kommission der Fuldaer Bischofskonferenz das überdiözesane Deutsche Liturgische Institut mit Sitz in Trier, dem bis 1953 der Trierer Generalvikar von Meurers vorsteht und das von seinem Sekretär Johannes Wagner (1908–1999) bis 1975 geleitet wird. Damit hatten die Verantwortlichen ein hervorragendes Instrument geschaffen, das die liturgische Erneuerung in Deutschland administrativ begleiten und innovativ voranbringen sollte.

Erneuerung in der Herzmitte des Kirchenjahres

Weitere konkrete Schritte der Liturgiereform folgen. 1951 kommt es zur Erneuerung in der Herzmitte des Kirchenjahres. Die Ostervigil, die zentrale und heiligste Nachtfeier der Kirche, die über viele Jahrhunderte völlig sinnwidrig ihren alten zeitlichen Ansatz verloren hatte und bis auf den Karsamstagmorgen vorgerückt war, wird nun wieder in die Osternacht zurück verlegt. Es bleibt aber nicht bei der zeitlichen Verlegung der Feier, zugleich greift man in das traditionelle Text- und Ritengefüge ein, um es nach pastoralen Gesichtspunkten zu revidieren und mit Formen zu ergänzen, die der Mitfeier der Gemeinde Rechnung tragen. Konsequenterweise erfolgt bereits vier Jahre später der nächste Schritt, in dem die Liturgie der Heiligen Woche im Blick auf eine gemeindegerechte Feier einer Revision unterzogen wird. Auf diese Weise erlangt der Gottesdienst auf dem Gipfel des liturgischen Jahres eine Gestalt zurück, die über Jahrhunderte verschüttet war und darum das spirituelle Leben der Gläubigen faktisch nicht mehr zu prägen vermochte. Mit der Reform der Osternacht und der Heiligen Woche, der Vereinfachung der Rubriken, der Erleichterung des eucharistischen Nüchternheitsgebots und der Gewährung der Abendmesse öffnet sich der Weg zu einer allgemeinen Liturgiereform.

Fortsetzung des Erneuerungswerkes

Papst Pius XII. kann dieses Werk nicht mehr weiterführen, er stirbt 1958. So bleibt es seinen beiden Nachfolgern, Papst Johannes XXIII. (1958–1963) und Papst Paul VI., überlassen, den begonnenen Weg fortzusetzen. Schon bei der Vorbereitung des Zweiten Vatikanischen Konzils zeigt sich, dass weitere liturgische Reformen anstehen. Denn in den von den Bischöfen des Weltepiskopats und von den Theologischen Fakultäten erbetenen Vorschlägen für die Konzilsberatungen betreffen fast ein Drittel der Rückmeldungen liturgische Reformwünsche. Der Reformstau ist evident, und angesichts der über Jahrzehnte wirkenden Liturgischen Bewegung, keineswegs allein in den europäischen Ländern, sondern auch in den anderen Kontinenten, liegt es nahe, dass sich das Konzil zunächst mit der Erneuerung des Gottesdienstes befasst. Die weit gediehenen wissenschaftlichen wie pastoralen Vorarbeiten lassen hoffen, dass die erste Frucht des Konzils ein positives Signal in die Kirche und in die Welt sendet und eine Stimmung erzeugt, die die weitere Arbeit des Konzils günstig beeinflusst.

Am 4. Dezember 1963, auf den Tag genau 400 Jahre nach der Schluss-Sitzung des Konzils von Trient, kann die Liturgiekonstitution *Sacrosanctum Concilium* mit der überwältigenden Mehrheit von 2147 Stimmen bei nur vier Nein-Stimmen verabschiedet und vom Papst promulgiert werden. Der erste Artikel der Konstitution, zugleich die erste Äußerung des gesamten Konzils, spricht nicht von der Kirche und ihren Institutionen, sondern von den Gläubigen. Das ganze Konzil ist nur von seiner pastoralen Ausrichtung her verständlich: Das christliche Leben unter den Gläubigen soll vertieft werden, und dazu bedarf die Liturgie der Reform. Die Liturgie muss, wenn sie Göttliches und Menschliches zusammenbringt, wenn sie der große Dialog zwischen Gott und den Menschen ist, an Gott *und* am Menschen Maß nehmen. Hier trifft das Anliegen der Liturgischen Bewegung sich mit dieser Grundperspektive der Liturgiekonstitution: Die Christen sollen ihr Leben aus der Liturgie als der ersten Quelle der Spiritualität heraus gestalten, dass sie ihr ganzes Leben liturgisch durchformen mögen, damit Liturgie und Leben eine untrennbare Einheit sind und es immer mehr werden.

Weiterführende Literatur

Gute Überblicke über die Entwicklung der Liturgischen Bewegung (vor allem im deutschen Sprachgebiet) bieten

- Ferdinand Kolbe, Die Liturgische Bewegung (Der Christ in der Welt IX.4), Aschaffenburg 1964 *[ein zwar schon älteres Werk, das man aber immer noch mit Gewinn liest]*.
- Arno Schilson, Die Liturgische Bewegung. Anstöße – Geschichte – Hintergründe, in: Klemens Richter, Arno Schilson, Den Glauben feiern. Wege liturgischer Erneuerung, Mainz 1989, 11–48 *[zeichnet knapp die Entwicklung nach, ordnet die Liturgische Bewegung aber vor allem in den zeitgenössischen gesellschaftlich-kulturellen Kontext ein; in diesem Band finden sich auch weitere Beiträge zu Persönlichkeiten und Grundmotiven der Liturgischen Bewegung]*.
- Martin Klöckener, Die katholische Liturgische Bewegung in Europa. 10 Thesen und Auswahlbibliographie, in: Liturgie in Bewegung, hg. von Bruno Bürki und Martin Klöckener unter Mitarbeit von Arnaud Join-Lambert, Freiburg/Schweiz – Genève 2000, 25–32 *[bietet neben der kompakten Übersicht vor allem reiche Literaturhinweise]*.
- Theodor Maas-Ewerd, Klemens Richter, Die Liturgische Bewegung in Deutschland, in: Liturgiereformen. Historische Studien zu einem bleibenden Grundzug des christlichen Gottesdienstes 2. FS Angelus A. Häußling, hg. von Martin Klöckener und Benedikt Kranemann (Liturgiewissenschaftliche Quellen und Forschungen 88), Münster 2002, 629–648 *[gute Übersicht auf dem aktuellen Stand der Forschung, in diesem Sammelband finden sich auch weitere Beiträge zur Liturgischen Bewegung in anderen Ländern]*.

Ausführliche Studien zu Teilaspekten der Liturgischen Bewegung hat vorgelegt

- Theodor Maas-Ewerd, Liturgie und Pfarrei. Einfluß der Liturgischen Erneuerung auf Leben und Verständnis der Pfarrei im deutschen Sprachgebiet, Paderborn 1969.
- Theodor Maas-Ewerd, Die Krise der Liturgischen Bewegung in Deutschland und Österreich. Zu den Auseinandersetzungen um die „liturgische Frage" in den Jahren 1939 bis 1944 (Studien zur Pastoralliturgie 3), Regensburg 1981.

Zur Reform unter Papst Pius XII. findet sich viel bei

- Theodor Maas-Ewerd, Papst Pius XII. und die Reform der Liturgie im 20. Jahrhundert, in: Liturgiereformen. Historische Studien zu einem bleibenden Grundzug des christlichen Gottesdienstes 2. FS Angelus A. Häußling, hg. von Martin Klöckener und Benedikt Kranemann (Liturgiewissenschaftliche Quellen und Forschungen 88), Münster 2002, 606–628.
- Andreas Heinz, Liturgiereform vor dem Konzil. Die Bedeutung Pius' XII. (1939–1958) für die gottesdienstliche Erneuerung, in: Ders., Lebendiges Erbe. Beiträge zur abendländischen Liturgie- und Frömmigkeitsgeschichte (Pietas Liturgica Studia 21), Tübingen – Basel 2010, 281–314 [Erstveröff. 1999].

„… das christliche Leben unter den Gläubigen mehr und mehr zu vertiefen“ Die Erneuerung des katholischen Gottesdienstes durch das Zweite Vatikanische Konzil

Als der von vielen als „Übergangspapst“ angesehene Papst Johannes XXIII. am 25. Januar 1959 ein Konzil ankündigte, sollte ein neues Kapitel in der Geschichte der Kirche aufgeschlagen werden, das zu einer umfassenden Neuorientierung in Theologie und Praxis führte und das kirchliche Leben seit der Mitte des 20. Jahrhunderts maßgeblich bestimmte. Davon blieb auch der Gottesdienst nicht ausgenommen. Es war im vorangegangenen Kapitel bereits angeklungen, dass die Liturgie einer grundlegenden Erneuerung bedurfte. Erste Reformschritte hatte man zwar schon zurückgelegt, aber eine theologisch fundierte und systematische Erneuerung des Gottesdienstes stand weithin noch aus.

Am 11. Oktober 1962 zogen die Bischöfe aus allen Kontinenten mit Papst Johannes in einer langen, nicht enden wollenden Prozession in die Petersbasilika ein, um das Zweite Vatikanische Konzil zu eröffnen. Schnell kam man überein, die Liturgiereform ganz oben auf die Tagesordnung zu setzen. Denn, wie schon angedeutet, war kein anderer Beratungsgegenstand des Konzils inzwischen so gut und weltweit vorbereitet und verhieß, in absehbarer Zeit erfolgreich abgeschlossen zu werden. Dazu hatte eine international besetzte Vorbereitungskommission eine Textgrundlage erstellt, die auf den Generalversammlungen der Konzilsväter beraten und ausführlich, teils durchaus kontrovers diskutiert wurde. Nachdem die Anmerkungen und Verbesserungsvorschläge der Bischöfe eingearbeitet worden waren, zeigte sich eine insgesamt positive Sicht bei der Konzilsmehrheit, sodass bereits ein Jahr nach der Konzilseröffnung am 4. Dezember 1963 als erstes Ergebnis der Kirchenversammlung die Liturgiekonstitution *Sacrosanctum Concilium* (im Folgenden abgekürzt SC) von Papst Paul VI. zusammen mit den Konzilsvätern feierlich verabschiedet werden konnte. Damit hatte das Konzil nach Aussage von Joseph Kardinal Ratzinger, dem späteren Papst Benedikt XVI. (2005–2013), „Entscheide von großer Tragweite getroffen, die in der Folgezeit das Erscheinungsbild der Kirche nicht unerheblich umgestaltet haben" (*Ratzinger* 2008, 695). In der Liturgiekonstitution sind die Grundlagen, die zentralen Prinzipien und die allgemeinen wie konkreten Reformanweisungen des Konzils zur Erneuerung des Gottesdienstes der Kirche niedergelegt. Damit bildet sie das grundlegende kirchenamtliche Dokument über die Liturgie, die bleibende Richtschnur für das gottesdienstliche Leben, an dem die Kirche seit nunmehr über fünfzig Jahren Maß nimmt.

1. Die Liturgiekonstitution *Sacrosanctum Concilium*

Aufbau und Struktur

„Das Heilige Konzil hat sich zum Ziel gesetzt, das christliche Leben unter den Gläubigen mehr und mehr zu vertiefen …" (SC 1). Bereits der erste Artikel der Liturgiekonstitution bringt das pastorale Grundanliegen des Konzils zum Ausdruck. Um das christliche Leben zu vertiefen, bedarf es einer Erneuerung der Kirche, die auch eine Reform ihrer Liturgie einschließt. Was die Liturgische Bewegung des 20. Jahrhunderts überdeutlich erkannt hatte, macht nun das Konzil zu seinem eigenen Anliegen: Die Christen sollen aus der Quelle der Liturgie ihr gläubiges Leben speisen. Da aber diese Quelle über die vergangenen Jahrhunderte in vielerlei Hinsicht verstellt, zugewachsen und unzugänglich geworden ist, erscheint eine umfassende Erneuerung des Gottesdienstes dringend geboten.

Die vom Zweiten Vatikanischen Konzil beschlossene Konstitution über die heilige Liturgie umfasst 130 Artikel, die nebst einem Vorwort in sieben Kapitel gegliedert sind; angefügt ist die „Erklärung des Zweiten Vatikanischen Konzils zur Kalenderreform". Der Text der Konstitution setzt allerdings nicht unvermittelt bei einzelnen Reformmaßnahmen an, sondern legt zunächst Grundlagen für eine Theologie der Liturgie. Denn erst aus der Vergewisserung, was das Wesen der Liturgie ausmacht, können die tragenden Prinzipien für ihre Erneuerung entwickelt werden. Dazu zählt als zentrales Reform- und Gestaltprinzip der Grundsatz, dass alle Gläubigen tätig und bewusst am Geschehen der Liturgie teilnehmen müssen. Aber auch andere Prinzipien haben konstitutive Bedeutung für den Gottesdienst. So gilt die Heilige Schrift des Alten und Neuen Testamentes als Ur-Kunde des Glaubens, von der auch der Gottesdienst der Kirche durchdrungen sein muss. Die Vielfalt der verschiedenen liturgischen Dienste zeigt nicht nur die gegliederte Gemeinschaft der Kirche, sie lässt auch erkennen, dass nicht allein Klerikern, sondern allen Getauften liturgische Aufgaben zukommen. Auch der Vorrang der gemeinschaftlichen Feier, die Durchschaubarkeit der Riten oder die Anpassung der Liturgie an die verschiedenen kulturellen Gegebenheiten gehören zu diesen allgemeinen Regeln der Liturgie. Erst auf dem Hintergrund der theologischen Fundamente und der daraus entwickelten grundlegenden Reformprinzipien kommen dann die einzelnen Bereiche des gottesdienstlichen Lebens in den Blick: an erster Stelle die zentrale liturgische Feier, die Eucharistie, sodann die übrigen Sakramente und Sakramentalien, die Tagzeitenliturgie, das liturgische Jahr und schließlich Musik und Kunst. Dabei haben die Konzilsväter teils konkrete Reformen benannt wie etwa die Einführung des Allgemeinen Gebets in der Messe („Fürbitten", vgl. SC 53), aber auch eher allgemeine Aufträge erteilt wie etwa die rituelle und textliche Überarbeitung der Buß- und der Weiheliturgie (vgl. SC 72; 76). So ergibt sich der Aufbau der Liturgiekonstitution schematisch wie auf Abb. S. 174 dargestellt.

Theologische Schwerpunkte der Liturgiekonstitution

Liturgie ist Gedächtnisfeier des Pascha-Mysteriums Jesu Christi (SC 5–7)

Bevor die Liturgiekonstitution vom Gottesdienst der Kirche handelt, lenkt sie den Blick auf Gott und sein Heilshandeln in der Geschichte. Sie sieht im Mittelpunkt der Schöpfung, Erlösung und Vollendung das Leben und Wirken Jesu Christi, dessen Sendung in seinem Tod am Kreuz und seiner Auferstehung aus dem Grab ans Ziel kommt. Dieses österliche Geschehen von Tod und Auferstehung, in dem Sünde und Tod überwunden sind und alle Menschen zur ewigen Gemeinschaft mit Gott und untereinander finden, fasst die Liturgiekonstitution mit dem theologischen Begriff des *Pascha-Mysteriums Jesu Christi* zusammen. Dieses Pascha-Mysterium bildet die Mitte des Gottesdienstes und wird in der Gedächtnisfeier je und je vergegenwärtigt. Kraft des Heiligen Geistes ist der auferstandene und erhöhte Christus der Kirche gegenwärtig und schenkt ihr stets neu Anteil an seinem österlichen Heilswirken. Vor allem in der Taufe und in der Eucharistie, aber auch in anderen liturgischen Feiern werden die Menschen hineingenommen in das Leiden und Sterben Jesu Christi, in seine Auferweckung und Erhöhung. So wird in der Liturgie das zentrale Heilswirken immer wieder neu Gegenwart. Wie angedeutet beschränkt sich die Gegenwart Jesu Christi dabei nicht allein auf die Taufe und die Eucharistie, sie ereignet sich auch in den anderen Sakramenten, in der Verkündigung der Heiligen Schrift ebenso wie in der betenden Versammlung der Gemeinde.

Liturgietheologische Grundlagen:
Wesen der Liturgie – Bedeutung der Liturgie für das Leben der Kirche
(SC 5–13)

↓

Zentrales Reformprinzip:
Volle, bewusste und tätige Teilnahme der Gläubigen an der Liturgie
(SC 14; 21 u. ö.)

↓

Allgemeine Regeln zur Erneuerung der Liturgie:
Grundlegende Bedeutung der Heiligen Schrift (SC 24)
Liturgische Handlungen als Feiern der Kirche (SC 26)
Liturgische Dienste (SC 28–29)
Lateinische Sprache und Volkssprache (SC 36)
Inkulturation der Liturgie (SC 37–40)
[…]

↓ ↓ ↓ ↓ ↓ ↓

Eucharistie | Sakramente | Stundengebet | Kirchenjahr | Kirchenmusik | Sakrale Kunst

Die Liturgiekonstitution sieht also das gottesdienstliche Geschehen ganz auf Jesus Christus ausgerichtet. Er ist es, der in und auch mit der Kirche wirkt. Wann immer sich die Kirche zur Feier des Pascha-Mysteriums versammelt, wird sie hineingestellt in die große Geschichte Gottes mit den Menschen, erhält sie Anteil an diesem Wirken Gottes in Jesus Christus. Damit verbindet sich der Gedanke, dass die Christen durch diese stets neue Begegnung mit Christus in der Liturgie selbst im Alltag immer mehr und immer tiefer aus dieser lebendigen Verbindung mit Christus leben sollen. Insofern ist die Sicht der Liturgie als Gegenwart des Pascha-Mysteriums Jesu Christi nicht einfach eine theologisch-abstrakte Idee, sondern will deutlich machen, dass im Gottesdienst der Kirche Christus am Werk ist und seine Brüder und Schwestern immer mehr mit sich verbinden will. Damit deutet sich schon an, dass das Geschehen der Liturgie nicht einfach von dazu delegierten Klerikern vollzogen werden kann, sondern die ganze Gemeinschaft der Getauften fordert.

Liturgie ist Dialog zwischen Gott und Mensch (SC 7)

Lange Zeit hatte man den Gottesdienst fast ausschließlich als einen Gott geschuldeten Dienst verstanden. Diese einseitige Sicht der Liturgie als kultisches Handeln der Menschen hat die Liturgiekonstitution nachdrücklich korrigiert. In Artikel 7 spricht sie davon, dass in der Liturgie die Heiligung des Menschen bezeichnet und bewirkt wie auch der gesamte öffentliche Kult vollzogen wird. Das erste, was im Gottesdienst geschieht, geht von Gott aus. Er wendet sich den Menschen zu und schenkt ihnen seine rettende Gegenwart (Gott heiligt den Menschen), erst daraufhin können dann auch die Menschen Gott verehren, ihn loben und ihm danken (die Kirche bringt Gott den Kult der Anbetung dar). Gottesdienst ist also zunächst Gottes Dienst an den Gläubigen – dann erst der Dienst der Gläubigen vor Gott.

Die Feier der Liturgie ist also nach Aussage der Liturgiekonstitution vor allem ein lebendiges Begegnungsgeschehen zwischen Gott und den Menschen, ein Geschehen mit zwei Dimensionen: Hier spricht Gott sein Wort und schenkt seine Gnade – die absteigende Dimension (griech. katabasis); hier geben die Menschen Ant-Wort auf Gottes Anruf und wenden sich Gott in Gebet und Opfer zu – die aufsteigende Dimension (griech. anabasis). Beide Dimensionen gehören unabdingbar zusammen und bestimmen die Liturgie: göttliches Heil und menschliche Anbetung. Deshalb versteht die Liturgiekonstitution den Gottesdienst als Dialog zwischen Gott und Mensch.

Liturgie ist priesterliches Handeln Christi und seiner Kirche (SC 7)

Der gottesdienstliche Dialog ist in Jesus Christus begründet. Denn er ist als Sohn Gottes und als Bruder der Menschen der einzige Mittler zwischen Gott und den Menschen (vgl. 1 Tim 2,5). Um dies zu beschreiben, greift die Liturgiekonstitution auf das religionsgeschichtliche Motiv vom Priester zurück, dessen Aufgabe es ist, zwischen Gott und Menschen vermittelnd einzutreten. So sieht die Konstitution die Liturgie als Vollzug des Priesteramtes Christi, „als Werk Christi, des Priesters, und seines Leibes, der die Kirche ist“ (SC 7). Sie bestimmt damit Jesus Christus als das eigentliche Subjekt des Gottesdienstes der Kirche. Er ist der primär Handelnde, der in der Kraft Gottes den Menschen das Heil schenkt und die Gebete der Menschen vor das Angesicht Gottes trägt. Weil aber Christus, das Haupt, nicht ohne die Kirche, seinen Leib, handelt, ist auch die Kirche Trägerin des Gottesdienstes. Die Gläubigen, die durch die Taufe zum priesterlichen Volk Gottes gehören, sind darum nicht stumme Zuschauer, sondern aktiv Mitwirkende am heiligen Geschehen (vgl. SC 48). Damit wird noch einmal mehr deutlich, dass Liturgie nicht auf wenige Akteure beschränkt sein kann, sondern eine Feier ist, in der Christus und die Glieder seines Leibes zusammenwirken.

Liturgie ist gemäß der Liturgiekonstitution Sache der ganzen Kirche und nicht eine Sonderaufgabe des Klerus, wie dies lange Jahrhunderte gesehen wurde. Die Forderung, erstmals von Papst Pius X. im Jahre 1903 formuliert, alle Gläubigen sollen tätig an der Liturgie teilnehmen, wird damit zum tragenden Programm der liturgischen Erneuerung, wie sie das Konzil nachdrücklich verlangt.

Das Reformprinzip der tätigen Teilnahme *(participatio actuosa)* liegt – wie schon erwähnt – im Wesen der Liturgie begründet, darf also nicht als ein pastorales Zugeständnis an die Gläubigen oder als eine mögliche Seelsorgsmethode missverstanden werden. Es resultiert zwangsläufig aus der theologischen Bestimmung des Gottesdienstes. Denn nicht die Liturgie an sich, sondern die tätige Teilnahme an ihr begreift das Konzil als „erste und unentbehrliche Quelle“ (SC 14), aus der die Gläubigen schöpfen und ihr christliches Leben formen sollen. Folglich bestimmt diese Grundregel alle folgenden Kapitel der Liturgiekonstitution und wird zur durchgängigen Folie, das ganze gottesdienstliche Leben von der tätigen Teilnahme her zu erneuern.

Grundperspektiven der liturgischen Erneuerung

Aus der vertieften Einsicht in das Wesen der Liturgie und aus dem Gestaltprinzip der tätigen Teilnahme entwickelt die Liturgiekonstitution allgemeine Grundsätze, die für die gottesdienstliche Erneuerung maßgebend sein sollen. Genannt seien drei Beispiele.

Aufwertung der Heiligen Schrift im Gottesdienst

Über viele Jahrhunderte spielte die Lesung des Wortes Gottes in der römischen Liturgie keine wirkliche Rolle. Die Heilige Schrift stand in der Messfeier völlig im Schatten der Gegenwart Christi in den eucharistischen Gestalten, auf die sich allein die Aufmerksamkeit richtete. In den übrigen Sakramentenfeiern war eine Lesung aus dem Alten oder Neuen Testament gar nicht erst vorgesehen. Der mangelnden Wertschätzung der Schriftlesung im Gottesdienst entsprach es denn auch, wenn der Wortgottesdienst der Messe abschätzig als „Vormesse" bezeichnet wurde. Die Liturgiekonstitution erinnert demgegenüber wieder an die herausragende Bedeutung des in der Heiligen Schrift geoffenbarten Wortes Gottes. Sie sieht das ganze liturgische Handeln der Kirche, die Gebete, Gesänge und Riten, gespeist von der biblischen Offenbarung, weshalb die Konstitution lapidar feststellt: „Von größtem Gewicht für die Liturgiefeier ist die Heilige Schrift" (SC 24).

Diese auch ökumenisch bedeutende Aufwertung der Bibel im katholischen Gottesdienst hat vielfältige Konsequenzen nach sich gezogen. Der Wortgottesdienst der Messe bildet nun den ersten Hauptteil der Feier (vgl. SC 56), mit einer der Würde der Heiligen Schrift entsprechenden rituellen Gestaltung. Die vorkonziliar schmalbrüstige Auswahl der biblischen Lesungen in der Messe ist durch eine mehrjährige Leseordnung mit drei (an Sonn- und Feiertagen) bzw. zwei (an Werktagen) Schriftlesungen ersetzt (vgl. SC 35,1; 51). Grundsätzlich gehört zur Feier der Sakramente und Sakramentalien immer ein mehr oder weniger entfalteter Wortgottesdienst. Eigenständige Wort-Gottes-Feiern machen ernst mit der Aussage von der Gegenwart Christi, „wann immer die Heiligen Schriften in der Kirche gelesen werden" (SC 7), und gehören heute zum gottesdienstlichen „Grundprogramm" vieler Gemeinden an Werktagen wie an Sonntagen. In der Dogmatischen Konstitution über die göttliche Offenbarung (*Dei Verbum* vom 18. November 1965) hat das Konzil den hier eingeschlagenen Weg der Aufwertung der Bibel konsequent fortgesetzt und sich das Wort des Kirchenlehrers Hieronymus (um 347–419/20) zu eigen gemacht: „Die Heilige Schrift nicht kennen, heißt Christus nicht kennen" (DV 25).

Rollenprinzip der liturgischen Dienste

Wie mehrfach angeklungen, hat die Liturgiekonstitution klar herausgestellt, dass die Liturgie nicht allein Aufgabe des Klerus sein kann. Sie macht als Versammlung des priesterlichen Volkes Gottes die tätige Teilnahme aller Getauften erforderlich. Dabei „soll jeder, sei er Liturge oder Gläubiger, in der Ausübung seiner Aufgabe nur das und all das tun, was ihm aus der Natur der Sache und gemäß den liturgischen Regeln zukommt“ (SC 28). Dieses „Rollenprinzip“ bildet die Kirche als Gemeinschaft mit unterschiedlichen Ämtern und Aufgaben ab und macht sie in ihrem Gottesdienst erfahrbar. Aus der gemeinsamen Teilhabe am Priestertum Christi durch Taufe und Firmung erwächst die Differenzierung in verschiedene liturgische Dienste und Ämter. Deshalb konzentriert sich das liturgische Handeln nicht allein auf den bischöflichen oder priesterlichen Vorsteher. Unbeschadet seiner besonderen sakramentalen Bedeutung sind weitere Dienste tätig; so nennt die Liturgiekonstitution bereits „Ministranten, Lektoren, Kommentatoren und die Mitglieder der Kirchenchöre“, die aufgrund ihrer Taufwürde einen „wahrhaft liturgischen Dienst vollziehen“ (SC 29). Später treten weitere liturgische Laiendienste hinzu, wie etwa zur Mithilfe bei der Kommunionspendung oder zur Leitung von gottesdienstlichen Feiern. Heute übernehmen erfreulich viele Männer und Frauen, Kinder und Jugendliche in den verschiedenen liturgischen Diensten ihre eigene Aufgabe beim Gottesdienst und helfen mit, dass die Vielfalt der Kirche in der liturgischen Versammlung erlebbar wird.

Öffnung zur volkssprachlichen Liturgie

Bekanntlich war die vorkonziliare Liturgie auf weite Strecken eine Feier in lateinischer Sprache. Zwar hatte sich in den deutschen Diözesen bei den Sakramentengottesdiensten schon umfassender die Volkssprache durchgesetzt, generell blieb es aber beim Latein. Da nun alle Gläubigen tätig am gottesdienstlichen Geschehen teilnehmen sollen, ergibt sich zwingend die Öffnung für die Volkssprachen. Denn nur wenn die Mitfeiernden nicht durch die lateinische Sprachbarriere gehindert sind, können sie bewusst und tätig am Gottesdienst der Kirche teilnehmen. Der Gebrauch der Volkssprachen ist also eine notwendige Konsequenz aus dem Bemühen, die Feier der Liturgie wieder als gemeinsames Handeln der Kirche erfahrbar werden zu lassen. Die Konzilsväter halten zwar grundsätzlich an der lateinischen Sprache fest (vgl. SC 36 § 1) und sehen zunächst „vor allem in den Lesungen und Hinweisen und einigen Orationen und Gesängen“ die Verwendung der Volkssprache als „sehr nützlich“ an (SC 36 § 2) – gemeint waren vor allem jene Teile, „die das Volk angehen“ (SC 54). Allerdings macht die nachkonziliare Reformarbeit schnell bewusst, dass es eigentlich kein Element der Liturgiefeier geben kann, an dem die Gläubigen nicht voll und bewusst teilnehmen sollen. Folgerichtig weitet sich die Volkssprache sukzessiv in der Liturgie aus, die heute nun vollständig volkssprachlich gefeiert werden kann. Das schließt freilich nicht aus, den nachkonziliaren Gottesdienst gelegentlich und bei bestimmten Anlässen in lateinischer Sprache zu vollziehen. Aber für den in den Gemeinden gefeierten Gottesdienst sollten fortan nicht die lateinischen, sondern die volkssprachlichen Liturgiebücher entscheidend sein.

Diese und weitere grundlegenden, auf alle Formen des Gottesdienstes anzuwendenden Reformprinzipien wollen helfen, „eine allgemeine Erneuerung der Liturgie sorgfältig in die Wege zu leiten" (SC 21). Dazu gehört die kritische Sichtung der Teile der Liturgie, die dem Wandel unterworfen sind und die verändert werden müssen, wenn sie der inneren Wesensart der Liturgie weniger entsprechen oder sich als nicht geeignet erwiesen haben. Denn die Texte und Riten sollen „so geordnet werden, daß sie das Heilige, dem sie als Zeichen dienen, deutlicher zum Ausdruck bringen, und so, daß das christliche Volk sie möglichst leicht erfassen und in voller, tätiger und gemeinschaftlicher Teilnahme mitfeiern kann" (SC 21). Damit steht ein umfangreiches Arbeitsprogramm an, das umgehend in Rom und in den Ortskirchen in Angriff genommen wird.

2. Ausführung der Liturgiekonstitution und Revision der liturgischen Ordnungen

Bereits im Januar 1964 setzt Papst Paul VI. einen Rat zur Ausführung der Liturgiekonstitution *(Consilium ad exsequendam Constitutionem de sacra Liturgia)* ein, dem als Präsident Kardinal Giacomo Lercaro (1891–1976) von Bologna, später Kardinal Benno Gut (1897–1970) vorsteht und dessen Arbeit Annibale Bugnini (1912–1982) als Sekretär koordiniert, der damit gewissermaßen das „Management" der nachkonziliaren Liturgiereform übernimmt. Die eigentliche Revision der liturgischen Bücher und Ordnungen erfolgt in mehr als 40 Studiengruppen, in denen auf internationaler Ebene Bischöfe und Experten zusammenwirken. Die von ihnen erarbeiteten Vorschläge werden dann von der Vollversammlung des Consiliums beraten und beschlossen, bevor sie dem Papst zur Prüfung und Genehmigung vorlegt werden. In den Arbeitsprozess greift Papst Paul VI. nicht selten auch ganz konkret ein und nimmt nachhaltig bis in die letzte Phase Einfluss auf die Reform. So gehen etwa das gemeinsame Kreuzzeichen am Beginn der Messfeier oder die Rufe nach den Lesungen und dem Evangelium auf Weisungen des Papstes zurück, ebenso befindet der Papst, das alte römische Hochgebet *(Canon Romanus)* solle unverändert bleiben, aber um zwei oder drei weitere Eucharistiegebete ergänzt werden. Vor allem die konziliare Forderung, die Messordnung zu überarbeiten, „daß der eigentliche Sinn der einzelnen Teile und ihr wechselseitiger Zusammenhang deutlicher hervortreten und die fromme und tätige Teilnahme der Gläubigen erleichtert werde" (SC 50), wird in enger Zusammenarbeit zwischen der Studiengruppe, dem Consilium, der Bischofssynode und dem Papst realisiert. Man bleibt dabei nicht am Schreibtisch und in der Bibliothek, die erneuerte Messordnung wird auch mehrfach im Beisein des Papstes und während der Bischofssynode 1967 praktisch erprobt. Zusammen mit den übrigen Messtexten approbiert Papst Paul VI. schließlich am 11. März 1970 das erneuerte, nachkonziliare Missale Romanum.

Ebenso erscheinen ab 1968 nach und nach die übrigen maßgeblichen, authentischen Ausgaben der liturgischen Bücher in lateinischer Sprache mit den erneuerten Feierordnungen *(Editio typica)*. Sie bilden die Grundlage und das Vorbild für die dann in den verschiedenen Sprachgebieten zu erstellenden volkssprachlichen Liturgiebücher. Die Auflistung am Ende des Kapitels lässt erkennen, wie verhältnismäßig schnell die erneuerten Bücher erschienen sind. Dies beweist, mit welch hohem Einsatz, mit wie viel Kraft- und Zeitaufwand alle Beteiligten in Rom und in den einzelnen Sprachgebieten an der Revision gearbeitet haben.

Mit den nachkonziliaren Ausgaben hat man in verschiedener Hinsicht einen neuen Typ von Liturgiebuch geschaffen. Weil der Priester in der vorkonziliaren Messe sämtliche Lesungen, Gesänge und Gebete selbst zu rezitieren hatte, musste das Missale Romanum alle diese Texte in der Abfolge der Feier bereithalten (Messformular). Da nun die gewandelte Sicht des Gottesdienstes aber vom gemeinschaftlichen Handeln der versammelten Gläubigen in verschiedenen Rollen ausgeht (das schon erwähnte „Rollenprinzip"), kehrt man konsequenterweise jetzt wieder zu der alten Tradition der „Rollenbücher" zurück, „nach dem jedem liturgischen Dienst, der textliche Hilfen benötigt, ein eigenes liturgisches Buch zukommt" (*Klöckener* 1995, 8).

Das Prinzip der „Rollenbücher“ ist vor allem bei der Neuordnung der Messfeier beachtet worden. Das nachkonziliare Messbuch enthält nun nicht mehr alle Texte für die Feier der Messe, als ein Buch für die Hand des Vorstehers (Bischof oder Priester) bietet es im Wesentlichen nur noch die Vorstehergebete und die Messordnung. Für den Lektorendienst, der die nichtevangelischen Lesungen der Heiligen Schrift vorzutragen hat, existiert jetzt das Lektionar. Das Evangeliar mit den Evangelienperikopen (als Auszug aus dem Lektionar) trägt der Diakon als der erstberufene Verkünder des Evangeliums in die Feier. Für den Kantorendienst der Vorsänger und Vorsängerinnen gibt es ein Graduale oder andere volkssprachliche Ausgaben von Kantorenbüchern. Als Rollenbuch der Gemeinde kann man gewissermaßen das Gebet- und Gesangbuch *Gotteslob* (1975, jüngste Ausgabe 2013) bzw. das *Katholische Gesangbuch* (1998) für die deutschsprachige Schweiz ansehen.

Eine weitere Neuheit bilden die den lateinischen und volkssprachlichen Liturgiebüchern vorangestellten „Pastoralen Einführungen“ (vgl. SC 63 b). Sie wollen helfen, neben Hinweisen für die Gestaltung der verschiedenen sakramentlichen Feiern, das gottesdienstliche Handeln immer auch in den größeren theologischen und pastoralen Zusammenhang der jeweiligen Feier einzuordnen und verständlich zu machen. Allerdings ist es seit einiger Zeit den Bischöfen nicht mehr erlaubt, den volkssprachlichen Liturgiebüchern eine eigene, die Situation ihres Sprachgebiets berücksichtigende „Pastorale Einführung“ voranzustellen. Nach derzeitigem Recht darf allein eine Übersetzung der Vorbemerkungen aus den lateinischen Ausgaben in die Bücher einführen. Darum haben die Bischöfe ihre „Pastorale Einführung“ zu den zuletzt erschienenen deutschsprachigen Neuausgaben für die Feier der Kindertaufe (2007) und des kirchlichen Begräbnisses (2009) jeweils als ein eigenes Heft publiziert.

Schließlich unterscheiden sich die nachkonziliaren Liturgiebücher von ihren vorkonziliaren Vorgängern in den vielen Auswahlmöglichkeiten, von denen im Blick auf die Mitfeiernden und die jeweiligen Situationen Gebrauch gemacht werden kann. Dies umfasst in unterschiedlichem Ausmaß sowohl Handlungs- als auch Wort- und Gesangselemente. Weitere Anpassungsmöglichkeiten sind dem Vorsteher der Feier vor allem bei den frei zu sprechenden Texten (Monitionen, Kurzansprachen) eingeräumt, weshalb die im Buch abgedruckten Modelltexte oft mit dem Hinweis versehen sind: „mit folgenden oder ähnlichen Worten“. Auf diese Weise lassen sich die gottesdienstlichen Feiern flexibel und mit Rücksicht auf die Situation und die Feiergemeinde gestalten.

3. Nachkonziliare Rezeption der Liturgiereform im deutschen Sprachgebiet

Die Anliegen der Liturgischen Bewegung waren in den 1950er-Jahren in vielen Pfarreien und Bistümern aufgegriffen, erste Wege zu einer Erneuerung des Gottesdienstes geebnet worden. So trifft die konziliare Reform der Liturgie die Kirche im deutschen Sprachgebiet zwar nicht unvorbereitet, begegnet aber auch einem Reformstau. Denn der Auszug vor allem Jugendlicher und junger Erwachsener aus dem Gottesdienst hatte schon seit Jahren eingesetzt und ließ manche Seelsorger aus pastoraler Not zu liturgischen Experimenten etwa mit Jazzmusik greifen, während andere Priester und Laien die liturgischen Reformen ablehnten, zumindest aber skeptisch betrachteten. Daran knüpfen die beiden Pastoralbriefe der deutschen Bischöfe an den Klerus (am 4. Dezember 1963, dem Tag der Verabschiedung von SC verfasst) und an die Gläubigen (vom 18. Februar 1964) an, indem sie für die liturgische Erneuerung werben und zugleich bitten, nicht eigenmächtig zu handeln, sondern in Geduld die Schritte des kommenden Erneuerungsprozesses gemeinsam zu gehen. So sollen Priester wie Gemeinden vor und hinter allen äußeren Veränderungen immer das größere pastorale Ziel der Liturgiereform im Blick behalten, das christliche Leben der Gläubigen zu erneuern. Beide Briefe lassen bereits die Gemengelage erahnen, in die hinein die gottesdienstliche Erneuerung zu realisieren ist. Während fraglos ein Großteil der Priester und Gläubigen die Liturgiereform begrüßt und an deren sachgerechten Umsetzung mitarbeitet, geht anderen der Reformprozess viel zu langsam und nicht weitreichend genug voran. Wieder andere sind von den raschen Veränderungen verunsichert und haben Angst, im allgemeinen gesellschaftlich-politischen Wandel dieser Jahre nun auch „ihre" Kirche nicht mehr wiederzuerkennen. Und schließlich begegnen wieder andere der Reform von Anfang an mit deutlicher Ablehnung und Kritik, die nicht selten in biografischen Prägungen und persönlichen Erfahrungen mit der vorkonziliaren Liturgie gründen. Die ambivalenten Haltungen gegenüber der Liturgiereform werden auch in der Folgezeit ein entscheidender Hinweis dafür sein, wie Gruppen von Gläubigen und Priestern zum konziliaren Reformprozess insgesamt stehen. Dies erklärt, warum die Liturgiereform geradezu als Synonym für das Konzil als Ganzes gilt und manche in der Entscheidung Papst Benedikts XVI. 2007, die vorkonziliare Liturgie als „außerordentliche Form“ des römischen Ritus wieder zuzulassen, einen Angriff auf das Konzil an sich sehen.

Liturgische Bildung

Angesichts des weitreichenden Ziels einer wirklichen liturgischen Erneuerung sieht bereits die Liturgiekonstitution die dringende Notwendigkeit einer gründlichen, alle Ebenen der Kirche einbeziehenden liturgischen Bildung der Priester und der Gläubigen (vgl. SC 14; 19) Deshalb soll an den Theologischen Fakultäten fortan das Fach „Liturgiewissenschaft“ zu den Hauptfächern gehören (vgl. SC 16); in den Bistümern werden mit den Liturgischen Kommissionen und den Kommissionen für Kirchenmusik Organe geschaffen, die die pastoralliturgische Arbeit vor Ort fördern (vgl. SC 45–46). Auf Pastoralkonferenzen und bei pfarrlichen Vortragsabenden erläutern Fachleute die Anliegen des Konzils, Publikationen geben Hilfen zur sachgerechten Umsetzung der Reformen. In manchen Diözesen finden unter Anwesenheit des Ortsbischofs „Musterzelebrationen“ statt, um die Priester auf die kommenden Schritte der Messreform auch formal vorzubereiten. Wenn der Eindruck nicht täuscht, hat die von der Liturgiekonstitution angestoßene gottesdienstliche Erneuerung vor allem in den ersten Jahren nach 1963 umfangreiche Anstrengungen in der liturgischen Bildungsarbeit auf den Ebenen von Bistümern, Dekanaten und Pfarreien hervorgerufen. Inwiefern sie ausreichend waren (und sich weitgehend auf jene Jahre beschränkten), ist wohl nur von Fall zu Fall zu beurteilen.

Messfeier

Im Mittelpunkt der nachkonziliaren Erneuerung steht mit Recht die Feier der Eucharistie als der zentrale Gottesdienst der Kirche. Nachdem bereits 1964 einige kleinere Bestimmungen zum Vortrag der Schriftlesungen und zu den Fürbitten ergangen sind, bringt der erste Fastensonntag 1965 (7. März) erste deutlich erkennbare Änderungen in der Gestalt der Messliturgie. Nun kann schon für viele Elemente die Volkssprache gebraucht werden. Dafür erscheint eigens ein dreibändiges Altarmessbuch, das einen Großteil der lateinischen Texte des Missale Romanum ins Deutsche übersetzt enthält. Sukzessive wird aber in der Messe die Volkssprache ausgeweitet, bis schließlich 1967/68 auch das Eucharistische Hochgebet, ehedem in ehrfürchtiger Stille vom Priester leise rezitiert, nun ganz in deutscher Sprache vorgetragen wird.

Neben dem Gebrauch der Volkssprache registrieren die Gläubigen auch die Stellung des Priesters am Altar, der jetzt vielerorts nicht mehr der Gemeinde den Rücken zukehrt, um gemeinsam mit ihr gen Osten zu beten, sondern sich jetzt an einem vielfach provisorisch aufgestellten Altartisch den Gläubigen zuwendet und so anzeigt, dass sich die ganze Gemeinde um den Altar und das hier gefeierte Messopfer versammelt. Zwar ist diese sogenannte „Celebratio versus populum" (Feier zum Volk hin) keineswegs ausdrücklich gefordert oder gar vorgeschrieben, weil sie aber offenbar als markantes Symbol des erneuerten Liturgieverständnisses wahrgenommen wird, setzt sie sich auf breiter Ebene durch. Nachfolgend werden in vielen Kirchen – auch durch die Aufwertung des Wortgottesdienstes mit dem Ambo als Ort der Verkündigung – Neugestaltungen und Umbauten der Altarräume notwendig.

Diskussionen rufen in diesen Jahren die kirchenmusikalischen Experimente mit Elementen der Gospel- und Jazzmusik hervor. Nachdem volkssprachliche Lieder an die Stelle der vom Messbuch vorgegebenen Messgesänge treten können, sehen sich mehr und mehr Priester und Kirchenmusiker befugt, den Gottesdienst für moderne, zeitgenössische Formen der Musik zu öffnen und zu „Jazz- und Beatmessen" einzuladen. Zwar untersagen die Bischöfe den Gebrauch von Jazz und jazzähnlichen Elementen für die Eucharistiefeier, erlauben aber Versuche bei anderen Formen des Gottesdienstes. Dennoch setzt sich um 1970 das Neue Geistliche Liedgut zunächst vor allem bei Kinder- und Jugendgottesdiensten vermehrt durch. Neben dem Einheitsgesangbuch *Gotteslob*, das 1975 für die Bistümer in Deutschland und Österreich und für die Bistümer Bozen-Brixen und Lüttich erscheint, treten in einigen Diözesen offiziöse Sammlungen mit solchen neuen geistlichen Gesängen und Liedern.

Schrittweise erfolgen seit 1967 weitere Vereinfachungen im Messritus und in der liturgischen Gewandung. Für die christlichen Grundtexte wie das Vaterunser, das Gloria oder das Glaubensbekenntnis einigen sich die Kirchen 1967 auf eine gemeinsame deutsche Übersetzung, ein wichtiger Fortschritt im ökumenischen Beten. Schnell etablieren sich die Messfeiern am Vorabend von Sonn- und Festtagen, wodurch sich die Möglichkeiten zur Erfüllung der Pflicht zur Teilnahme an der Sonn- und Festtagsmesse erweitern. Und auch im Bereich der Kommunionspendung kommt es zu auffälligen Veränderungen. Denn seit 1968 können Laien zur Mithilfe bei der

Kommunionausteilung herangezogen werden, und 1969 wird als Alternative zur sogenannten Mundkommunion die Kommunion in die geöffnete Hand erlaubt.

Da inzwischen die römischen Arbeiten an der Grundgestalt des Ordo Missae abgeschlossen sind, beschließen die Bischöfe, zum ersten Adventssonntag 1969 nicht nur die erweiterte Leseordnung, sondern auch die neue Messordnung einzuführen; für Letztere gilt noch eine Übergangszeit von zwei Jahren. In dieser Zeit wird auch das deutsche Messbuch erarbeitet. Um Erfahrungen mit den neuen Gebetstexten zu sammeln – die Gläubigen müssen sie ja zumindest grundsätzlich unmittelbar verstehen und innerlich mitvollziehen können –, dürfen bereits die noch nicht approbierten „Studientexte" bei den Messfeiern erprobt werden. So will man die Arbeit an den Messgebeten möglichst transparent gestalten und viele an der Erstellung des deutschen Messbuchs beteiligen. Das kann freilich nicht verhindern, dass manche diese Arbeit längst als unproduktiv ansehen und für nicht zielführend halten. Denn nachdem nun der Schleier der lateinischen Sprache entfernt ist, erscheint es vielen Priestern notwendig, die Aussagen der alten Gebetstexte vor den Ohren ihrer Gemeinde zu rechtfertigen. Vor allem die zunehmende Zahl der Kinder, Jugendlichen und Erwachsenen, die zur überlieferten Sprach- und Bildwelt des Betens der Kirche keinen Zugang mehr haben, sucht man mit privat formulierten Orationen und Hochgebeten zurückzugewinnen. „Nicht wenige glauben", so der Trierer Bischof Bernhard Stein (1904–1993), seinerzeit Vorsitzender der Liturgiekommission der Deutschen Bischofskonferenz, „aus pastoraler Verantwortung so handeln zu müssen und leiden an der Konfliktsituation. Sie gewinnen den Eindruck, die Ausführung der Liturgiereform sei erheblich hinter den Erwartungen, die die Liturgiekonstitution des Konzils geweckt habe, zurückgeblieben" (*Stein* 1972, 3). Der Bischof sieht realistisch, dass die massiven Umwälzungen in Theologie und Pastoral, in Gesellschaft und Kultur nicht spurlos an der faktischen Reform der Liturgie vorübergehen. Mit den *Richtlinien für Gruppenmessen* (1970) und dem *Direktorium für Kindermessen* (1973) versuchen die Verantwortlichen, auf die Herausforderungen zu reagieren, was allerdings nur teilweise gelingt. Jedenfalls mahnen die Bischöfe immer wieder, nicht eigenmächtig vorzugehen und in die geordnete Liturgie verändernd einzugreifen. 1975 erscheint dann das neue deutsche Messbuch, das, von manchen Ergänzungen und Modifikationen abgesehen, bis heute auf den Altären liegt und die Grundlage für die Feier der Messe bildet.

Feier der Sakramente

Auch die Feiern der Sakramente bleiben nicht unberührt von den kirchlichen und gesellschaftlichen Wandlungen jener Jahre der unmittelbaren Reform. So wird vermehrt über die Berechtigung der Säuglingstaufe diskutiert und angesichts der gesellschaftlichen Bestrebungen zu persönlicher Selbstbestimmung gefordert, Kinder sollen sich später selbst entscheiden, ob sie getauft werden wollen oder nicht. Demgegenüber betont die erneuerte Feier der Kindertaufe die Erstverantwortung der Eltern für die religiöse Erziehung ihrer Kinder, die Paten treten deutlich zurück. Um die Bereitschaft der Eltern dazu zu stärken, wird das Taufgespräch verpflichtend eingeführt.

Lange Zeit wurden die Sakramente fast ausschließlich als persönlich-individuelle Gnadengaben verstanden. Demgegenüber hebt die Liturgiekonstitution den gemeinschaftlichen Charakter der liturgischen Handlungen hervor, die „nicht privater Natur, sondern Feiern der Kirche“ (SC 26) sind. Entsprechend sollen die Sakramente nun vornehmlich in der Pfarrei als der konkret erfahrbaren kirchlichen Gemeinschaft gefeiert und als Gemeindegottesdienst vollzogen werden. So erfolgt die Kindertaufe nicht mehr wenige Tage nach der Geburt in der Krankenhauskapelle, sondern als eine Tauffeier mehrerer Kinder an einem Sonntag in der Pfarrkirche, gelegentlich auch in der sonntäglichen Gemeindemesse. Dies unterstreicht die Bedeutung der Taufe als Eingliederung in die Kirche. Ähnlich wie schon seit Längerem die gemeinsame Erstkommunion der Grundschulkinder eine Feier in der Pfarrei ist, wird auch die Feier der Firmung in die Gemeinden verlegt. So kommt die Verantwortung der Gemeinde als Kirche vor Ort für die jungen Christen zum Ausdruck. Auch aus diesem Grund geschieht die Vorbereitung der Kinder und Jugendlichen auf diese Sakramente nicht mehr im Rahmen des schulischen Religionsunterrichts. Die Gemeinsame Synode der Bistümer in der Bundesrepublik, die von 1971 bis 1975 in Würzburg stattfindet, plädiert hingegen für eine intensive Sakramentenkatechese in den Gemeinden, bei der die Vorbereitung in kleinen, von Laien geleiteten Gruppen erfolgt.

Die Krankensalbung litt über viele Jahrhunderte an ihrem „Image“ als letzte Vorbereitung in der Todesstunde, weshalb die „Letzte Ölung“, wie sie genannt wurde, eher gefürchtet denn als hilfreich angesehen war. Schon das Konzil bevorzugt den Namen „Krankensalbung“ (vgl. SC 73), der die Feier wieder deutlicher als ein Sakrament für die Kranken erscheinen lässt. Durch gemeinschaftliche Feiern in Krankenhäusern, bei pfarrlichen Seniorentagen oder auf Wallfahrten, bei denen mehrere Kranke die Salbung empfangen, soll das Sakrament vom Geruch der Todesvorbereitung befreit werden.

Es sind vielfältige Gründe, die bereits seit den 1950er-Jahren zu einer Krise des Bußsakraments führen. Unübersehbar und kontinuierlich sinkt seither die Zahl derer, die zumindest noch vor Ostern und Weihnachten beichten. So bemühen sich die Bischöfe, die Praxis der regelmäßigen Beichte nachdrücklich zu verteidigen und auf deren Bedeutung für die innere Erneuerung und die persönliche religiöse Lebensgestaltung hinzuweisen. Zur Fastenzeit 1967 veröffentlichen sie ein gemeinsames Hirtenwort, in dem sie die erneuerte kirchliche Bußordnung vorstellen und den Sinn des Bußsakramentes erläutern. Dabei empfehlen sie die Feier von Bußgottesdiensten, mahnen aber zugleich, dass diese kein Ersatz für die sakramentale Beichte sein können, da alle schweren Sünden der persönlichen Beichte und der sakramentalen Lossprechung vorbehalten bleiben. Dennoch scheinen nicht wenige Gläubige die gemeinschaftlichen Bußgottesdienste als eine willkommene Alternative zur persönlichen Beichte im Beichtstuhl zu sehen, zumal gelegentlich Priester von der Generalabsolution Gebrauch machen. Jedenfalls gehören in vielen Gemeinden die Bußfeiern zu den besonders gut besuchten Gottesdiensten im Jahr. Das Gewicht, das die Bischöfe der Bußpastoral und -liturgie in dieser Zeit zumessen, wird in den Beratungen auf der Würzburger Synode wie in weiteren gemeinsamen Hirtenbriefen 1974 und 1975 deutlich, in denen sie die verschiedenen Formen der Buße darlegen, aber eindringlich die bleibende Bedeutung der Einzelbeichte unterstreichen. Trotz aller Bemühungen in Theologie, Verkündigung und Pastoral bleibt die Beichte vor allem in den Pfarrgemeinden bis zur Gegenwart das „ungeliebte Sakrament", während die Form der geistlichen Begleitung und des Beichtgesprächs bei besonderen Anlässen (Exerzitien, Wallfahrt) durchaus gewünscht wird.

Wort-Gottes-Feiern, Andachten und nichteucharistische Gottesdienstformen

Solange die Gläubigen die Messe fast nur als priesterliche Handlung in lateinischer Sprache wahrnahmen, der sie an Sonn- und Festtagen beiwohnen mussten, boten allein die verschiedenen Andachten Gelegenheiten, bei denen das Volk in seiner eigenen Sprache singen und beten konnte. Insofern waren diese gottesdienstlichen Ersatzformen „so etwas wie Notwehrakte gegenüber einer unverstandenen Liturgie“ (*Fischer* 2000, 47). Nachdem jetzt der zentrale Gottesdienst der Kirche als volkssprachliche Feier der Gemeinde vollzogen wird, entfällt der Behelfscharakter der Andachten und ähnlicher volksfrommer Formen, die nun mehr und mehr aus dem gottesdienstlichen Leben der Gemeinden verschwinden. Man ist vielmehr froh, die sakramentliche Liturgie als Mitte der Gemeinde und ihrer Gottesdienstpraxis wiedergewonnen zu haben. Überdies stehen für viele die spirituellen Motive der überkommenen Andachten wie die Passions- oder Marienfrömmigkeit oder Gebetsformen wie der Rosenkranz in Spannung zum Lebensempfinden der Gegenwart. 1971 spricht Bischof Hermann Volk (1903–1988) von Mainz deshalb von bedenklichen Entwicklungen, wenn sich das gottesdienstliche Leben in den Gemeinden fast ausschließlich auf die Eucharistie konzentriere, Wortgottesdienste, Andachten und Vespern hingegen kaum mehr gefeiert würden. Auch findet der von der liturgischen Erneuerung ausgehende Impuls, die Tagzeitenliturgie nicht mehr als Standesgebet von Klerus und Ordensleuten zu verstehen, sondern als eine Feier in der Gemeinde zu verankern, nur wenig Aufmerksamkeit. Tatsächlich wird sich die einseitige Monopolisierung der Messe in den folgenden Jahrzehnten als pastoralliturgisches Problem erweisen.

Andererseits nimmt in vielen, vor allem stark ländlich geprägten Diözesen die Bedeutung von Wort-Gottes-Feiern zu. Denn durch den zunehmenden Priestermangel kann längst nicht in jedem Ort und in jeder Gemeinde die sonn- und feiertägliche Messe sichergestellt werden. Noch verschärfter stellt sich das Problem an den Werktagen. Nachdem die Liturgiekonstitution an die alte Überzeugung erinnert hat, dass Christus auch gegenwärtig ist, „wenn die Heiligen Schriften in der Kirche gelesen werden“ (SC 7), empfiehlt sie „eigene Wortgottesdienste an den Vorabenden der höheren Feste, an Wochentagen im Advent oder in der Quadragesima sowie an Sonn- und Feiertagen“ (SC 35,4) zu feiern. Diese Feiern können auch von einem Diakon oder einem beauftragten Laien geleitet werden. Solche selbstständigen Wort-Gottes-Feiern, wie sie in Abgrenzung zum Wortgottesdienst als Teil der Sakramentenfeiern genannt werden und bei denen das Hören auf das Wort Gottes und das gemeinsame Gebet im Mittelpunkt stehen, bilden vielerorts bis heute die Form des sonntäglichen Gemeindegottesdienstes, wenn keine Eucharistiefeier möglich ist. Mit der Leitung und mit der Übernahme anderer Dienste bei diesen Feiern stellen sich viele ehrenamtliche Gemeindemitglieder der Verantwortung für den Gottesdienst in ihrer Gemeinde. Allerdings haben die jahrzehntelangen

Erfahrungen mit den Wort-Gottes-Feiern auch zu manchen Kurskorrekturen geführt. So soll die Kommunion in diesen Feiern in der Regel nicht ausgeteilt werden, um den inneren Zusammenhang von Eucharistiefeier und Kommunion nicht aus dem Blick zu verlieren. Vor allem wo strukturell die Wort-Gottes-Feiern die dominierende Form des Sonntagsgottesdienstes ist, wird zudem die Gefahr gesehen, dass die Messfeier als zentrale Sonntagsfeier verloren gehen könne.

4. Liturgische Erneuerung als bleibender Auftrag und als Herausforderung für die Zukunft

Auch wenn sich die hier knapp skizzierte und nur einige Akzente herausgreifende Rezeptionsgeschichte der gottesdienstlichen Erneuerung nach dem Konzil weitgehend auf die erste Phase bis ca. 1975 beschränkt, kann man konstatieren: „Mit der grundlegenden Umsetzung der Liturgiereform in den vergangenen Jahrzehnten ist deshalb zwar ein Auftrag des Zweiten Vatikanischen Konzils umgesetzt worden, aber das Anliegen des Konzils noch lange nicht erfüllt“ (*Haunerland* 2013, 114). Denn der Impuls, „das christliche Leben unter den Gläubigen mehr und mehr zu vertiefen“ und „zu fördern, was immer zur Einheit aller, die an Christus glauben, beitragen kann“ (SC 1), ist nicht mit bestimmten Maßnahmen und Programmen zu bearbeiten und zu erledigen. Liturgische Erneuerung bleibt ein beständiger Auftrag des Konzils an die Kirche. Was für frühere Jahrhunderte galt, ist auch heute bestimmend: Die Kirche und ihr Gottesdienst sind nicht einfach deckungsgleich mit der sie umgebenden Welt, aber sie bleiben von ihr auch nicht unberührt. Die Kirche lebt in dieser Welt und Gesellschaft und sie feiert Gottesdienst in einer bestimmten Zeit und Kultur. Der Blick in die Liturgiegeschichte hat gezeigt, dass sich der Gottesdienst der Kirche immer wieder wandelte, neue Impulse aufnahm, andere wieder zurückdrängte. Liturgiereformen hat es deshalb stets gegeben. Entsprechend hat das Konzil klar herausgestellt: „Denn die Liturgie enthält einen kraft göttlicher Einsetzung unveränderlichen Teil und Teile, die dem Wandel unterworfen sind. Diese Teile können sich im Laufe der Zeit ändern, oder sie müssen es sogar, wenn sich etwas in sie eingeschlichen haben sollte, was der inneren Wesensart der Liturgie weniger entspricht oder wenn sie sich als weniger geeignet herausgestellt haben“ (SC 21). Die Geschichte des Gottesdienstes ist also auch mit dem Konzil nicht abgeschlossen, sie geht weiter.

Dies zeigte sich auf eigene Weise dadurch, dass Papst Benedikt XVI. 2007 mit seinem Motuproprio *Summorum Pontificum* die Feier des Gottesdienstes nach den liturgischen Büchern vor dem Konzil als eine „außerordentliche Form“ des römischen Ritus wieder zugelassen hat. Damit wollte er den Kritikern der Liturgiereform, die den Konzilsvätern allerdings als sachlich geboten erschien, entgegenkommen und einen Beitrag zur Einheit der Kirche leisten. Inwiefern dieser pastorale Entschluss des Papstes, eine rechtlich außer Kraft gesetzte Ordnung der Liturgie wieder einzusetzen – ein einmaliger Fall in der Liturgiegeschichte – Erfolg zeitigt, wird die Zukunft erweisen müssen. Jedenfalls zeigt die Entscheidung des Papstes, dass die Einheit der Kirche offenkundig nicht in der Einheitlichkeit der liturgischen Ordnungen liegen muss und eine größere, den Gegebenheiten der Kirche in der Zeit Rechnung tragende Differenzierung in den liturgischen Feiern durchaus möglich ist.

Angesichts der Herausforderungen über fünfzig Jahre nach der Verabschiedung der Liturgiekonstitution erscheint dies umso wichtiger. Denn der Umbruch der volkskirchlichen Strukturen, die Neuordnung der Seelsorge mit immer weniger Priestern, die zunehmende Zahl von Menschen, die kaum oder gar keinen Kontakt zum christlichen Glauben und zur Kirche haben, die sich verändernden Mentalitäten und Kulturen in der Gesellschaft werden sich auch auf die Feier des Gottesdienstes heute und in Zukunft auswirken und von den verschiedenen Ebenen der Kirche zu gestalten sein. In all dem bildet die Liturgiekonstitution einen unaufgebbaren Maßstab für die künftigen Entwicklungen zur Erneuerung des Gottesdienstes. Sie war „insofern erst der programmatische Auftakt des Zweiten Vatikanischen Konzils, das insgesamt ein Anfang ist, der nicht vergessen werden darf“ (*Haunerland* 2013, 114).

Die wichtigsten nachkonziliaren Liturgiebücher in der Reihenfolge ihres Erscheinens

- 1968 Pontificale Romanum: Die Weihe zum Diakon, Priester und Bischof (2. Aufl. 1990, geänderter Titel: Die Weihe des Bischofs, der Priester und der Diakone) – deutsche Ausgabe 1968, 2. Aufl. 1994
- 1969 Rituale Romanum: Die Feier der Trauung (2. Aufl. 1991) – deutsche Ausgabe 1975, 2. Aufl. 1992
- 1969 Rituale Romanum: Die Feier der Kindertaufe (2. Aufl. 1973) – deutsche Ausgabe 1971, Neuausgabe 2007
- 1969 Rituale Romanum: Die kirchliche Begräbnisfeier – deutsche Ausgabe 1973, Neuausgabe 2009
- 1970 Missale Romanum (2. Aufl. 1975, 3. Aufl. 2002, verbesserter Nachdruck 2008) – deutsche Ausgabe: Messbuch 1975, 2. Aufl. 1988
- 1970–1972 Messlektionar – deutsche Ausgabe 1970–1975, 2. Aufl. 1982–1986
- 1971–1972 Stundenliturgie (2. Aufl. 1985–1987) – deutsche Ausgabe: Stundenbuch 1978
- 1971 Pontificale Romanum: Die Feier der Firmung (2. Aufl. 1973) – deutsche Ausgabe 1973
- 1972 Rituale Romanum: Die Feier der Eingliederung Erwachsener in die Kirche – deutsche Ausgabe 1975, 2. Aufl. 1991, 3. Aufl. 2001 (Manuskriptausgabe zur Erprobung)
- 1972 Rituale Romanum: Die Feier der Krankensalbung und die Krankenseelsorge – deutsche Ausgabe: Die Feier der Krankensakramente 1975, 2. Aufl. 1994
- 1974 Rituale Romanum: Die Feier der Buße – deutsche Ausgabe: 1974 (Studienausgabe)
- 1977 Pontificale Romanum: Die Kirch- und Altarweihe – deutsche Ausgabe: Die Feier der Kirchweihe und Altarweihe 1981, 2. Aufl. 1994: Die Weihe der Kirche und des Altares
- 1984 Rituale Romanum: Die Benediktionen – deutsche Ausgabe: Benediktionale 1978 (Studienausgabe)
- 1999 Rituale Romanum: Der Exorzismus (2. Aufl. 2004)
- 2001 Martyrologium Romanum (2. Aufl. 2004)

Ein instruktives, leider inzwischen überholtes, weil den Stand von 1995 wiedergebendes kommentiertes Verzeichnis stammt von

- Martin Klöckener, Die liturgischen Bücher im deutschen Sprachgebiet. Verzeichnis für die pastoralliturgische Arbeit, die liturgische Bildung und das liturgiewissenschaftliche Studium (Stand 1.10.1995) (Pastoralliturgische Hilfen 9), Trier 1995.

Weiterführende Literatur

Der Text der Liturgiekonstitution findet sich in

- Dokumente zur Erneuerung der Liturgie 1. Dokumente des Apostolischen Stuhls 1963–1973, hg. von Heinrich RENNINGS unter Mitarbeit von Martin KLÖCKENER, Kevelaer 1983, Nr. 1–131.

Ein neuer, ausführlicher Kommentar stammt von

- Reiner KACZYNSKI, Theologischer Kommentar zur Konstitution über die heilige Liturgie *Sacrosanctum Concilium*, in: Herders Theologischer Kommentar zum Zweiten Vatikanischen Konzil 2, hg. von Peter HÜNERMANN und Bernd Jochen HILBERATH, Freiburg – Basel – Wien 2004, 1–227.

Einen guten Überblick über die Konstitution und ihre Bedeutung für den nachkonziliaren Gottesdienst bietet

- Winfried HAUNERLAND, Liturgie als Gottesdienst der ganzen Kirche. Zur Konstitution *Sacrosanctum concilium* über die heilige Liturgie, in: Hanjo SAUER und Winfried HAUNERLAND, Liturgie – Spiegel des Kirchenbildes. Wer das Volk Gottes ist und wie es feiert (Kardinal König Bibliothek 3), Wien u. a. 2013, 63–114.

Wer sich eingehend über die konkrete nachkonziliare Erarbeitung der Reform informieren will, findet Auskunft in dem streckenweise spannend zu lesenden „Rechenschaftsbericht" des Sekretärs des Consiliums

- Annibale BUGNINI, Die Liturgiereform 1946–1975. Zeugnis und Testament. Deutsche Ausgabe hg. von Johannes WAGNER unter Mitarbeit von François RAAS, Freiburg – Basel – Wien 1988.

Einzelne, grundlegende Aspekte der nachkonziliaren Liturgietheologie und -praxis beleuchten

- Simon A. SCHROTT, Pascha-Mysterium. Zum liturgietheologischen Leitbegriff des Zweiten Vatikanischen Konzils (Theologie der Liturgie 6), Regensburg 2014.
- Winfried HAUNERLAND, Culmen et Fons. Zur Rezeption einer liturgietheologischen Spitzenaussage, in: Liturgisches Jahrbuch 63 (2013) 137–152 *[beschäftigt sich mit der Aussage, die Liturgie ist Quelle und Höhepunkt des kirchlichen Handelns (SC 10)].*
- Birgit JEGGLE-MERZ, Tätige Teilnahme in *Sacrosanctum Concilium* – Stolperstein oder Impulsgeber für gottesdienstliches Feiern heute?, in: ebd., 153–166.
- Benedikt KRANEMANN, Wort Gottes in der Liturgie, in: ebd., 167–183.
- Jürgen BÄRSCH, „Ritus nobili simplicitate fulgeant". Rückblickende Notizen zu Artikel 34 der Liturgiekonstitution, in: ebd., 184–201 *[geht auf die Forderung ein, die Riten mögen einfach, klar und der Fassungskraft der Gläubigen angepasst sein].*
- Andreas HEINZ, Gewandelte Eucharistiefrömmigkeit nach dem Zweiten Vatikanischen Konzil, in: ebd., 202–218.

Rückblickende Einschätzungen und Einordnungen der Liturgiekonstitution finden sich in den Beiträgen der beiden Sammelbände

- Liturgiereformen. Historische Studien zu einem bleibenden Grundzug des christlichen Gottesdienstes 2: Liturgiereformen seit der Mitte des 19. Jahrhunderts bis zur Gegenwart. FS Angelus A. Häußling, hg. von Martin KLÖCKENER und Benedikt KRANEMANN (Liturgiewissenschaftliche Quellen und Forschungen 88), Münster 2002.
- Sacrosanctum Concilium. Eine Relecture der Liturgiekonstitution des II. Vatikanischen Konzils, hg. von Martin STUFLESSER (Theologie der Liturgie 1), Regensburg 2011.

- Die Liturgiekonstitution des II. Vatikanischen Konzils. Eine Relecture nach 50 Jahren, hg. von Martin Stuflesser (Theologie der Liturgie 7), Regensburg 2014 *[u. a. mit Vorträgen bekannter Kardinäle und Bischöfe zur Liturgiereform].*

Seit geraumer Zeit beschäftigt sich die liturgiewissenschaftliche Zeitgeschichte auch mit den Fragen nach der Umsetzung der Liturgiereform auf der Ebene von Bistümern und Pfarreien. Wer dazu mehr lesen will, sei hingewiesen auf die beiden Sammelbände

- Liturgiereform vor Ort. Zur Rezeption des Zweiten Vatikanischen Konzils in Bistum und Pfarrei, hg. von Jürgen Bärsch und Winfried Haunerland (Studien zur Pastoralliturgie 25), Regensburg 2010.
- Liturgiereform und Bistum. Gottesdienstliche Erneuerung nach dem Zweiten Vatikanischen Konzil, hg. von Jürgen Bärsch und Winfried Haunerland unter Mitarbeit von Florian Kluger (Studien zur Pastoralliturgie 36), Regensburg 2013 *[bringt Skizzen zur Rezeption der Liturgiereform in einzelnen Bistümern und in verschiedenen Ländern Europas und Lateinamerikas].*

Einzelaspekte der Rezeption und der künftigen Fortschreibung bieten

- Marion Dürr, „Brannte uns nicht das Herz…?“ Struktur und Gestaltung der Wort-Gottes-Feier an Sonn- und Feiertagen am Beispiel der Rollenbücher für das deutsche Sprachgebiet (Studien zur Pastoralliturgie 28), Regensburg 2011.
- „…Ohren der Barmherzigkeit“. Über angemessene Liturgiesprache, hg. von Benedikt Kranemann und Stephan Wahle, Freiburg – Basel – Wien 2011.
- Eugen Daigeler, Jugendliturgie. Ein Beitrag zur Rezeption des Zweiten Vatikanischen Konzils im deutschen Sprachgebiet (Studien zur Pastoralliturgie 34), Regensburg 2012.
- Wie heute Gott feiern? Liturgie im 21. Jahrhundert (Herder-Korrespondenz Spezial) 2013.
- Laien leiten Liturgie. Die Wort-Gottes-Feiern als Aufgabe und Herausforderung für die Kirche, hg. von Eberhard Amon und Benedikt Kranemann, Trier 2013.
- Römische Messe und Liturgie in der Moderne, hg. von Stephan Wahle, Helmut Hoping und Winfried Haunerland, Freiburg – Basel – Wien 2013.

Literaturnachweis

Der Nachweis der Zitate erfolgt in der Reihenfolge ihres Vorkommens im Text.

Einführung

- Papst Johannes Paul II., Enzyklika *Ecclesia de Eucharistia*. Über die Eucharistie in ihrer Beziehung zur Kirche. 17. August 2003 (Verlautbarungen des Apostolischen Stuhls 159), Bonn [2]2003.
- Liturgiekonstitution *Sacrosanctum Concilium*, in: Dokumente zur Erneuerung der Liturgie 1. Dokumente des Apostolischen Stuhls 1963–1973, hg. von Heinrich Rennings unter Mitarbeit von Martin Klöckener, Kevelaer 1983, Nr. 1–131.

Kapitel 1: Die Anfänge des christlichen Gottesdienstes

- Hans Bernhard Meyer, Eucharistie. Geschichte, Theologie, Pastoral. Mit einem Beitrag von Irmgard Pahl (Gottesdienst der Kirche 4), Regensburg 1989.

Kapitel 2: Gottesdienst im konstantinischen Zeitalter und in der Spätantike

- Christoph Markschies, Zwischen den Welten wandern. Strukturen des antiken Christentums, Frankfurt/M. [2]2001.
- Peter Brown, Welten im Aufbruch: Die Zeit der Spätantike, Bergisch-Gladbach 1980.
- Die ältesten Papstbriefe 2, eingel. u. hg. von Hermann-Josef Sieben (Fontes Christiani 58/2), Freiburg – Basel – Wien 2014.

Kapitel 3: Von der Entstehung und dem Geist der ostkirchlichen Liturgietraditionen

- Germanos I., Historia mystica ecclesiae catholicae 1, hier nach: On the Divine Liturgy, übers. und hg. von Paul Meyendorff, Crestwood NY 1984, 55.

Kapitel 4: Gottesdienst in der mittelalterlichen Gesellschaft und Kirche

- Josef Andreas Jungmann, Die Abwehr des germanischen Arianismus und der Umbruch der religiösen Kulturen im frühen Mittelalter, in: Ders., Liturgisches Erbe und pastorale Gegenwart. Studien und Vorträge, Innsbruck – Wien – München 1960, 3–86 [Erstveröff. 1947].
- Arnold Angenendt, Geschichte der Religiosität im Mittelalter, Darmstadt [4]2009.
- Hans Bernhard Meyer, Art. Abendmahlsfeier II. (Mittelalter), in: Theologische Realenzyklopädie 1 (1977) 278–287.
- Thomas Lentes, Soweit das Auge reicht. Sehrituale im Spätmittelalter, in: Das „Goldene Wunder" in der Dortmunder Petrikirche, hg. von Barbara Welzel u. a. (Dortmunder Mittelalter-Forschungen 2), Bielefeld 2003, 241–258.
- Joachim Wollasch, Die Hoffnungen der Menschen in der Zeit der Pest, in: Historisches Jahrbuch 110 (1990) 23–51.
- Jacques Chiffoleau, L´usage obsessionel de la messe pour les morts à la fin du moyen-âge, in: Faire croire. Modalités de la diffusion et de la réception des messages religieux du XIIe siècle, Rom 1981, 235–256.

Kapitel 5 : Die reformatorische Neugestaltung des Gottesdienstes

- Gabrielis Biel, Canonis missa expositio I, 27, hg. von Heiko A. Oberman und William J. Courtenay. 4 Bde., Wiesbaden 1963–1967, hier Bd. 1 (1963).
- Der Christenspiegel des Dietrich Kolde von Münster, hg. von Clemens Drees (Franziskanische Forschungen 9), Werl 1954.
- Adolph Franz, Die Messe im deutschen Mittelalter. Beiträge zur Geschichte der Liturgie und des religiösen Volkslebens, Freiburg 1902 [Nachdruck Bonn 2003].
- Helmar Junghans, Luthers Gottesdienstreformen – Konzept oder Verlegenheit?, in: Herausforderung Gottesdienst, hg. von Reinhold Morath und Wolfgang Ratzmann (Beiträge zur Liturgie und Spiritualität 1), Leipzig 1997, 77–92.
- Michael Meyer-Blanck, Gottesdienstlehre, Tübingen 2011.
- Luther deutsch. Die Werke Martin Luthers in neuer Auswahl für die Gegenwart, hg. von Kurt Aland, Stuttgart-Göttingen 1966.
- Bruno Bürki, Im Herrn entschlafen. Eine historisch pastoraltheologische Studie zur Liturgie des Sterbens und des Begräbnisses, Heidelberg 1969.
- Die evangelischen Kirchenordnungen des XVI. Jahrhunderts. Bd. VII/2, hg. von Emil Sehling, Tübingen 1980.
- Eberhard Weismann, Der Predigtgottesdienst und die verwandten Formen, in: Leiturgia. Handbuch des evangelischen Gottesdienstes 3, Kassel 1956, 1–97.

Kapitel 6: Gottesdienst im Zeichen tridentinischer Reform und römischer Einheitlichkeit

- Dekrete der ökumenischen Konzilien 3. Konzilien der Neuzeit, hg. von Josef Wohlmuth, Paderborn u. a. 2000.
- Angelus A. Häussling, Liturgiereform. Materialien zu einem neuen Thema der Liturgiewissenschaft, in: Ders., Christliche Identität aus der Liturgie. Theologische und historische Studien zum Gottesdienst der Kirche, hg. von Martin Klöckener, Benedikt Kranemann und Michael B. Merz (Liturgiewissenschaftliche Quellen und Forschungen 79), Münster 1997, 11–45 [Erstveröff. 1996/97].
- Martin Klöckener, Die Bulle „Quo primum" Papst Pius' V. vom 14. Juli 1570 zur Promulgation des nachtridentinischen *Missale Romanum*. Liturgische Quellentexte lateinisch-deutsch 2, in: Archiv für Liturgiewissenschaft 48 (2006) 41–51.
- Dominik Daschner, Die gedruckten Messbücher Süddeutschlands bis zur Übernahme des Missale Romanum Pius V. (1570) (Regensburger Studien zur Theologie 47), Frankfurt/M. 1995.
- Paul Graff, Geschichte der Auflösung der alten gottesdienstlichen Formen in der evangelischen Kirche Deutschlands, 2 Bde., Göttingen 1937–1939.

Kapitel 7: Entwicklungen im Gottesdienst der protestantischen Kirchen vom 16. bis zum 20. Jahrhundert

- Alfred Ehrensperger, Der Gottesdienst in Stadt und Landschaft Basel im 16. und 17. Jahrhundert (Geschichte des Gottesdienstes in den evangelisch-reformierten Kirchen der Deusch-Schweiz 1), Zürich 2010.
- Michael Meyer-Blanck, Gottesdienstlehre, Tübingen 2011.
- Peter Cornehl, Art. Gottesdienst VIII. Evangelischer Gottesdienst von der Reformation bis zur Gegenwart, in: Theologische Realenzyklopädie 14 (1985) 54–85.

Kapitel 8: Gottesdienst und konfessionelle Frömmigkeit im Barockzeitalter
- Andreas HOLZEM, Der Konfessionsstaat 1555–1802 (Geschichte des Bistums Münster 4), Münster 1998.
- Franz-Heinrich BEYER, Geheiligte Räume. Theologie, Geschichte und Symbolik des Kirchengebäudes, Darmstadt 2008.
- Peter HERSCHE, Gelassenheit und Lebensfreude. Was wir vom Barock lernen können, Freiburg – Basel – Wien 2011.
- Hermenegildus ADAM, Leichter und sicherer Weeg zum Himmel, in geistlichen Lebens-Regeln und beständigen Andachts-Übungen, so auf alle Tag/ Wochen/ Monath/ und Jahr vorgeschriben, leicht und höchst=verdienstlich können gebraucht werden, Steyr [5]1749.

Kapitel 9: Gottesdienstliche Reformansätze im Zeitalter der Aufklärung und restaurative Gegenströmungen
- Eduard HEGEL, Stadtkölnischer Pfarrgottesdienst zwischen Barock und Aufklärung. Peter Hausmanns Pfarrbuch von St. Kolumba, in: DERS., Ecclesiastica Rhenana. Aufsätze zur rheinischen Kirchengeschichte, hg. von Severin CORSTEN und Gisbert KNOPP (Veröffentlichungen des Historischen Vereins für den Niederrhein 16), Bonn 1986, 135–163 [Erstveröff. 1960].
- Bildergalerie katholischer Misbräuche. Von Obermayr. Mit Kupfern und anpassenden Vignetten, Frankfurt und Leipzig 1784 [ND: Satirische Bibliothek. Quellen und Urkunden zur Geschichte der deutschen Satire 1, hg. von Otto MAUSSER, München 1913].
- Andreas HEINZ, Liturgie und Volksfrömmigkeit, in: Aufklärung und Tradition. Kurfürstentum und Stadt Trier im 18. Jahrhundert. Ausstellungskatalog, hg. von Gunther FRANZ, Trier 1988, 195–222.
- Andreas HEINZ, Im Spannungsfeld von Erfahrung und Glaube. Die katholische Begräbnisliturgie zwischen Tridentinum und Vatikanum II, in: Lebenserfahrung und Glaube, hg. von Gisbert KAUFMANN, Düsseldorf 1983, 91–107.
- Wilhelm DAMBERG, Moderne und Milieu 1802–1998 (Geschichte des Bistums Münster 5), Münster 1998.

Kapitel 10: Von der Liturgischen Bewegung des 20. Jahrhunderts zur Liturgiereform des Zweiten Vatikanischen Konzils
- Erneuerung der Liturgie aus dem Geiste der Seelsorge unter dem Pontifikat Papst Pius XII. Deutsche Ausgabe, hg. von Johannes WAGNER, Trier 1957.
- Dokumente zur Erneuerung der Kirchenmusik unter besonderer Berücksichtigung des deutschen Sprachgebietes, hg. von Hans Bernhard MEYER und Rudolf PACIK, Regensburg 1981.
- Romano GUARDINI, Vom Sinn der Kirche. Fünf Vorträge, Mainz 1922 [[4]1955].
- Romano GUARDINI, Papst Pius XII. und die Liturgie, in: Liturgisches Jahrbuch 6 (1956) 125–138.
- Andreas HEINZ, Liturgiereform ohne Rom. Ein unbekanntes Kapitel aus der Vorgeschichte des deutschen Einheitsrituales von 1950, in: DERS., Liturgie und Frömmigkeit. Beiträge zur Gottesdienst- und Frömmigkeitsgeschichte des (Erz-)Bistums Trier und Luxemburgs zwischen Tridentinum und Vatikanum II (Geschichte und Kultur des Trierer Landes 9), Trier 2008, 327–372 [Erstveröff. 1991].

– Olivier ROUSSEAU, Autour du jubilé du mouvement liturgique 1909–1959, in: Les Questions liturgiques et paroissiales 40 (1959) 203–217.

Kapitel 11: Die Erneuerung des Gottesdienstes durch das Zweite Vatikanische Konzil

– Joseph Kardinal RATZINGER, 40 Jahre Konstitution über die heilige Liturgie. Rückblick und Vorblick, in: DERS., Theologie der Liturgie. Die sakramentale Begründung christlicher Existenz (Gesammelte Schriften 1), Freiburg – Basel – Wien 2008, 695–711 [Erstveröff. 2003].
– Martin KLÖCKENER, Die liturgischen Bücher im deutschen Sprachgebiet. Verzeichnis für die pastoralliturgische Arbeit, die liturgische Bildung und das liturgiewissenschaftliche Studium (Stand 1.10.1995) (Pastoralliturgische Hilfen 9), Trier 1995.
– Bischof Bernhard STEIN, Acht Jahre Liturgiereform. Situationsbericht der Liturgischen Kommissionen des deutschen Sprachgebietes, in: Gottesdienst 6 (1972) 1–4.
– Balthasar FISCHER, Liturgie und Volksfrömmigkeit, in: DERS., Frömmigkeit der Kirche. Gesammelte Studien zur christlichen Spiritualität, hg. von Albert GERHARDS und Andreas HEINZ (Hereditas 17), Bonn 2000, 44–58 [Erstveröff. 1967].
– Winfried HAUNERLAND, Die Liturgie als Gottesdienst der ganzen Kirche. Zur Konstitution *Sacrosanctum concilium* über die heilige Liturgie, in: Hanjo SAUER und Winfried HAUNERLAND, Liturgie – Spiegel des Kirchenbildes. Wer das Volk Gottes ist und wie es feiert (Kardinal König Bibliothek 3), Wien u. a. 2013, 63–114.

Glossar

Achtzehngebet: Eines der beiden jüdischen Hauptgebete, die dreimal am Tag gebetet werden.

Agape (griech. Liebe): Gemeinsames „Liebesmahl" der Gemeinde mit Armenspeisung in frühchristlicher Zeit.

Agende (lat. was zu tun ist): Liturgisches Buch mit den Ordnungen für die Feier der → Sakramente und → Sakramentalien, heute → Rituale genannt, im evangelischen Sprachgebrauch aber weiterhin noch üblich.

Akklamation: Kurzer Antwortruf des Volkes auf einen Zuruf des → Priesters, → Diakons oder eines anderen liturgischen Dienstes.

Akolyth (griech. Schüler, Diener): Unterstützte → Diakon und → Subdiakon mit Handreichungen beim Gottesdienst.

Allegorische Liturgieerklärung: Sinnbildhafte Auslegung, die hinter allen Elementen des Gottesdienstes einen tieferen, verborgenen Sinn sucht; so werden etwa die Personen, Handlungen und Requisiten der Messfeier als sinnbildhafte Zeichen für Leiden, Sterben und Auferstehen Christi gedeutet.

Anamnese (griech. Gedenken, Gedächtnis): Bezeichnet einen Grundvorgang des Gottesdienstes; indem die Kirche in der Liturgie das Gedächtnis des Heilshandelns Gottes feiert, wird es vergegenwärtigt.

Anaphora (griech. Erhebung): Bezeichnung für das → Eucharistische Hochgebet in den östlichen Liturgien.

Antiphon: Rahmenvers zu Psalmen und anderen Gesängen.

Antiphonar (auch Antiphonarium, Antiphonale): Liturgisches Buch für die Gesangsstücke der → Tagzeitenliturgie (ehedem auch für die Eucharistie).

Apsis: Abschluss des Chorraumes, in dem in der Regel ein Altar steht.

Arianismus: Auf dem Konzil von Nizäa (325) verurteilte Lehre des Arius, wonach Christus, der Sohn Gottes, von Gott geschaffen wurde und nicht wie Gott Vater vor der Zeit ist.

Aussetzung: Aufstellung der konsekrierten Hostie in der → Monstranz oder einem anderen Gefäß zur Anbetung durch die Gläubigen.

Ave Maria: Volkstümliches Mariengebet, bei dem der Gruß des Verkündigungsengels (vgl. Lk 1,28) mit dem Gruß der Cousine Elisabeth (vgl. Lk 1,42) verbunden ist.

Babylonisches Exil: Verbannung (von Teilen des Volkes) Israels nach der Eroberung Jerusalems und dem Untergang des Südreichs Judäa 586-538 v.Chr.

Baptisterium: Bezeichnet ursprünglich das Badebecken in römischen Thermen, im christlichen Zusammenhang das Taufbecken (Piscina) und den Taufort insgesamt.

Basilika: mehrschiffiger (Kirchen-)Bau, dessen Mittelschiff höher hinaufreicht als die Seitenschiffe, die durch Stützen vom Mittelschiff getrennt sind.

Beinhaus: Kapellenartiger Bau auf dem Friedhof zur Nachbestattung von Gebeinresten, die bei der Wiederbelegung von Gräbern zutage treten.

Bischof (griech. Aufseher): Vorsteher einer Ortskirche (Bistum, Diözese) und Träger des Christusamtes, der die Kirche kraft des von Christus verliehenen Auftrags leitet.

Brevier (lat. Kurzfassung): Liturgisches Buch mit allen für die → Tagzeitenliturgie benötigten Texten, zum Zwecke des privaten Gebets in einem handlichen Band zusammengefasst.

Canon Romanus: Bezeichnung für das vor dem Zweiten Vatikanischen Konzil einzige → Eucharistische Hochgebet der römischen Messliturgie, bildet heute das Erste Hochgebet.

Chorherr: Mitglied einer geistlichen Gemeinschaft von Klerikern, die nach einer Ordensregel zusammen leben und sich täglich in dem „Chor" genannten Raum der Kirche zum Gottesdienst versammeln.

Chrisam (griech. Salbung): Mit aromatischen Duftstoffen versehenes und vom Bischof geweihtes Salböl, das für Taufe, Firmung, Ordination und Kirch- und Altarweihe gebraucht wird.

Confessio Augustana: Auf dem Augsburger Reichstag 1530 verlesenes Bekenntnis, das die Übereinstimmungen der reformatorischen Lehre mit dem alten Glauben und ihre Abweichungen darstellt.

Devotio moderna (lat. neue Frömmigkeit): Geistliche Reformbewegung des 14./15. Jahrhunderts, die eine persönliche, innerliche und von tätig-helfender Liebe geprägte Frömmigkeit erstrebte.

Diakon (griech. Diener): Inhaber eines kirchlichen Leitungsamtes, das die unterste Stufe der dreistufigen Ämter-Hierarchie darstellt.

Didache (griech. Lehre): Älteste, erhaltene Kirchenordnung, um 100 in Syrien entstanden.

Diskos: Teller für das Brot bei der byzantinischen Eucharistiefeier, vergleichbar der westkirchlichen → Patene.

Domkapitel: Gemeinschaft der an einer Domkirche tätigen Kleriker.

Doxologie (griech. Lobspruch, Lobrede): Lobpreis des dreieinen Gottes, bildet oft den Abschluss von Gebeten.

Editio typica (lat. vorbildliche Ausgabe): Authentische Ausgabe eines liturgischen Buches in lateinischer Sprache, Musterausgabe für die volkssprachlichen Liturgiebücher.

Effata-Ritus: „Öffnung der Sinne" bei der Tauffeier durch symbolische Berührung von Ohren und Mund, angelehnt an die Heilung des Taubstummen durch Jesus mit dem aramäischen Wort „effata = öffne dich" (vgl. Mk 7,32-37).

Einsetzungsbericht (auch Einsetzungsworte): Lobpreisende Verkündigung von der Stiftung (Einsetzung) der Eucharistie beim Abendmahl, eingefügt in das → Eucharistische Hochgebet.

Elevation: Erhebung des eucharistischen Brotes und Kelches beim → Einsetzungsbericht.

Epiklese (griech: an- oder herabrufen): Folgt beim liturgischen Gebet auf Gottesanrede und dankbarem Gedächtnis (→ Anmanese) als Bitte um die wirkmächtige Gegenwart Gottes.

Episkopat: → Bischof.

Eucharistisches Hochgebet (auch Eucharistiegebet): Großes Lob- und Dankgebet bei der Eucharistiefeier, womit Brot und Wein konsekriert und das Gedächtnis von Tod und Auferstehung Christi begangen wird.

Euchologion: Liturgisches Buch mit der Sammlung der Gebetsformulare für die Eucharistie und andere Sakramentenfeiern in den östlichen Liturgien, vergleichbar dem westkirchlichen → Sakramentar.

Evangeliar: Liturgisches Buch, das die Evangelienlesungen für die Eucharistiefeier im Kirchenjahr und anderer sakramentlicher Feiern enthält (Teilform des → Lektionars); wegen der direkten Christusworte Symbol für Jesus Christus und im Gottesdienst durch Leuchter, Weihrauch und abschließenden Kuss geehrt.

Exkommunikation: Ausschluss aus der Eucharistiegemeinschaft.

Expositorium: Vorrichtung zur feierlichen Sichtbarmachung der konsekrierten Hostie in der → Monstranz.

Fastenzeit (auch Österliche Bußzeit): Vorbereitungszeit auf die jährliche Osterfeier, beginnend am Aschermittwoch, endend vor der Abendmahlsmesse des Gründonnerstags.

Fronleichnam (vron = Herr, lichnam = lebendiger Leib): Fest am zweiten Donnerstag nach Pfingsten, das im Zuge der mittelalterlichen Eucharistieverehrung erstmals 1246 in Lüttich gefeiert und 1264 für die ganze Kirche eingeführt wurde.

Gallische Liturgie: Art des Gottesdienstes, wie er in weiten Teilen des Abendlandes gefeiert wurde (Gallien, Teile Italiens), im 8. Jahrhundert durch die römische Liturgie verdrängt.

Gloria (in excelsis Deo = Ehre sei Gott in der Höhe): Frühchristlicher → Hymnus, der im 4. Jahrhundert Teil der Messfeier wird, heute für die Hochfeste, Feste und Sonntage (ausgenommen die Advents- und Fastenzeit) vorgesehen.

Heilige Woche: Woche vor Ostern, umfasst den Palmsonntag und endet mit dem Ostertriduum am Abend des Ostersonntags.

Heiliges Grab: Nachbildung des Grabes Jesu, mit dem szenische Darstellungen der Ereignisse von Tod und Auferstehung Jesu in der Kar- und Osterliturgie verbunden sind.

Historismus: Orientierung an vergangenen Epochen, hier: bewusster Rückgriff in Architektur und Kunst des 19. Jahrhunderts auf Stilformen vor allem des Mittelalters.

Homiliar: Sammlung von Predigten und ähnlichen Texten der Kirchenväter, die als Lesungen bei der → Matutin der Tagzeitenliturgie vorgetragen werden.

Hostie (lat. Opfergabe): Das für die Eucharistie bestimmte Brot, das in der Westkirche ungesäuert ist und seit dem 12. Jahrhundert in runder Form gebacken wird; auch die Brotteile für die Gläubigenkommunion erhalten dann die runde, münzgroße Gestalt.

Humanismus: Epochenbezeichnung für die vom 14. bis 16. Jahrhundert von Gelehrtenkreisen getragene Bewegung, die sich im Rückgriff auf die klassische und christliche Antike am Ideal des edlen Menschen orientiert.

Hymnus (griech. Lob[gesang]): Freie Dichtung, die in altchristlicher Zeit Eingang in die Liturgie fand.

Ikonoklasmus: Von 726 bis 843 im Byzantinischen Reich währender Streit um die Bilderverehrung.

Ikonostase: Mit einem feststehenden Bildprogramm geschmückte Holz- oder Mauerwand in den Kirchen der östlichen Liturgien, die den Altar vom Gemeinderaum trennt, aber durch drei Türen durchlässig ist.

Initiation: Eingliederung von Menschen in die Kirche durch Taufe, Firmung und (Erst-)Eucharistie.

Jansenismus: Vorwiegend in Frankreich ausgebreitete religiöse Bewegung im 17./18. Jahrhundert, die rigoristische Moralauffassungen vertrat.

Jom Kippur (hebr. Tag des Loses): Versöhnungstag im Monat September, wichtigster Feiertag im jüdischen Jahr, der mit Fasten und Gebet sowie (bis zur Zerstörung des zweiten Tempels 70 n. Chr.) mit Entsühnungsriten begangen wurde (vgl. Lev 16,29 f).

Kaddisch-Gebet: Altes aramäisches Gebet, das nach bestimmten Abschnitten und am Schluss des Gottesdienstes wie zum jährlichen Totengedenken gesprochen wird.

Katechismus: Handbuchartige, systematische Darstellung und Erklärung der Glaubenslehre für die Unterweisung der Gläubigen.

Kirchenjahr: Feierndes Gedächtnis der Heilstaten Gottes im Verlauf eines Jahres, beginnend mit dem 1. Adventssonntag und endend mit dem Samstag vor dem letzten Sonntag im Jahreskreis (Christkönigsfest).

Klassizismus: Kunstgeschichtlicher Fachbegriff für den Stil, der zwischen 1770/80 und 1830 von den klaren, gesetzmäßigen Formen der klassischen, griechisch-römischen Antike bestimmt war.

Klerus (griech. der das Los erlangt hat): Bezeichnet die durch → Ordination zum Bischof, zu Priestern und Diakonen bestellten Amtsträger.

Kommunionbank: Die den Altarraum zum Kirchenschiff hin abschließbaren Schranken (Gitter), an denen die Gläubigen knien und die Kommunion empfangen.

Komplet: Letzte Gebetszeit der → Tagzeitenliturgie unmittelbar vor der Nachtruhe.

Konfessionalisierung: Historischer Fachbegriff für die allgemeinen Reformbestrebungen in den sich ausbildenden christlichen Konfessionen der Frühen Neuzeit.

Kruzifix: Figürliche Darstellung des am Kreuz gestorbenen Christus.

Krypta: Kellerartiger gottesdienstlicher Raum unter dem Chor einer Kirche.

Lektionar: Liturgisches Buch mit den biblischen Schriftlesungen für die Feier der Eucharistie im Kirchenjahr und anderer sakramentlicher Feiern; ergänzend tritt das → Evangeliar hinzu.

Lektor: Gemeindemitglied, das zum Vortragen der (in der Regel nichtevangelischen) biblischen Lesungen im Gottesdienst beauftragt ist.

Lettner: Bühnenartige Querschranke zwischen Chorraum und Kirchenschiff, von der aus Lesungen und Predigten vorgetragen, aber auch Segnungen vorgenommen und Reliquien gezeigt wurden.

Litanei: Gebetstyp, bei dem die vorgetragenen Anrufungen und Bitten mit einem gleichbleibenden (Bitt-)Ruf der Gemeinde beantwortet werden.

Maranatha: Aramäischer Gebetsruf um das Kommen des Herrn (vgl. 1 Kor 16,22; Offb 22,20).

Matutin: Frühmorgendliche oder nächtliche Lese- und Gebetsstunde der → Tagzeitenliturgie.

Messbuch: Liturgisches Buch, das die für den Vorsteher der Messfeier notwendigen Texte und Handlungsanweisungen enthält.

Ministrant (lat. Diener, auch Altardiener, Messdiener, Chorknabe): Helfer, der dem Priester bei der Gottesdienstfeier zur Hand geht und bestimmte Dienste übernimmt.

Missale: → Messbuch.

Monophysitismus (griech. einzige Natur): Theologische Anschauung, wonach die menschliche Natur Jesu völlig in der göttlichen aufgegangen sei.

Monstranz (lat. Zeigegefäß): Schaugefäß für Reliquien und für die konsekrierte Hostie, verwendet bei Prozessionen und zur → Aussetzung.

Mysterium: Fachbegriff für das unsichtbare Handeln Gottes in den sichtbaren Gestalten und Formen des gottesdienstlichen Geschehens.

Nisan: Ursprünglich der 1. Monat (vgl. Ex 12,2), heute der 7. Monat des jüdischen Jahres (Mitte März bis Mitte April); nach dem Johannesevangelium starb Jesus am 14. Nisan, dem Tag vor dem → Pessach-Fest, zu der Zeit, als die Lämmer für das Fest geschlachtet wurden.

Offene Schuld: Gebetsformel für den auf die Predigt folgenden gemeinsamen Bußakt der Gemeinde.

Offizium (lat. Dienst, Pflicht): Bezeichnung für die → Tagzeitenliturgie, betont vor allem die Verpflichtung, den Gott geschuldeten Lobpreis darzubringen.

Ordination: Fachbegriff für das dreigestufte Weihesakrament: Bischof, Priester, Diakone.

Ordo Missae (lat. Messordnung): Ablauf der Messfeier in der römischen Liturgie.

Ordo Romanus: Im Mittelalter verbreiteter Buchtyp, der den Ablauf der Messe und anderer gottesdienstlicher Feiern beschreibt.

Ostertriduum: Einheit der österlichen Dreitagefeier vom Vorabend des Karfreitags bis zum Abend des Ostersonntags.

Parusie (griech. Anwesenheit, Ankunft): Glorreiche Wiederkunft Christi am Ende der Zeit (vgl. Apg 3,20f.; Phil 3,20; 1 Thess 1,10).

Patene (griech. Schüssel): Teller für das Brot bei der Eucharistiefeier.

Patristik: Lehre von den Kirchenvätern und ihrer Literatur, hier: Epoche der Theologiegeschichte bis ca. 600.

Pessach (hebr. Vorübergang, Hindurchgang): Eines der drei jüdischen Hauptfeste, gefeiert in der Woche vom 15. bis 22. → Nisan, zum Gedächtnis an die Befreiung Israels aus Ägypten und zur Erwartung des endzeitlichen Messias.

Pietismus: Protestantische Frömmigkeitsbewegung zwischen dem Ende des 17. Jahrhunderts und 1800, die sich um ein an der Bibel orientiertes und persönliche Heiligkeit anstrebendes Leben bemühte.

Piscina: → Baptisterium.

Presbyter (griech. der Ältere): Amtsträger in neutestamentlichen Gemeinden, der mit dem → Bischof und dem → Diakon seit dem 3. Jahrhundert den Klerus bildet; von Presbyter ist das deutsche Wort „Priester“ abgeleitet.

Priester: Religionsgeschichtlich eine Mittlerperson zwischen Gottheit und Kultgemeinde, im christlichen Verständnis gilt dies nur mehr von Jesus Christus (vgl. 1 Tim 2,5), dem einzigen Hohepriester (vgl. Hebr 5,10; 7,1-28), und durch ihn dann auch von der Gemeinde der Getauften (vgl. Eph 2,18; 1 Petr 2,5.9), der heiligen Priesterschaft. Der Priester als Amtsträger ist nicht „Mittler" zwischen Gott und der Gemeinde, sondern dient mit seinem Amt dem Aufbau der Gemeinde wie der → Bischof und der → Diakon; → Presbyter.

Privatmesse: Messe eines Priesters ohne Anwesenheit und Beteiligung von Gläubigen.

Proskomidie: Vorbereitungshandlung für die Eucharistiefeier in östlichen Liturgien.

Psalterium: Liturgisches Buch mit der Sammlung der 150 alttestamentlichen Psalmen, oft ergänzt um weitere psalmähnliche Gesangsstücke.

Rekonziliation: Wiederaufnahme in die Eucharistiegemeinschaft nach der → Exkommunikation.

Reliquien: Irdische Überreste von Heiligen (Gebeine) oder Gegenständen, die mit Heiligen in Verbindung standen.

Rituale: Liturgisches Buch mit den Ordnungen und Texten für die Feier der → Sakramente und → Sakramentalien, früher auch → Agende genannt.

Rosenkranz: Volkstümliche Gebetsreihung, bei der heute 15 Stationen aus dem Leben Jesu und Mariens („Gesätze") mit je einem Vaterunser und zehn → Ave Maria betrachtet werden; auch Bezeichnung für die als Zählinstrument dienende Schnur mit einem Kreuz und 59 Perlen.

Rubriken: Handlungsanweisungen zu den gottesdienstlichen Vorgängen in den liturgischen Büchern, zur Unterscheidung von liturgischen Texten zumeist in roter Farbe (lat. ruber) geschrieben oder gedruckt.

Rubrizistik: Lehre von den Handlungsanweisungen für die Liturgie; → Rubriken.

Sabbat: 7. Tag der Woche (Samstag), jüdischer Ruhe- und Feiertag zum Gedächtnis der Schöpfung Gottes und der Befreiung Israels aus Ägypten.

Sakrament: Seit dem 12. Jahrhundert vom → Sakramentale unterschiedener Sammelbegriff für die sieben zentralen gottesdienstlichen Handlungen: Taufe, Firmung, Eucharistie, Buße, Krankensalbung, → Ordination, Ehe.

Sakramentale (Sakramentalie): Bezeichnung für alle gottesdienstlichen Zeichen, die nicht zu den sieben Sakramenten gerechnet werden; die heutige Theologie sieht wieder stärker den gemeinsamen Wurzelboden von Sakrament und Sakramentale.

Sakramentar: Liturgischer Buchtyp für den Vorsteher bei der Eucharistie und anderen Sakramentenfeiern, enthält die vom Vorsteher zu proklamierenden Gebetsformulare und eine kurze Übersicht über den Verlauf der Eucharistiefeier; im hohen Mittelalter vom → Messbuch verdrängt.

Salve-Andacht: Abendliche Marienandacht mit dem Gesang des Salve Regina (Sei gegrüßt, o Königin) als Höhepunkt.

Schola (cantorum): Sängergruppe, die solistisch oder im Wechsel mit der Gemeinde beim Gottesdienst singt.

Scholastik: Bezeichnung für das an den Wissenschaftsprinzipien des Aristoteles ausgerichtete theologische Denken des Mittelalters, hier: Theologiegeschichte ab ca. 11./12. Jahrhundert.

Sendgericht: Aus den bischöflichen → Visitationen des Frühmittelalters entstandenes kirchliches Gericht, das Strafen für Verstöße gegen das göttliche und kirchliche Recht verhängen konnte.

Septuaginta: Griechische Fassung des Alten Testaments.

Stationsgottesdienst: Hauptgottesdienst unter der Leitung des Bischofs mit dem Klerus und den Gläubigen einer bestimmten Kirche (Stationskirche) einer Stadt.

Synode: Versammlung von Kirchenvertretern zur Beratung und Entscheidung von anstehenden Fragen auf der Ebene von Regionen (Provinzsynode) oder Bistümern (Diözesansynode); gelegentlich synonym für „Konzil" gebraucht.

Tabernakel (lat. Zelt): Gehäuse zur Aufbewahrung des Gefäßes mit dem eucharistischen Brot.

Tagzeitenliturgie (auch Stundenliturgie, Stundengebet): Gotteslob, das über die Zeiten des Tages erklingt: Laudes (Morgenlob), Terz (3. Stunde = 9 Uhr), Sext (6. Stunde = 12 Uhr), Non (9. Stunde = 15 Uhr), Vesper (Abendlob), Komplet (Nachtgebet); die Geistliche Lesung (Lesehore, früher → Matutin genannt) ist heute nicht mehr an eine Tageszeit gebunden.

Tora (hebr. Lehre, Weisung): Bezeichnung für die fünf Bücher Mose (Genesis, Exodus, Levitikus, Numeri, Deuteronomium), auch umfassend für die ganze Hebräische Bibel und die religionsgesetzliche Tradition.

Traditio Apostolica (lat. Apostolische Überlieferung): Kirchenordnung, deren ältesten Teile in die Zeit zwischen 210 und 230 zurückreichen.

Transsubstantiation: Theologischer Fachbegriff für die Wandlung der eucharistischen Gaben von Brot und Wein in die Substanz des Leibes und Blutes Christi.

Vesper (lat. Abendstern): Abendliche Gebetszeit der → Tagzeitenliturgie.

Vigil (lat. Nachtwache): Nächtlicher (Lese- und Gebets-) Gottesdienst als Nachtwache vor hohen Festen.

Visitation (lat. Besichtigung, Prüfung): Amtlicher Besuch des Bischofs oder seines Stellvertreters in der Pfarrei zur Klärung von geistlichen Angelegenheiten, Kontrolle des pfarrlichen Lebens und Erfassung des Kirchenbesitzes.

Zion: Ursprünglich der Tempelberg in Jerusalem, steht symbolisch für den Ort der Anbetung Gottes (vgl. Hebr 12,22; Offb 14,1); Heimat, Hoffnung und Ziel für das Volk Gottes im Alten und Neuen Bund.

Zweinaturenlehre: Die im Gegensatz zum → Monophysitismus von den Konzilien von Ephesus (431) und Chalcedon (451) dargelegte Lehre der klaren Unterscheidung zwischen göttlicher und menschlicher Natur Christi.